MAIGRIR
un nouveau régime...de vie

Couverture
- Photo:
  RICHARD STEEDMAN
  La banque d'images du Canada
- Maquette:
  JACQUES ROBERT

Maquette intérieure
- Conception graphique:
  ANDRÉ LALIBERTÉ

DISTRIBUTEURS EXCLUSIFS:

- Pour le Canada:
  AGENCE DE DISTRIBUTION POPULAIRE INC.*
  955, rue Amherst, Montréal H2L 3K4 (tél.: 514-523-1182)
  *Filiale de Sogides Ltée

- Pour la France et l'Afrique:
  INTER-FORUM
  13, rue de la Glacière, 75013 Paris (tél.: 570-1180)

- Pour la Belgique, la Suisse, le Portugal, les pays de l'Est:
  S.A. VANDER
  Avenue des Volontaires 321, 1150 Bruxelles (tél.: 02-762-0662)

Edwin Bayrd

MAIGRIR
un nouveau régime...de vie

Traduit de l'américain
par
Marie-Catherine Laduré

LES ÉDITIONS DE L'HOMME*
CANADA: 955, rue Amherst, Montréal H2L 3K4

*Division de Sogides Ltée

Bibliothèque nationale du Québec
Dépôt légal — 2e trimestre 1980

ISBN 2-7619-0082-0

Remerciements

Il est rare qu'un auteur ait la chance de compter sur un comité de rédaction composé de membres de sa propre famille et ce serait une grave négligence de ma part de ne pas souligner ici la contribution de mes parents à cet ouvrage. Mon père, consultant de l'équipe de la Clinique Mayo depuis 36 ans et ex-rédacteur du *Mayo Clinic Proceeding,* est toujours professeur de médecine au Mayo Medical School. Au début, m'appuyant sur ses nombreuses années d'expérience auprès des patients, sur ses connaissances médicales et ses observations perspicaces sur la nature humaine, j'ai pu orienter mes recherches et préciser mon approche de la question.

Ma mère, forte d'une première carrière dans l'édition, a également lu le manuscrit, à chaque étape de sa rédaction, et bien qu'elle n'eût à juger que du style, non du contenu, sa contribution n'en a pas moins été importante. J'aime à penser que le manuscrit final reflète sa conviction qu'il est possible de traiter n'importe quel sujet, quel que soit son degré de technicité, avec clarté, concision et bon sens.

Je suis également reconnaissant à Clifford F. Gastineau, consultant en nutrition à la Clinique Mayo, ex-directeur du département des maladies endocriniennes et métaboliques ainsi qu'au docteur Endicott, professeur de médecine au Mayo Medical School. Il m'a guidé dans cette masse incroyable d'informations qui existent dans le domaine du régime et de la nutrition, en me conseillant, en me corrigeant et en m'incitant à la prudence tout le temps qu'a duré mon travail. Scrupuleux dans ses commentaires et exigeant dans sa critique, il m'a accordé beaucoup de son temps. Je peux affirmer que ses efforts ont largement amélioré le présent ouvrage.

Je désire également exprimer ma plus sincère reconnaissance à Patrick Dillon et Jill Uhlfelder pour leurs conseils au moment de la révision du manuscrit; à Jack D. Key et à l'équipe de la Mayo Medical Library grâce auxquels j'ai pu effectuer mes premières recherches plus rapidement; à mon éditeur, Kathleen Berger, pour avoir veillé sur ce livre au cours de l'impression; à Roseanne Marks, pour avoir préparé l'index alphabétique et à ma maquettiste, Mary Ann Joulwan, pour avoir donné à ce livre sa forme finale.

E.B.

New York
Avril, 1978

Chapitre I

Un régime! Pour quoi faire?

Tout obèse est un mince qui s'ignore.

Cyril Connolly

Combattre pour conserver sa ligne, c'est là une bataille engagée un jour ou l'autre par 3 Américains sur 4, une lutte incessante contre 2 forces considérables. La première de ces forces est simplement l'hédonisme né de notre profonde conviction que la recherche du bonheur individuel est l'un des droits inaliénables de tout être humain. Manger constitue un plaisir individuel; par ailleurs, manger en société est une coutume de l'humanité qui prouve bien sa sociabilité. Par conséquent, toute tentative pour réduire les plaisirs de la table équivaut à une atteinte injustifiée à l'un des droits fondamentaux de l'homme: le droit de trop manger.

La seconde de ces forces est celle de l'habitude. Les raisons pour lesquelles nous aimons manger trouvent leurs racines dans des coutumes culturelles séculaires, dans des usages familiaux vieux de plusieurs générations et des penchants personnels qui remontent à la plus tendre enfance. Considérés séparément, ces éléments font déjà obstacle à l'obtention d'une perte de poids satisfaisante; réunis, ils découragent tout le monde, sauf les plus acharnés, et minent 9 régimes sérieux sur 10.

Manifestement, les Occidentaux souffrant d'un excès de poids ont besoin d'un allié dans leur combat contre l'obésité: ils en trouveront un dans *Maigrir, un nouveau régime... de vie*. Cet ouvrage explique de façon claire et concise les causes de l'obésité, la malhonnêteté des régimes trop sévères, les bienfaits d'une saine nutrition, les bénéfices du simple exercice physique et la valeur d'un changement de comportement. Enfin, on y expose un plan directeur de contrôle de poids qui devrait permettre à tout adulte suffisamment motivé de perdre du poids de façon remarquable et *durable*.

La conscience d'être gros est un phénomène culturel contemporain sans précédent dans l'histoire de l'humanité et ce problème est pratiquement devenu "une obsession générale du régime". De récentes statistiques indiquent qu'au moins 79 millions d'Américains souffrent réellement d'embonpoint et que, à chaque instant, 52 millions d'entre eux suivent un régime ou envisagent d'en suivre un. Nous sommes maintenant des individus contraints à la diète, voués à des crises périodiques de jeûne et de privations dans le but de réussir à perdre réellement du poids, de manière durable. Toute personne ayant déjà tenté l'expérience sait que peu y réussissent; mais nombre d'entre nous répétons l'expérience, malgré des échecs antérieurs. Le fait que l'industrie des régimes alimentaires jongle maintenant avec des milliards de dollars le prouve.

Pour réussir à perdre du poids de façon notable, un individu suivant un régime doit livrer bataille contre la remarquable capacité de son propre corps de stabiliser son poids. Les mécanismes de régulation du corps humain sont si précis que la différence entre l'absorption de calories et l'énergie dépensée varie rarement de plus de 0,05% et cela, peu importe que l'individu soit mince ou gras, jeune ou vieux, actif ou non. Il est assez facile de modifier cet équilibre délicat pour gagner du poids — soit en mangeant davantage, soit en étant moins actif. On a calculé que, par exemple, un adulte gagne en moyenne 1,8 kg (4 lb) l'an chaque fois qu'il raccourcit de 10 minutes sa période d'exercices quotidiens durant une diète. Et l'on a calculé que manger une seule et simple tranche de gâteau au chocolat en plus de ce dont le corps a besoin chaque jour lui ferait prendre 18 kg (40 lb) l'an! Peu d'Occidentaux trop gros prêteraient attention à cet excès de consommation de gâteau au chocolat, mais beaucoup d'entre eux mangeraient réellement trop par rapport à leurs besoins en calories et ne seraient pas aussi actifs qu'ils le devraient. Et lorsqu'ils découvrent que le métabolisme du corps, si facile à dérégler pour gagner du poids, est obstinément récalcitrant à tout effort pour en perdre, il est trop tard pour agir. Parallèlement à une baisse de l'absorption de calories se produit une diminution des dépenses d'énergie, dans tout régime, ce qui en fait une tâche ardue, désagréable et finalement trop souvent sans résultat.

Le docteur A. W. Pennington a mentionné ce phénomène au cours des années 1950, alors qu'il prônait activement les vertus d'un régime riche en protéines et pauvre en hydrates de carbone, régime aujourd'hui souvent combiné avec le régime des docteurs Stillman et Atkins. "Chez l'obèse à poids constant, écrit le docteur Pennington, comme chez le sujet mince, l'appétit correspond étroitement à l'énergie consommée." Il conclut ensuite sobrement: "ni les évaluations caloriques, ni la volonté ne peuvent rivaliser avec la précision et la stabilité de l'équilibre biologique". Ce qui tend à prouver que les régimes draconiens, comme celui de Pennington, sont condamnés d'avance à l'échec.

C'est également Pennington, prophète bizarrement pessimiste à propos des pertes de poids rapides, qui a fait remarquer tristement que "des régimes pauvres en calories, il y en a beaucoup; mais des sujets ayant résolu leur problème d'embonpoint, il y en a peu". Peu, bien sûr, si les résultats d'une étude récemment menée dans un collège des États-Unis peuvent être considérés comme sûrs et sérieux. Les sujets de cette étude étaient généralement des étudiants obèses de sexe masculin qui perdirent tous beaucoup de poids pendant la première phase de l'expérience; pour plusieurs d'entre eux, il y eut perte de plus de 45 kg (100 lb). Ces résultats plurent naturellement aux experts médicaux qui avaient mis au point le régime de ces étudiants et , comme l'avait prouvé la première phase de cette expérience, on pouvait considérer qu'il s'agissait d'un succès remarquable. Malheureusement pour tous ceux qui se trouvaient impliqués, l'étude comprenait une phase deux, qui consistait à suivre ces sujets pendant une période de 18 mois. Cette surveillance révéla que chaque étudiant ayant participé à ce programme reprenait en totalité le poids qu'il avait perdu lors de la première phase.

Cet exemple de perte réelle de poids suivie d'une dramatique reprise de poids est non seulement commun, mais inévitable — comme le savent des millions d'Occidentaux ayant vécu cette amère expérience personnelle. Quelques cas sont réellement dramatiques, comme le rapporte le docteur Hilde Bruch, professeur de psychologie au Collège médical Baylor. Il a observé le cas d'un jeune sujet de sexe féminin perdant, reprenant, reperdant et reprenant un total de 227 kg (500 lb) entre son quatorzième et son dix-septième anniversaire. C'est un cas extrême, mais des millions de cas reproduisent à un échelon plus modeste cet exemple décourageant et finalement dangereux.

Considérons, par exemple, le cas relativement fréquent, rapporté récemment par le *Washington Post,* d'une femme de Philadelphie, âgée de 48 ans, qui avait suivi différents régimes alimentaires depuis l'âge de 11 ans. Pendant ces 37 ans, son poids n'avait jamais dépassé 83 kg (183 lb) et, au cours des dix dernières années environ, il était descendu deux fois à 56 kg (124 lb). Selon ses propres calculs, cette femme avait perdu un total de 170 kg (375 lb) pour un coût total de $14 288 soit $38 pour chaque livre. Au moment où elle était interrogée, elle venait de se débarrasser d'une dépendance aux amphétamines qui avait duré 27 ans et avait perdu 13 kg (28 lb) à l'aide d'un régime aux protéines liquides. Elle recommençait, disait-elle, à reprendre le poids perdu durant ce dernier régime draconien, le vingtième en 20 ans environ!

Quelque 40 millions d'Américains — les deux tiers ayant plus de 40 ans, des femmes pour la plupart — souffrent d'un sérieux problème de poids. Ces Américains entreprennent en moyenne 3 régimes sérieux tous les 2 ans, pour une période de 2 à 3 mois dans chaque cas. Ce qui donne un total de 15 régimes sérieux entre 20 et 50 ans et signifie que ces Américains trop gros avalent, durant au moins un quart de leur vie d'adulte, de la nourriture sans attrait, sans goût et souvent sans valeur nutritive. À l'évidence, si le premier de ces régimes était un succès, les 14 suivants seraient inutiles. Le fait même que ces régimes s'avèrent nécessaires et que de nombreux Américains suivent des régimes à intervalles plus ou moins réguliers, depuis l'adolescence jusqu'à un âge assez avancé, est en soi une condamnation non seulement de leurs habitudes alimentaires en général, mais aussi de la capacité de la médecine moderne à affronter ce qui est maintenant reconnu comme le problème numéro 1 de santé à l'échelle nationale.

Il est probable que peu d'experts, dans le domaine des régimes et de la nutrition, contredisent l'estimation de ce problème faite par le docteur Albert J. Stunkard: "La plupart des personnes obèses abandonnent leurs traitements. Parmi celles qui persévèrent, la plupart ne perdront pas beaucoup de poids, et parmi celles qui en perdront, la plupart le reprendront rapidement". Devant un pronostic d'un pessimisme aussi retentissant, proféré par l'un des experts les plus incontestables de ce domaine, il semble raisonnable de s'interroger sur l'opportunité de tenter de perdre du poids. Est-ce qu'il existe un régime réellement efficace? Est-ce que l'on s'organise vraiment pour perdre du poids et pour ne pas en reprendre tôt ou tard? La réponse à ces deux questions est un oui, relatif certes, mais énergique.

Tout programme de perte de poids systématique, pour être efficace, doit être associé à une connaissance précise des fonctions corporelles, à la fois dans des circonstances normales, mais aussi lors des tensions additionnelles physiologiques et psychologiques provoquées par un régime. Il faut comprendre les risques comme les avantages d'un régime et reconnaître les limites de tout régime, à savoir qu'il devrait nous aider à perdre du poids et à *ne pas* en reprendre. Et lorsque tous ces éléments sont bien définis et compris, il devient non seulement possible, mais imaginable de perdre du poids, pour toutes les personnes souffrant d'embonpoint, quel que soit leur âge ou leur sexe. Les exceptions — sujets souffrant de troubles psychiatriques ou somatiques provenant de tuberculose et de colite ulcéreuses chroniques — sont si peu fréquentes qu'on ne les mentionnera ici qu'en passant. De toute façon, ces personnes se trouvent toujours sous surveillance médicale et, si elles doivent maigrir, elles y arrivent en général peu à peu. En ce qui concerne la majorité, c'est la surcharge de poids et non une perte de poids qui menace réellement son bien-être.

Les dangers de l'obésité sont innombrables et beaucoup peuvent s'avérer mortels. Chaque année, plus d'Occidentaux meurent de maladies du système cardio-vasculaire que de toute autre maladie et la plupart de ces décès sont directement attribuables à l'artériosclérose (ou durcissement des artères). Observant le nombre de cas mortels de maladies cardio-vasculaires qui surviennent annuellement aux États-Unis — la courbe dépasse maintenant 1 million chaque an — Jean Mayer, doyen des experts en matière de nutrition, fait remarquer que "la croissance du nombre des maladies cardio-vasculaires a essentiellement annulé, depuis ces 20 dernières années, l'effet de nos progrès en sciences sociales, en médecine et en sciences de la santé à tel point que nous n'avons pratiquement pas progressé dans nos efforts pour prolonger la vie humaine". Cela, en dépit du fait que les dépenses annuelles d'ordre médical, aux États-Unis, sont passées de \$12 à \$106 milliards au cours des deux dernières décades.

Lorsqu'elles ne tuent pas, l'artériosclérose et l'obésité favorisent l'apparition d'un certain nombre d'autres problèmes cardio-vasculaires frappant d'incapacité; on songe ici à l'infarctus, l'angine de poitrine, l'hypertension artérielle, l'hypertrophie cardiaque, les varices et la polyglobulie (déséquilibre sanguin susceptible d'intensifier les phénomènes anormaux de coagulation). De surcroît, un excès de poids diminue l'efficacité des systèmes respiratoire et circulatoire, de telle sorte que certains individus trop gros ont les mains et les pieds froids parce que leurs poumons ne sont plus capables d'oxygéner correctement leur corps. L'obésité est aussi liée au diabète, à certains désordres de la vésicule biliaire, à de nombreux troubles endocriniens et métaboliques et à l'ostéo-arthrite (inflammation des articulations soutenant le poids du corps). Chez la femme enceinte, l'obésité peut conduire à la toxémie, à des complications chirurgicales, à des complications lors de l'accouchement et à la procréation d'enfants mort-nés.

Devant cette analyse même partielle du problème, n'importe qui souffrant d'un problème réel de poids devrait maigrir. Il faut ajouter enfin qu'en plus de certaines maladies mentionnées ci-dessus, une légère obésité peut avoir des conséquences aussi importantes qu'une obésité prononcée; il est donc évident que quiconque souffre d'un problème de poids devrait maigrir. Mais comment savoir si l'on est réellement trop gros? La plupart des médecins définissent l'obésité clinique par un excès de poids de 10% par rapport à la norme établie en fonction de la taille de l'individu. Leur plus grande difficulté consiste justement à définir cette norme.

Par exemple, pour une femme de taille moyenne, à forte ossature, on considère que 66 kg (146 lb) est la limite supérieure normalement tolérable, encore que certains seraient étonnés de rencontrer une femme d'un tel poids. Les athlètes professionnels représentent l'autre extrême: nombre d'entre eux sont, en raison de leur profession, apparemment trop lourds, sans pourtant être gras le moins du monde. (On peut citer l'exemple des membres d'une équipe américaine de football, en 1941, qui ont tenté de s'engager dans la Marine après l'attaque de Pearl Harbor: ils furent refusés pour obésité).

Définir si l'on souffre ou non d'un excès de poids peut donc sembler hautement subjectif. Certaines personnes portent bien leurs kilos supplémentaires, aussi bien physiquement que psychologiquement, alors que d'autres, sans aucun problème apparent de poids, souffrent de troubles émotionnels du genre de l'anorexie mentale et se condamnent eux-mêmes à mourir littéralement de faim. Il existe de nombreuses méthodes pour déterminer précisément si votre poids tend à se maintenir idéal, selon votre âge, votre sexe, votre type physique; nous en reparlerons plus loin. Un médecin compétent peut vous y aider, mais sachez qu'il ne peut pas vous prescrire de perdre du poids. Cette décision vous appartient à vous seul.

Si vous décidez de maigrir, vous devez vous poser plusieurs autres questions. La première requiert quelque compréhension des régimes et de la nutrition: puis-je suivre un régime avec succès? N'importe qui peut y arriver, mais certains en souffriront davantage. Jean Mayer, qui dirigeait l'École de la santé publique à l'université de Harvard, aimait dire que les jeunes filles aux mains longues et fines ne deviendraient jamais grosses. Ce fait peut être vérifié; toutefois Mayer présente cet argument non pour sa valeur nominale, mais dans le but de souligner le rôle joué par l'hérédité dans l'obésité. Cependant, selon lui, lors de l'apparition de l'obésité, il est néfaste de songer à l'hérédité "dans le cas des personnes obèses depuis l'enfance qui risquent alors de ressentir leur obésité de façon plus obsessionnelle et de la considérer comme la marque d'une honte, plutôt que comme un problème médical pouvant être combattu avec des moyens relativement simples". Ces personnes bien sûr échouent plus fréquemment dans leurs tentatives pour contrôler leur poids.

Toutes ces évidences tendent à prouver que Mayer a raison: plus vous souffrez d'excès de poids depuis longtemps, plus maigrir vous paraîtra difficile — et ceux qui sont gros depuis l'enfance éprouveront le plus de difficultés. Dans l'ensemble on peut affirmer qu'un tiers des adultes trop gros l'étaient déjà dans leur enfance et que plus de 80% des enfants élevés par des parents obèses deviennent obèses à leur tour en grandissant. (Cela est vrai pour un certain nombre de raisons; certaines sont physiques, d'autres psychologiques et d'autres purement circonstancielles, comme nous le verrons par la suite). Mayer considère si durement les recherches concernant l'amaigrissement chez l'obèse chronique qu'il déclare sèchement que "les régimes et la force de la volonté sont des prescriptions inutiles à ces millions d'Américains obèses depuis l'enfance".

Ce qui fait que l'on est gros — que l'on soit enfant, adolescent ou adulte — c'est le tissu adipeux, mieux connu sous le nom de cellules graisseuses. Ces cellules servent à une quantité de fonctions corporelles vitales, quel que soit votre poids. Elles "matelassent" le corps, elles isolent les organes internes et conservent la chaleur; elles effectuent des échanges métaboliques hautement complexes entre les protéines, les hydrates de carbone et la graisse; elles stockent et brûlent simultanément l'énergie en réserve sous forme de graisse. Le problème, dans les cas d'obésité, est double. Premièrement, la plupart des individus trop gros, en particulier ceux qui le sont depuis l'enfance ou l'adolescence, connaissent une surabondance de cellules graisseuses — ils en ont quelquefois 3 fois plus que les gens minces. Deuxièmement, tous les gens trop gros possèdent des cellules graisseuses elles-mêmes trop volumineuses, gorgées d'énergie stockée que le corps ne pourra sans doute jamais brûler. Par exemple, un homme pesant 45 kg (100 lb) de plus que son poids idéal véhicule constamment un tiers de million de calories non-consommées.

On ne sait pas encore de façon certaine si l'excès de tissu adipeux est le résultat de l'hérédité ou de l'environnement social, ou de leur combinaison; il en ressort en tout cas que le tissu adipeux se forme pendant l'enfance, pendant même la tendre enfance, et qu'une fois les cellules graisseuses créées, elles sont là pour toujours. Toute perte de poids réelle réduit légèrement la taille des cellules existantes, mais non leur nombre. Il y a même quelque bon sens de suggérer que les cellules graisseuses sont elles-mêmes génératrices de graisse, les plus grosses engendrant évidemment plus de graisse que les autres.

Le problème commence donc manifestement très tôt — et persiste souvent toute la vie. Plus de 80% de tous les enfants gros, âgés de 5 ans, grandissent avec ce problème. Leur corps contient 2 ou 3 fois plus de graisse que la normale, en partie parce qu'il possède 3 fois trop de cellules adipeuses et parce que ces cellules sont une fois et demie plus grosses que la normale. Plus tard en tentant de lutter contre leur obésité, les enfants antérieurement obèses se trouvent doublement défavorisés. Selon le docteur Bruch, les mères qui poussent à la suralimentation ne prisent guère l'exercice. Cela signifie que les enfants obèses grandissent souvent avec 2 déficiences graves: une incapacité à contrôler leur alimentation et une indifférence ou un dégoût pour l'exercice.

La nourriture est le médicament antidépressif le plus abondant et le moins cher sur le marché; il n'est pas surprenant que les mères ignorantes en matière de nutrition utilisent la nourriture comme un moyen de modifier et de contrôler le comportement de leur progéniture. Utilisée d'abord pour faire taire un enfant qui pleure — et dont les colères sont souvent provoquées par un malaise physique, une angoisse émotionnelle ou tout simplement un besoin de tendresse maternelle parce qu'il a faim — la nourriture devient vite un moyen de s'assurer qu'il ait un comportement normal. Être privé de manger est la punition extrême; recevoir un deuxième dessert, la récompense suprême.

Ainsi conditionnés, les enfants trop gros deviennent des adultes obèses qui dépendent socialement, plus que physiologiquement, de la nourriture. Ils mangent à l'heure des repas, que leur estomac soit plein ou non, car ils ont perdu la sensation de faim qui constitue normalement un stimulus interne. N'ayant jamais connu l'effet euphorisant qui accompagne normalement l'exercice physique, ils se trouvent privés de l'autre composante vitale de tout programme de perte de poids: l'effort physique. Une femme ou un homme actif souffrant d'un léger problème de poids peut plus facilement brûler la moitié de son excédent quotidien de calories — élément crucial de tout régime — en faisant de l'exercice plutôt qu'en se privant de manger. L'individu obèse et passif y a rarement recours.

Nous savons donc que l'obésité chez l'adulte prend naissance dans les habitudes alimentaires et les schémas sociaux mis en place dans la plus tendre enfance, habitudes si régulières et si anciennes qu'elles deviennent, dans tout domaine, automatiques, comme de véritables réflexes — c'est-à-dire qu'elles demeurent au niveau du subconscient. Comme nous en sommes prévenus, nous devrions faire en sorte d'épargner à la génération actuelle d'enfants trop gros le sort des obèses chroniques. L'Association médicale américaine est d'avis que le seul moyen réel de soigner l'obésité est la prévention; le mal en soi est trop résistant dès qu'il est établi.

Ce point de vue vaut pour la génération actuelle de nouveau-nés trop gras, mais s'avère sans utilité pour les millions d'adultes qui ont acquis ces habitudes alimentaires pernicieuses et produit un tissu adipeux engorgé depuis des dizaines d'années, pour ces individus obèses chroniques dont le docteur Mayer a écrit que leur cas était sans espoir. Ils ont pris des kilos bien avant que la médecine ait produit quelques grammes de mesures préventives, ce qui les rend beaucoup plus résistants — mais ils ne doivent pas désespérer. Il existe nombre de solutions au problème de l'obésité des adultes. Elles ne sont malheureusement pas toutes également agréables et aucune ne s'accompagne d'une garantie.

D'un point de vue médical, la façon la plus facile de perdre du poids est l'encouragement à l'exercice physique et la prescription d'un régime alimentaire équilibré de façon à produire un déficit calorique quotidien. L'excès de poids le plus récalcitrant réagit un jour ou l'autre à ce genre de régime à condition, bien sûr, que le sujet accepte de le suivre suffisamment longtemps. Hélas, l'expérience générale du corps médical montre que la plupart des sujets trop gros abandonnent ces régimes sous surveillance médicale avant qu'ils aient produit leur plein effet et qu'un plus grand nombre encore reprennent vite leurs habitudes alimentaires sans contrôle, ce qui les ramène à leur point de départ. En résumé, les médecins trouvent très difficile de faire adopter un régime à un patient obèse, même s'il est très facile d'application, et trouvent pratiquement impossible de convaincre ce patient de faire de l'exercice.

Dans ce cas, la tâche du médecin se trouve compliquée par la persistance d'une croyance fausse — sans doute maintenue par la passivité des obèses eux-mêmes — à savoir que l'exercice excite l'appétit. En fait, l'exercice n'accroît pas la consommation de nourriture avant qu'on en arrive à un certain niveau de pratique intensive et durable: cela s'applique aux coureurs de marathon, mais pas aux coureurs du dimanche. Dès ce moment, la dépense calorique croît réellement selon l'intensité de l'exercice et croît proportionnellement au poids du corps, ce qui signifie que les sujets trop gros brûlent plus de calories pour une même quantité de travail, peu importe la nature du travail. Le grand drame est qu'ils ne travaillent pas aussi énergiquement que les sujets minces.

Des études montrent, par exemple, que des maîtresses de maison trop lourdes marchent deux fois moins que les femmes minces en vaquant à leurs occupations ménagères, bien qu'elles remplissent essentiellement les mêmes tâches. Elles passent également une demi-heure de plus au lit chaque nuit et 15% moins de temps debout durant le jour, preuve supplémentaire de ce que le docteur Mayer appelle la capacité presque surnaturelle du sujet obèse à préserver ses réserves d'énergie et, conséquemment, ses stocks de graisse.

Une partie du problème provient du vieillissement des nomenclatures scientifiques qui décrivent ordinairement la valeur de l'exercice physique. Lorsqu'il distingue quatre types standard de personnalité selon leur activité — très actif, actif, modérément actif et sédentaire — le physiologiste allemand Karl Von Voit se base sur des données du XIXe siècle. Le type du sédentaire, par exemple, est un employé de bureau. Mais à cette époque, un employé de bureau se levait au petit jour, passait une heure à fendre du bois ou à transporter du charbon, devait marcher une heure pour se rendre à son bureau, travaillait 10 heures debout devant un pupitre, rentrait à pied et effectuait alors des tâches ménagères. Cela, 6 jours par semaine. Le septième jour, jour de repos, il se promenait à la campagne avec sa famille pendant 3 ou 4 heures. Comme le dit Mayer, "il n'existe pas un seul citadin, aux États-Unis, qui dépense autant d'énergie que ce sédentaire de 1890". Cela explique en partie pourquoi nous mangeons moins que nos ancêtres de la fin du siècle dernier, mais aussi pourquoi nous sommes plus gros.

On peut penser à peu près la même chose des tableaux qui essaient de donner l'équivalent, en calories, de dépenses d'énergie à partir d'exercices qu'on ne pratique plus à notre époque. Cela n'apporte pas grand-chose au citadin dont parle le Professeur Mayer d'apprendre qu'il lui faudrait passer 7 heures à fendre du bois pour perdre une seule livre; peu d'Occidentaux passeront autant de temps à couper du bois durant leur vie entière! Mais cela aurait été une information intéressante pour l'employé type du Professeur Voit, en 1890, qui passait une demi-heure par jour dans sa remise à bois. Pour le citadin d'aujourd'hui, qui ne sait pas affûter une hâche et encore moins s'en servir, une statistique de cet ordre ne signifie rien. Cela aurait été évidemment plein de sens pour l'employé "sédentaire" de Voit, qui aurait perdu 12 kg (26 lb) l'an, par cet exercice physique, s'il n'avait pas compensé son déficit calorique au moment des repas.

Tous les Occidentaux souffrant d'embonpoint doivent connaître la valeur réelle de toutes les formes d'exercice. Un homme qui joue au tennis, au squash ou au handball deux fois la semaine peut perdre 7 kg (16 lb) l'an; une femme qui marche à pas rapide 20 minutes chaque matin, après le départ des enfants pour l'école, peut perdre 4,5 kg (10 lb). Selon les termes de Mayer, l'exercice est "la grande variable dans la dépense d'énergie" et, par conséquent, dans la perte de poids. C'est aussi, de très loin, la variable la plus négligée. L'exercice physique — sujet traité au chapitre 6 de ce livre — a tant d'importance que tout exemple de perte de poids évidente et durable en dépend partiellement. Comme nous le verrons, ni le sexe ni l'âge ne constituent un obstacle à cette excellente méthode de contrôle du poids.

Le régime pauvre en calories constitue une autre possibilité offerte à toute personne désirant perdre du poids. Pour perdre un demi-kilo de graisse, un adulte moyen doit supprimer 3 500 calories. Les médecins conseillent généralement une réduction d'environ 500 calories chaque jour, ce qui permet théoriquement à une personne consciencieuse de perdre un demi-kilo chaque semaine, aussi longtemps que dure le régime. Les raisons pour lesquelles cette théorie ne se vérifie pas aussi simplement dans la pratique sont nombreuses. L'une d'entre elles est la réelle difficulté à mettre au point un régime qui procure tous les aliments nutritifs sans excès de calories, qui ne soit pas coûteux ni difficile à préparer, mais qui soit en même temps agréable au goût.

La situation se complique du fait que les besoins individuels en calories varient grandement: des hommes actifs ont quelquefois besoin de deux fois plus de calories que des femmes sédentaires. De plus, des hommes et des femmes actifs qui se déplacent, supportent difficilement, sans devenir apathiques et irritables, un régime contenant moins de 1 000 calories chaque jour pendant un certain temps. Mayer considère qu'il "est très imprudent de supporter un déficit de plus de 1 000 calories chaque jour, quelle que soit la durée du régime, sauf dans des conditions exceptionnelles pouvant nécessiter l'hospitalisation".

Pour combattre la répugnance du corps à s'habituer à un tel changement, la science médicale et l'industrie des régimes alimentaires ont mis au point une abondance d'aides destinés à annuler ou simplement à fausser les réflexes normaux du corps devant la nourriture. En tête de liste, soulignons ces "pilules amaigrissantes" — mélanges d'amphétamines, de barbituriques, de stimulants et de somnifères qui exercent une action puissante, mais temporaire, sur l'hypothalamus, centre de la satiété sis dans le cerveau, créant artificiellement la sensation d'être rassasié en l'absence d'absorption réelle d'aliments. Comme nous le verrons plus loin, l'effet à court terme de ces pilules peut être impressionnant. Elles provoquent réellement une perte de poids immédiate et importante dans la plupart des cas. Elles suscitent également une hausse de tension artérielle et produisent des troubles cardio-vasculaires et gastro-entérologiques. Utilisées régulièrement pendant 4 à 6 semaines, elles peuvent occasionner des hallucinations et des illusions paranoïdes. Elles perdent leur efficacité après 6 semaines, pour des raisons mal connues et l'utilisateur de ces médicaments reprend ensuite souvent tout le poids qu'il avait perdu.

Le régime hydrique — autrefois, régime Métrécal; aujourd'hui, régime à base de protéines liquides — permet lui aussi de perdre rapidement du poids. Il possède toutes les qualités du régime aux amphétamines, méthode essentiellement passive, qui élimine l'obligation de se contrôler et qui produit des résultats immédiats et importants. Bien sûr, il occasionne après un certain temps les inconvénients liés aux "pilules amaigrissantes": il est potentiellement dangereux pour la vie et ne devrait être suivi que sous une surveillance médicale très serrée. Il pêche de la même façon que tous ces "régimes-express", à savoir qu'il ne modifie aucunement les habitudes alimentaires et que ceux qui l'adoptent reprennent toujours le poids perdu.

Le jeûne total est l'étape suivante; on se contente en général de vitamines et de sels minéraux dissous dans l'eau. En moins de 48 heures, la plupart des patients qui jeûnent perdent toute sensation de faim et ils peuvent souvent supporter ce jeûne pendant un mois entier. (Le docteur C.C. Sturgis, professeur de médecine interne à l'université du Michigan, affirme qu'un individu peut vivre 4 à 5 mois en se contentant d'eau seulement et en brûlant environ 45 kg (100 lb) de ses propres réserves de tissu graisseux.) Pendant le jeûne, le foie est peu à peu vidé du glycogène qui y était stocké, substance amylacée qui est rapidement transformée en glucose, source principale d'énergie pour le corps. Malheureusement, la masse musculaire comme la masse graisseuse s'épuisent pendant le jeûne et des corps cétoniques apparaissent. Les corps cétoniques, coupe-faim puissants, jouent un rôle important dans la disparition de la sensation de faim qui survient au deuxième jour de tout jeûne rigoureux.

Ces régimes cétogènes sont à la mode depuis plus d'un demi-siècle. Un chirurgien anglais, William Harvey, l'expérimenta le premier, vers les années 1800, parallèlement à des régimes riches en protéines et pauvres en hydrates de carbone, générateurs de substances cétoniques; ce régime est généralement connu sous le nom de régime Banting, du nom d'un des premiers patients de Harvey, particulièrement satisfait des résultats du régime de ce bon docteur, qui a publié un véritable panégyrique en son honneur. Depuis, différentes versions du régime Banting surgissent à intervalles réguliers, tel le régime dit de Pennington ou Dupont, en 1953, le régime de l'Armée de l'air, en 1960, le régime du buveur, en 1965, ou ceux de Stillman et Atkins, en 1970.

Malgré quelques petites différences, ces régimes provoquent tous une perte de poids en produisant des corps cétoniques. Les résultats à long terme de cette perturbation du métabolisme sont l'irritabilité, la léthargie, un ralentissement de la productivité et des modifications au niveau de l'activité mentale. En revanche, les résultats à court terme sont indéniablement remarquables: à de rares exceptions près, tous ceux qui suivent correctement ce type de régime enregistrent des pertes de poids considérables, aussi longtemps qu'ils sont capables de supporter le régime et de maintenir leur concentration de cétone. Mais il faut souligner que les pertes de poids enregistrées les premiers jours par les adeptes de Pennington, Stillman et Atkins sont *illusoires*.

Pendant les premiers jours d'un régime cétogène, les reins, inaptes à retenir sel et eau, laissent échapper une partie de l'eau que contient le corps par une augmentation de la diurèse ou une miction très abondante. À ce stade, il n'y a pas diminution de la masse corporelle et la perte de poids qui survient par la suite est le résultat de la restriction calorique *totale* provoquée par les corps cétoniques, non le résultat d'une transformation particulière des protéines et des graisses. Il s'ensuit une perte de poids rapide, effective aussi longtemps que le patient peut supporter le régime, mais l'on assiste ensuite à une reprise de poids presque équivalente et très rapide.

Le premier signe d'intolérance véritable aux régimes cétogènes est une baisse pathologique de la tension artérielle, souvent accompagnée d'une sensation de fatigue généralisée; il semble d'ailleurs que la limite maximale de tolérance à un tel régime ne puisse dépasser 2 mois. Ces régimes ont d'autres effets moins évidents, mais tout aussi nocifs: l'un d'eux provient de ce que ce régime est riche en graisses, ce qui fait non seulement monter le taux de lipides et de cholestérol dans le sang, mais accélère aussi le développement de l'artériosclérose. À long terme, il ne semble pas recommandable de suivre des régimes aussi draconiens, pauvres en calories, mais déséquilibrés nutritivement; il faudrait même se méfier de pareils régimes.

Comme les obèses tolèrent mal l'exercice physique intensif et supportent aussi très mal les régimes draconiens, reste une alternative possible: les groupes thérapeutiques comme celui des Weight Watchers, Diet Workshop ou des TOPS. Selon le docteur Bruch, qui a étudié très attentivement ce genre d'associations, elles sont composées pour la plupart de femmes de la classe moyenne et d'âge moyen, se sentant affectivement ou socialement isolées. Ces groupes sont bien sûr sans intérêt pour les obèses chroniques souffrant de troubles profonds de la personnalité; les besoins de ces individus dépassent ce que peut offrir ce genre de club dont les principes de base reposent sur la critique et l'encouragement collectifs et les effets qui en découlent. Mais pour les milliers d'adhérents, ce mélange d'humiliation publique et d'encouragement personnel constitue un stimulus efficace qui leur permet de persévérer, tant qu'ils font partie d'un tel club. La notion de modification du comportement est sans doute l'apport le plus significatif du siècle dernier dans le domaine des régimes. Reposant sur le principe que l'obésité est un trouble du comportement analogue à celui de l'alcoolisme ou de l'accoutumance à une drogue — et donc difficile et complexe à modifier — les programmes de modification du comportement essaient de changer la façon dont on mange plutôt que ce que l'on mange. Les résultats sont quelquefois saisissants. Les méthodes conventionnelles de perte de poids permettent rarement à plus d'un individu sur 4 de perdre 9 kg (20 lb) — et moins de 5% d'entre eux ne perdent jamais plus de 18 kg (40 lb). Mais les principaux spécialistes de la modification du comportement avancent les chiffres retentissants de 80% de succès, dans le cas de patients qui perdent 9 kg (20 lb) et d'au moins 30%, dans le cas de ceux qui perdent 18 kg (40 lb).

Les programmes de modification du comportement seront plus longuement traités dans un autre chapitre. Disons simplement pour l'instant que la modification du comportement a une importance fantastique pour la catégorie d'obèses ainsi définis par le docteur Bruch: "50 millions d'Américains d'âge moyen, trop gros, qui mangent trop par habitude". Il arrive que ces personnes obtiennent également de bons résultats en suivant des programmes comme celui des Weight Watchers ou en travaillant sous surveillance médicale. La théorie de la modification du comportement n'agit pas sur les personnes souffrant de graves troubles de la personnalité, c'est-à-dire celles qui ont le plus besoin de perdre du poids, soit pour des raisons physiologiques, soit pour des raisons psychologiques.

Si l'on s'oppose tant physiquement que psychologiquement à l'idée de perdre du poids, si les Occidentaux sédentaires regimbent devant la nécessité d'adopter un régime ou de se livrer à des exercices physiques même si leur vie en dépend et si les régimes connus actuellement n'aboutissent qu'à ce que Jean Mayer appelle "des fluctuations de poids" — suite incessante de pertes et de reprises de poids —, alors quelle solution peut-on offrir aux millions d'Occidentaux qui doivent maigrir? Une solution, il en existe une, qu'a adoptée depuis longtemps la fameuse clinique Mayo. Cette solution a ébranlé la suprématie de ces innombrables régimes draconiens. Vous trouverez dans le plan directeur un programme raisonnable, facile à suivre, aboutissant à une perte de poids progressive, à long terme et *permanente*. Ce programme est accessible à tout individu qui désire perdre du poids, sans considération de son âge, de son sexe, et quelle que soit son expérience antérieure en matière de régimes.

Chapitre II

Le mécanisme du phénomène graisseux

Attribuer l'embonpoint à un excès de nourriture nous éclaire autant qu'attribuer l'alcoolisme à un excès d'alcool.

Jean Mayer

De tous les êtres vivants, seuls les hommes et quelques animaux domestiques engraissent. Et cela, parce qu'ils absorbent régulièrement plus de nourriture que leur corps n'en a besoin ou qu'il ne peut en utiliser et parce que le corps, avec une efficacité supérieure à celle de n'importe quelle machine, transforme rapidement cet excédant de nourriture en réserves de gras. Il en résulte à court terme un accroissement du tissu adipeux et à long terme, une obésité chronique. Si l'on accepte de considérer l'obésité comme une maladie, on doit alors indiscutablement distinguer son étiologie universellement connue, la gourmandise, et son remède tout indiqué, le jeûne. Mais le docteur Mayer, en attribuant l'obésité à un excès de nourriture, ne nous apprend rien que nous ne sachions déjà, alors que nous devons absolument en savoir plus sur les causes de l'obésité et ses mécanismes si nous décidons de nous sauver nous-mêmes de cette surconsommation générale qui, en l'espace de 50 ans, a fait de l'obésité l'anomalie physique la plus répandue en Occident.

L'obésité est au moins aussi ancienne que notre société et même certainement davantage. Les célèbres statues néolithiques de Vénus, aux seins tombants, au ventre protubérant et aux membres charnus, représentent sans doute la femme idéale de l'époque, mais elles sont aussi sûrement à l'image de modèles réels. L'obésité était très recherchée par les femmes du Paléolithique et cela, pour plusieurs raisons. Elle était directement associée à la fécondité, victoire de la vie sur la mort, il y a 25 000 ans; elle se trouvait donc indirectement liée à la mortalité. On estime que moins de la moitié des hommes du Paléolithique vivaient jusqu'à l'âge de 20 ans et que 12% seulement d'entre eux atteignaient l'âge de 40 ans, âge alors considéré avancé. Ce dernier groupe ne comportait pas de femmes et les études effectuées sur des squelettes de l'Ère glaciaire montrent que les femmes ne dépassaient pas l'âge de 30 ans. Dans des conditions de vie aussi décourageantes, chaque demi-kilo supplémentaire d'énergie en réserve accroissait les chances de survivre aux caprices d'un climat rigoureux et d'une alimentation incertaine, aux attaques des voleurs — hommes ou animaux — et aux rigueurs de la grossesse et de l'accouchement.

Il est intéressant de noter ici que l'on trouve davantage d'individus gros sous des climats où l'approvisionnement est saisonnier; dans l'Arctique comme sous l'Équateur, le climat constant donne des individus constants. Cela semble vouloir dire que, tout au long des siècles, les gens vivant dans des régions où l'approvisionnement en nourriture était imprévisible ou variable ont développé une plus grande capacité à emmagasiner la graisse pour affronter une éventuelle famine — ce que le généticien James Weell appelle des génotypes "épargnants". Les Vénus paléolithiques appartiennent à ce groupe: elles se caractérisent par de gros os, un buste long, une poitrine bombée et des membres courts. Bon exemple d'adaptation en vue d'une conservation de la chaleur, puisque la surface du corps est petite par rapport à sa masse et que les organes vitaux se trouvent isolés en profondeur.

Cette silhouette est petite la plupart du temps et ce n'est pas un hasard si les Lapons, au Cercle polaire, comptent parmi les peuples les plus petits de taille; les hommes n'y dépassent pas en moyenne 1,50 m (5 pi). Dans leur cas, il s'agit, bien sûr, plus d'une adaptation au froid qu'à une fluctuation d'approvisionnement en nourriture et il faut noter que les Lapons, comme les Esquimaux, sont rarement obèses. Ni, à vrai dire, les Pygmées des forêts équatoriales très humides, dont la très petite taille est davantage une réaction à cette humidité qu'à la température. Leurs voisins nilotiques, les Masaï, qui habitent l'une des régions les plus arides du globe, sont les hommes les plus grands du monde; leur taille dépasse 1,80 m (6 pi). Ici, nous avons une adaptation à une chaleur implacable — de longs membres qui accroissent la surface d'évaporation du corps dont la température interne se stabilise ainsi plus facilement.

L'obésité, jadis moyen vital de s'adapter à un monde hostile et précaire, est devenue une anomalie dès que les hommes se sont établis dans des villes où le ravitaillement était presque toujours régulier et où les problèmes de poids devinrent nettement plus inquiétants que l'éventualité d'une famine. C'est avec la ville qu'est apparue la division des tâches; certains devinrent commerçants pendant que d'autres cultivaient les champs. Les coupeurs de bois et les porteurs d'eau de la Bible sont restés minces jusqu'au jour où ils sont devenus de plus en plus sédentaires — et donc de plus en plus gros.

Il suffit de regarder la statue en bois du corpulent Sheik El Beled, ancien fonctionnaire égyptien qui vivait il y a presque 5 000 ans, pour noter la corpulence de la classe sédentaire. Il n'y a pas longtemps, cette classe était encore très peu nombreuse, si peu qu'un excès de poids était traditionnellement lié à une grande richesse et jusqu'à la Deuxième Guerre mondiale, il était courant de dire des banquiers et des hommes d'affaires que la protubérance de leur ventre indiquait la dimension de leur fortune.

Ce qui est le plus frappant dans cette "épidémie" d'obésité qui a envahi les États-Unis et l'Europe occidentale durant la dernière moitié du siècle, c'est que ce phénomène ne suit aucune règle historique et touche toutes les classes, sans distinction. Quoi qu'il en soit, l'ordre ancien est renversé. Une étude remarquable, effectuée à New York, en 1974, a montré que l'obésité était *7 fois* plus fréquente chez les individus de la classe socio-économique inférieure que chez les individus de la classe supérieure. L'obésité, semble-t-il, n'est plus un problème généralisé dans une société riche, mais n'est pas non plus un problème particulier aux membres les plus riches de cette société.

La société américaine est la première, dans toute l'histoire, où l'obésité des masses se soit manifestée, faisant de la suralimentation le problème médical le plus important de ce pays. Un rapport récent provenant du département de la Santé, de l'Éducation et du Bien-Être insiste sur le fait que l'Américain mâle moyen souffre généralement d'un excès de poids de 8 kg (15 lb) et la femme, d'environ 10 kg (21 lb). En fait, les Américains, comme la plupart des Occidentaux, mangent trop et trop bien de telle sorte que les maladies associées aux sociétés primitives sous-alimentées — rachitisme, pellagre, scorbut — ont pratiquement disparu pour être essentiellement remplacées par une multitude de troubles découlant de l'obésité.

Pour apprécier à sa juste valeur l'impact profond de la richesse d'après-guerre sur la santé nationale, il suffit d'observer la croissance considérable des cas diagnostiqués de diabète, maladie souvent aggravée par une suralimentation. En 1950, il y avait 1,2 millions de cas de diabète recensés aux États-Unis; aujourd'hui, on en compte 5 millions et 40% de ces malades sont beaucoup trop gros. Comme le note tristement le docteur Richard F. Spark de l'École médicale de Harvard: "Nous nous trouvons en présence d'un état chronique de surabondance calorique et cela, par notre faute. Nous avons désiré et réalisé une société qui rend difficile la minceur... Notre vie quotidienne ne pouvait être plus parfaitement structurée pour promouvoir l'obésité."

L'obésité est de toute évidence un problème personnel, mais il s'agit également d'un problème social et d'un dilemme médical. Ses causes sous-jacentes sont tant psychologiques et circonstancielles que physiologiques, ce qui prouve qu'il est insuffisant et inefficace de se contenter de déclarer simplement que trop manger fait grossir. L'obésité est également causée, à différents degrés selon les cas, par des facteurs héréditaires, par des dérèglements endocriniens, par de mauvaises habitudes diététiques et alimentaires et par des troubles psychologiques. Du fait de la complexité de ces facteurs qui varient non seulement d'un individu à l'autre, mais chez chaque individu d'une année à l'autre et même d'un mois à l'autre, l'obésité est remarquablement résistante à tout traitement. Le sachant et sachant que quelque 95% de tous les régimes se révèlent finalement impuissants à faire perdre du poids de façon durable, de nombreux médecins sont réticents à prescrire le plus léger régime pauvre en calories à leurs patients trop gros, estimant que la tension et l'anxiété provoquées par le régime risquent de remettre en question et même d'annuler les résultats obtenus par une légère et temporaire perte de poids.

Ce pessimisme professionnel survient malheureusement à un moment où l'on n'a jamais eu autant besoin de sérieux conseils concernant la perte de poids et le contrôle du poids. Selon l'avis du docteur Clifford F. Gastineau, médecin de la clinique Mayo qui s'est longuement intéressé à ces problèmes associés au traitement de l'obésité, des statistiques annoncent que la médecine moderne va bientôt atteindre une perfection telle qu'elle ne pourra plus réellement progresser dans le domaine de la guérison des maladies humaines. Des efforts même redoublés ne peuvent désormais que diminuer très légèrement le taux de mortalité, croit-il, sauf si l'on accorde plus d'attention au problème de l'obésité, la pierre d'achoppement de la médecine préventive. Le docteur Gastineau, co-auteur d'un livre sur l'obésité, est persuadé que "l'on peut obtenir une amélioration de la santé nationale en s'attachant à corriger et à prévenir l'obésité". Pour ce faire, dit-il, il faudra que partout les médecins reconnaissent les dangers d'un excès de poids; qu'ils se rendent compte que, si la maladie de l'obésité ne peut jamais être guérie, les symptômes, eux, peuvent être atténués; qu'ils développent un esprit et un zèle de missionnaire dans le soin qu'ils apporteront à corriger l'obésité. Il serait vraiment très malheureux d'échouer dans cette tâche, conclut le docteur Gastineau, précisément parce que faire maigrir "peut être la dernière chance de prolonger la vie et de réduire les maladies futures du patient".

À l'exception de l'emphysème (qui est exacerbé, mais non causé par l'obésité, et qui est irréversible), toutes ces maladies dont le danger mortel augmente avec chaque nouvelle augmentation du poids chez un obèse perdent de leur gravité à chaque livre perdue; certaines disparaissent même complètement et simultanément. Comme nous l'avons déjà souligné, la corrélation entre l'obésité et les maladies qui en découlent n'est pas absolue et un accroissement des risques n'est pas directement proportionnel à l'excès de poids de l'individu; certaines maladies sont aussi fréquentes chez l'individu légèrement trop gros que chez l'obèse réel. Ce qui paraît étroitement lié, c'est la perte de poids et l'espérance de vie: le taux de mortalité des individus qui ont maigri après avoir été gros est à peu près équivalent à celui des individus qui n'ont jamais été trop lourds. En effet, nos principaux problèmes de santé sont aujourd'hui liés à des maladies dites de dégénérescence, en particulier les maladies cardio-vasculaires; or l'obésité grave accélère le processus de dégénérescence. L'Occident ne souffre plus désormais de ces fléaux et épidémies des siècles passés tels que la varicelle et la rougeole, la scarlatine et la grippe, la tuberculose et le typhus, le choléra et la fièvre jaune, la dysenterie et la polio. Et comme nos enfants ne meurent plus de fièvres, de variole ou des oreillons — ou, plus âgés, de maladies infectieuses transmises par les aliments ou l'eau — nous mourons donc de maladies de dégénérescence ou de cancer.

Selon Ancel Keys, ex-directeur du Laboratoire d'hygiène physiologique de l'université du Minnesota, nous avons de bonnes raisons de croire que la gravité des maladies de dégénérescence qui affectent la population en général est pour une large part causée par nos habitudes alimentaires. Nous réexaminerons, dans un chapitre ultérieur, la relation évidente entre les régimes riches en graisses et en cholestérol et les maladies cardio-vasculaires, comme aussi entre les régimes pauvres en fibres et les cancers du colon et du rectum. Tout cela, pour appuyer la croyance générale qu'une suralimentation est à l'origine de la plupart des problèmes modernes de la santé et que manger correctement aide à les éliminer presque tous. Devant une telle évidence, il faut conclure avec le docteur Gastineau que le temps est venu d'une attaque concertée et coordonnée contre cet ennemi national, attaque qui doit être menée avec sérieux et gravité.

Contre qui diriger cette attaque? Contre les millions d'hommes trop gros de ces dernières années, bien sûr; mais aussi contre ces "docteurs-minceur" qui préfèrent prescrire un coûteux programme de perte de poids à court terme plutôt que des régimes raisonnables et des programmes de rééducation alimentaire. Également contre l'industrie multimillionnaire de l'exercice physique qui vante les mérites d'inutiles et quelquefois foncièrement dangereux attirails à des acheteurs crédules dont le besoin immédiat est de perdre du poids, non de se gonfler des muscles. Également contre l'industrie milliardaire des régimes alimentaires qui écoule des centaines de produits chargés d'additifs, de saccharine et de substances sans doute potentiellement cancérigènes à un public ignorant tout de la nutrition, public qui recherche le goût du sucre dans ces boissons, ces desserts... "sans sucre" et qui en ignore les dangers potentiels. (Ces dangers sont tout aussi psychologiques que physiologiques, car si on n'a pas prouvé que les cyclamates et la saccharine avaient des propriétés cancérigènes on a vérifié les effets nocifs d'une consommation excessive de sucre. Le drame réside dans ce goût national pour "le sucré", goût créé dès l'enfance, et les édulcorants de synthèse constituent un problème supplémentaire, même s'ils permettent d'éliminer des calories dans un régime amaigrissant.)

Notre attaque devrait aussi être dirigée contre les fabricants et les distributeurs de ces aliments "tout-prêts" qui comptent pour 60% de l'alimentation-type américaine, offrent au consommateur une valeur nutritive nulle au goût de sucre et qui abîment les dents. Et l'on pourrait aussi inclure les maniaques de régimes, les trafiquants de nourriture "naturelle", les promoteurs de pilules qui font maigrir ou grossir et même certains membres du corps médical qui peuvent tromper ou mal informer leurs patients trop gros. La liste est finalement si longue qu'il reste très peu de soldats prêts à se lancer dans la bataille du docteur Gastineau. Comme le fait observer Walt Kelly's Pogo: "L'ennemi, je l'ai rencontré: c'est vous et moi".

Qui est gros? Évidemment, tout le monde ne l'est pas, bien que, si les statistiques du département de la Santé, de l'Éducation et du Bien-Être sont exactes — à savoir que l'Américain moyen a 8 kg (18 lb) en trop et l'Américaine moyenne, 10 kg (21 lb) —, la moitié d'entre nous sommes indiscutablement trop gros. Et comme la plupart des définitions de "poids moyen" sont généreuses — et que la majorité des médecins ne considèrent pas leurs patients comme des sujets obèses avant que leur poids ne dépasse d'au moins 10% la limite supérieure de cette "moyenne", selon leur âge et leur taille — on peut raisonnablement affirmer que la réalité des faits dépasse les estimations officielles. Ces estimations indiquent pourtant que 30% des Américains adultes sont trop gros — c'est-à-dire au moins 50 à 60 millions d'hommes et de femmes, aux États-Unis seulement. Ajoutons à cela des millions d'individus — les nouveaux diplômés, les nouveaux mariés, les jeunes femmes enceintes, les nouveaux divorcés, les nouveaux déprimés — qui ont pris 4,5, 6,5 ou même 9 kg (10, 15 ou même 20 lb) et l'on saisit à quel point est justifiée la déclaration de Anne Scott Beller dans *Fat and Thin, A Natural History of Obesity:* "maigrir est la préoccupation quotidienne de 70% des Américains."

Qui est gros? Les enfants nés de parents gros sont gros. Environ 40% des enfants dont le père *ou* la mère est gros sont eux-mêmes gros; cette proportion devient hallucinante lorsque le père et la mère sont gros: on en arrive alors à 80%. Il n'existe certainement pas d'image plus pitoyable dans l'histoire de l'obésité que celle de nouveau-nés trop gros condamnés à devenir des adultes obèses. Moins d'un sur 5 de ces nouveau-nés parvient à éviter l'obésité à vie; la plupart seront astreints toute leur vie à suivre un régime sévère. Comme le remarque le docteur Mayer, "les gens *peuvent* contrôler leur poids et ne pas laisser forcément s'épanouir leur hérédité". Mais le prix à payer par ces enfants génétiquement gros — ces obèses emprisonnés dans un corps mince, terriblement enclins à se laisser aller à leur tendance première — est inimaginable parce qu'ils sont condamnés, peut-être depuis l'instant même de leur conception, à un jeûne perpétuel et à une lutte incessante contre leur propre nature.

Trois facteurs essentiels contribuent à provoquer l'apparition de l'obésité chez l'enfant: le premier — l'hérédité — est à la fois le facteur le plus discuté et le plus immuable. Le docteur Mayer a longtemps pensé que la génétique jouait un rôle clé dans la détermination de l'obésité; il appuie cette affirmation sur les résultats de ses études sur de vrais jumeaux dont le poids est à peu de choses près identique (2 kg ou 4 lb) durant leur vie, alors que la différence de poids entre des enfants de même sexe, nés de mêmes parents, dépasse 5 kg (10 lb) ou plus. Jusqu'à un certain point, bien sûr, on peut estimer que les jumeaux, du fait de leur gémellité même, ont grandi dans le même milieu familial et ont mangé la même nourriture. Mais le docteur Mayer a aussi mené une étude sur de vrais jumeaux élevés séparément; il a découvert que leur poids ne variait pas de plus de 4%, même lorsque leur environnement propre différait de beaucoup.

Mais des études dirigées par le docteur Stanley M. Garn du Centre pour le développement humain à Ann Arbour, Michigan, contredisent largement Mayer sur ce dernier point. Selon Garn, "l'obésité familiale est la résultante de la vertu de l'exemple et non simplement de l'hérédité". Voilà une conclusion qui peu paraître encourageante pour les obèses qui n'ont désormais plus à se croire "condamnés" à l'obésité. Tel n'est pas le cas, parce que la force de l'habitude a presque autant de poids que celle de l'hérédité. Si Garn a raison, l'individu mince, devenu gros et qui ne réussit pas à maigrir, ne peut rendre ses gènes responsables de cet échec.

Le facteur génétique qui a le plus de conséquences sur l'obésité est, bien sûr, le sexe de l'individu. À la naissance, les petites filles sont en général plus courtes que les garçons, mais toujours plus grosses. Leur corps possède un pourcentage plus important de tissu adipeux et cette inégalité s'accroît avec les années. Les hommes, pour la plupart, atteignent en général leur poids maximum vers 30 ans ou 40 ans, au plus tard, alors que les femmes continuent à accumuler de la graisse jusqu'à 50 ou 60 ans. Dans les deux cas, le tissu musculaire cesse de se développer vers l'âge de 20 ans, ce qui signifie que toute accumulation ultérieure de poids sera constitué de graisse. Et parce que le corps féminin est "plus économe" que celui de l'homme, les femmes peuvent conserver leur excès de poids en consommant 10% de calories de moins que des hommes de leur âge, de leur poids, de leur taille et pratiquant le même type d'activité physique. Les relations de poids entre sexes ne sont pas aussi simples qu'il y paraît; c'est ainsi qu'il a été démontré, statistiques à l'appui, que les Noires sont en général plus grosses que les Blanches, mais que les Noirs sont plus minces que les Blancs.

Un deuxième facteur contribue à l'obésité infantile: c'est l'alimentation. La plupart des experts sont maintenant d'accord pour déclarer que les habitudes maternelles d'alimentation sont périmées, dépassées, mieux adaptées au mode de vie du XIXe siècle qu'à la vie sédentaire propre au XXe siècle. Les méthodes modernes d'alimentation comprennent une absorption précoce d'aliments solides, un sevrage rapide et le passage du sein au biberon; tous ces éléments encouragent la suralimentation. C'est de plus en plus la mère, non l'enfant, qui décide si ce dernier a faim et le nourrit selon des normes et à l'unité — 1 biberon, 1 bol, 1 tasse — plutôt que selon sa demande et ses besoins. Cette alimentation forcée, suggérée par le dévouement maternel, est encouragée par la fausse conviction qu'un gros bébé est un bébé en bonne santé. Il en résulte une production incontrôlée de cellules graisseuses superflues pendant les premières années de l'enfance.

Ce sont ces mêmes femmes qui, obéissant à un autre principe ancien, mais tout aussi faux — "Vous êtes enceinte, mangez pour deux" — mangent trop durant les derniers mois de leur grossesse. Ce faisant, non seulement elles prennent du poids dont elles n'ont pas besoin, poids qu'elles perdront difficilement après l'accouchement, mais elles favorisent en même temps le développement de cellules graisseuses chez le foetus qui développe la majeure partie de son tissu adipeux durant les 3 derniers mois de vie intra-utérine. (Il est connu, par exemple, que l'excès de poids qui affecte particulièrement les petites filles est produit au cours des 2 ou 3 semaines précédant l'accouchement). Ainsi, la future mère la mieux intentionnée met quelquefois en danger la santé de son enfant qui n'est pas encore né alors même qu'elle voudrait au contraire l'assurer. Et l'enfant qui naît gros, qui est consciencieusement et consciemment engraissé depuis la naissance, perd souvent l'espoir de devenir un adulte mince avant même de savoir marcher. À l'âge de 2 ans, un enfant obèse peut déjà posséder la moitié des cellules graisseuses que l'on trouve chez un adulte normal — et vers l'âge de 6 ou 7 ans, il peut avoir 2 ou 3 fois plus de cellules graisseuses qu'un adulte d'âge moyen.

Il faut noter en passant que la grossesse est toujours génératrice de lipides ou productrice de graisses; d'ailleurs l'on incite actuellement les femmes enceintes à suivre un régime sévère qui les empêche de dépasser de plus de 7 à 8 kg (15 à 18 lb) leur poids normal (poids estimé de l'ensemble constitué par le foetus, le placenta et le liquide amniotique), mais ce conseil n'est donné qu'aux femmes obèses enceintes. Un régime aussi astreignant peut entraîner un développement anormal du cerveau du foetus ainsi qu'une atrophie de la rate, du foie et des glandes surrénales. Le gain "normal" de poids durant la grossesse varie de 0 à 23 kg (50 lb); en moyenne, il se situe entre 10 et 11 kg (23 et 25 lb). Cette surcharge graisseuse apparemment inutile servirait de protection à la mère pendant l'accouchement et juste après — survivance de l'Ère paléolithique où plus d'une future mère accouchait au cours des déplacements de la tribu, puis se débrouillait seule pour rejoindre ses compagnons.

La conclusion des docteurs Jules Hirsch et Jérôme Knittle de l'université Rockefeller est que tout individu gros depuis l'enfance possède une trop grande quantité de cellules graisseuses et que, plus l'obésité débute tôt, plus le nombre de ces cellules est grand. En revanche, les individus qui grossissent plus tard ne possèdent pas un nombre excessif de cellules graisseuses; leurs cellules graisseuses augmenteraient tout simplement de taille. C'est une différence très importante qui a une portée profonde sur la capacité d'un individu à contrôler avec succès son poids, après l'adolescence. Tout ce qu'on peut espérer atteindre par un régime, peu importe sa durée ou sa difficulté, c'est une diminution progressive de la taille des cellules graisseuses du corps, cellules qui constituent une menace, même lorsque l'on a atteint le poids désiré. Ces cellules ne disparaissent jamais et leur nombre détermine la rapidité avec laquelle l'on reprend du poids, après l'abandon du régime.

Ce phénomène est vérifiable d'après l'étude d'un cas dans une clinique célèbre, il y a quelques années. Une femme souffrait d'obésité chronique. Ses médecins mirent au point pour elle, à la clinique, un régime équilibré de 1 000 calories par jour; ce faisant, elle réussit à perdre plus de 68 kg (150 lb) en quelques années. À la fin de cette période, elle revint à la clinique, demandant cette fois aux médecins de faire quelque chose contre ce "tablier de sapeur" qui pendait maintenant à sa taille — reste de chair flasque provenant de son ancien gros ventre. Les chirurgiens effectuèrent alors une lipectomie en retirant le tissu adipeux maintenant diminué et en resserrant la peau très relâchée pour obtenir la bonne dimension. Si la patiente avait pu conserver son nouveau poids, ses problèmes — tant physiologiques qu'esthétiques — auraient été résolus. Mais elle n'y réussit pas et, lorsqu'elle se mit à recouvrir son poids antérieur, ce furent les cellules graisseuses restantes — dans les cuisses et les bras — qui se remplirent de graisse. De telle sorte que cette obésité n'étant plus répartie de façon naturelle, d'obèse chronique elle devint littéralement monstrueuse.

Le troisième facteur de l'obésité infantile certainement le plus variable est purement circonstanciel. Le docteur Hilde Bruch a découvert que les mères d'enfants trop gros essaient de pallier l'angoisse de leurs enfants, quelle qu'en soit la cause réelle, en leur donnant à manger. La faim est génératrice de tension et la tension s'apaise la plupart du temps par la nourriture. Mais la faim n'est pas la seule source d'angoisse enfantine et, lorsqu'à toute manifestation de détresse correspond la même réponse — donner à manger pour faire cesser des pleurs — un cercle vicieux s'établit, avec des implications qui dureront toute la vie. Quelques personnes se demandent pourquoi de nombreux adultes trop gros avouent volontiers qu'ils mangent chaque fois qu'ils sont en colère, tristes, déçus ou frustrés sexuellement. C'est qu'ils sont habitués à fuir leurs problèmes de cette façon depuis leur plus tendre enfance.

Il est significatif que ces mères, citées par le docteur Bruch, qui utilisent la nourriture comme panacée à tout problème de comportement, soient les mêmes qui découragent leur progéniture de tout exercice physique. Elles exacerbent ainsi un schéma dangereux qui se perpétue déjà de lui-même chez les enfants gros, puisqu'ils se fatiguent plus facilement en s'adonnant à l'exercice et ont donc tendance à en faire de moins en moins. Les enfants et les adolescents trop gros possèdent, comme le fait remarquer Mayer, une capacité vraiment remarquable à emmagasiner de l'énergie et se déplacent souvent moins que les autres alors qu'ils effectuent à peu près les mêmes tâches ou jeux. Cette inaptitude à faire de l'exercice et, ce faisant, à brûler des calories, les fait grossir davantage; devenus plus gros, ils sont encore moins enclins à pratiquer une activité fatigante. Cela explique pourquoi les enfants et les adolescents obèses grossissent en mangeant à peu près la même quantité de nourriture que leurs semblables minces. Cela explique également, du moins en partie, pourquoi 45% de tous les Américains adultes ne témoignent aucun intérêt pour le sport: ils en ont été découragés explicitement ou implicitement, depuis leur plus tendre enfance.

Aussi déplaisant que soit ce blâme adressé aux mères bien intentionnées, il semble néanmoins justifié. Une étude récemment achevée sur l'obésité infantile et qui a duré 10 ans, étude nutritive la plus claire jamais réalisée sur ce sujet, montre que près des trois quarts de toutes les mères d'enfants petits sont inquiètes si leur progéniture n'a pas faim à l'heure des repas. Un quart de ces femmes utilisent la nourriture — en général un bonbon ou un dessert sucré — comme récompense ou incitation à manger davantage. Et 3% d'entre elles seulement se désolent de voir que leurs enfants mangent sans doute trop. La même étude indique qu'environ 1 jeune Américain sur 5 est vraiment trop gros — ce qui signifie que des millions de mères réagissent mal à l'heure des repas.

Ce phénomène s'explique par un certain nombre de raisons. L'une d'entre elles est la disponibilité des aliments "tout-prêts", tous riches en calories et, pour la plupart d'entre eux, pauvres en valeur nutritive. Une des autres raisons est purement sociale et sans doute spécifiquement américaine: dans une société largement composée d'immigrants et de leur progéniture, il est peut-être logique que la crainte d'avoir faim demeure vive chez les nouveaux arrivants, longtemps après la dernière peur d'une mauvaise récolte ou d'un manque de pommes de terre. Il en résulte que les parents immigrants, eux-mêmes minces, engraissent leur progéniture. À l'inverse, les familles de la classe sociale moyenne encouragent leurs enfants à rester minces, reconnaissant dans la minceur le signe d'une classe sociale supérieure.

Qui donc est gros? Les enfants. Et les gros enfants deviennent des adultes gros. Et les filles pubères, dont la "poussée de croissance" s'accompagne d'un gain important de poids sous forme de graisse et qui se produit au moment où les garçons du même âge voient leur masse musculaire s'accroître singulièrement. Avant la puberté, les filles ont de 10 à 15% de graisse de plus que les garçons; après, elles en ont de 20 à 30% de plus. Cela a dû grandement contribuer au remarquable record inscrit par les femmes pour la traversée de la Manche: elles sont tout simplement mieux isolées!

Trop grosses de naissance — et vraiment trop grosses après leur puberté — les femmes estiment que le contrôle de leur poids est un dilemme quasi-permanent. Leur rôle dans l'achat, la préparation, l'assaisonnement et le service de milliers et de milliers de repas au cours de leur vie d'adulte les expose tout particulièrement à une augmentation de poids insidieuse vers 40 ans et la récente prolifération des appareils ménagers qui épargnent du travail, joue également contre elles. En 1929, une femme à la maison passait environ 51 heures chaque semaine à effectuer des tâches ménagères. Elle passe aujourd'hui 77 heures chaque semaine à faire le même travail — mais sa dépense d'énergie est plus faible. Elle n'a pas de bonne pour l'aider, comme sa grand-mère et son arrière-grand-mère, mais elle possède une batterie de robots ménagers qui lui facilitent la tâche — four autonettoyant, frigidaire autodégivrant, laveuse, sécheuse, mais aussi cires instantanées et nettoyeurs moussants antiseptiques. La graisse qu'elle brûlait jadis — en grattant les planchers, en battant les tapis, en fabriquant le pain, en entretenant le jardin, en essorant le linge — cette graisse, elle la stocke.

Qui d'autre est gros? Les non-fumeurs et les anciens fumeurs notamment. D'abord parce qu'ils prennent en moyenne 3 kg (7 lb) d'un coup en cessant de fumer; ensuite parce qu'ils n'apprécient pas les bénéfices douteux d'un odorat et d'un goût altérés par l'excès du tabac. (Ces deux groupes peuvent se consoler en songeant que trop fumer est à peu près — en termes de danger pour la santé — l'équivalent d'un excès de poids de 65 kg (100 lb). Les buveurs, même ceux qui se qualifient de buveurs modérés ou d'"alcooliques mondains", ont également tendance à être trop gros. Les calculs du docteur Gastineau indiquent qu'une consommation journalière de 2 apéritifs avant le dîner et d'un autre avant de se mettre au lit ajoute 400 calories à un régime — environ 20% des besoins quotidiens moyens. Comme le fait également observer le docteur Gastineau, l'alcool a tendance à être cétogène lorsqu'il est consommé en quantité suffisante et en l'absence d'hydrates de carbone — ce qui explique le succès du "régime du buveur".

Qui d'autre est gros? Les Blancs sont plus gros que les Noirs, fait qui relève moins d'un problème d'alimentation que des origines plus fréquemment nilotiques de la plupart des Noirs américains qu'on ne le pense généralement. Les Européens de l'Est — Slaves et Russes en tête — sont également plus gros que ceux de l'Ouest où les Anglais et les Irlandais sont les plus minces. De tous les peuples, les descendants des Mongols sont les moins gros; dans cette race se distingue moins la différence physiologique entre homme et femme, les deux sexes ayant depuis l'âge paléolithique développé un corps aux membres courts, au torse bombé, adapté au froid.

Sans considération de race ou de sexe, les personnes âgées sont plus grosses que les personnes jeunes. Le métabolisme humain s'affaiblit de ½% par an, après 20 ans, ce qui signifie qu'un adulte doit *réduire* sa consommation calorique de 5% tous les 10 ans afin de conserver un poids constant. Peu de personnes y parviennent, ce qui explique pourquoi un adulte moyen prend 450 g (1 lb) chaque an, après 25 ans.

On peut également établir une distinction d'ordre sociologique pour définir les membres obèses d'une société. Il s'agit le plus souvent de personnes qui ne travaillent pas. Les personnes trop grosses sont rejetées de façon systématique hors du marché du travail: engagées moins volontiers, promues moins souvent, renvoyées très rapidement. Quelque 8,4 millions d'Américains sont malheureusement trop gros pour occuper de façon durable n'importe quel poste et ceux qui travaillent malgré tout sont plutôt des célibataires, des séparés, des divorcés ou des veufs et, par conséquent, plus sujets à une tension émotionnelle due à la solitude. Ils appartiennent en général à une classe défavorisée, où l'obésité est *4 fois* plus fréquente que dans la classe moyenne et dans la classe aisée. Il n'est pas vraiment nécessaire cependant, pour savoir qui est gros, de diviser la population selon ces échelles poids-taille utilisées par les compagnies d'assurance ou ces nomogrammes mis au point par le corps médical. Il suffit de déclarer que quiconque paraît gros ou se sent gros est certainement gros bien que, comme le ferait certainement remarquer le docteur Mayer, cela ne nous éclaire pas particulièrement. La véritable question n'est pas: "Qui est gros?", mais "Pourquoi est-on gros?"

Il n'existe pas plus d'explication simple au phénomène de l'obésité que de solutions faciles. "Pour la plupart des obèses chroniques, remarque Anne Scott Beller, le fait de trop manger est seulement le dernier maillon, mais non le moindre, d'une longue chaîne de rapports entre les aliments qu'ils absorbent et la masse corporelle qu'ils supportent". On a proposé de nombreuses théories au cours des années pour expliquer le phénomène de l'obésité et ce sont en général les plus simples, celles qui réussissaient le mieux à déculpabiliser l'individu, qui plaisaient le plus. Peu importe le degré de leur exactitude et de leur probabilité! Les obèses excusent encore régulièrement leur excessive complaisance en faisant remarquer qu'ils souffrent de la thyroïde, d'un problème glandulaire ou d'hypoglycémie. Ces troubles métaboliques sont utilisés tant par les médecins que les patients pour donner une explication satisfaisante à un excès de poids que le corps médical ne réussit pas à faire perdre au patient ou que le patient lui-même ne réussit pas à perdre tout seul. En vérité, un obèse seulement sur 1 000 souffre d'un problème glandulaire quelconque; la plupart du temps, ces troubles sont une conséquence, non une cause de l'obésité. Bien sûr, le docteur Gastineau affirme que, selon son expérience, "aucun trouble endocrinien ne rend obèse à condition qu'on ne mange pas trop". L'inévitable, poursuit le docteur Gastineau, est que l'obèse mange plus que la moyenne pour conserver son obésité. Quiconque déclare le contraire s'abuse et trompe le médecin. "La graisse, affirme le docteur Gastineau, ne provient que des aliments et l'obésité, uniquement d'un surcroît de nourriture par rapport aux besoins du corps". On a pensé que certains obèses étaient pourvus d'un système particulier de conservation de l'énergie — stocker de la graisse plus efficacement tout en la brûlant plus lentement que l'individu normal — mais l'on n'a pas encore réussi à démontrer clairement l'existence, moins encore le fonctionnement d'un tel système.

Il apparaît donc de façon assez évidente que le facteur clé susceptible de prédire l'obésité d'un individu se situe plutôt au niveau des fonctions contrôlant l'appétit qu'à celui des fonctions métaboliques. On a pensé pendant longtemps que l'hypothalamus, minuscule partie du cerveau identifiée comme "centre de la faim", était responsable de la sensation d'appétit et qu'il s'agissait là sans aucun doute d'un centre important de régulation de l'appétit. Des expériences en laboratoire sur des animaux ont montré que la destruction de l'hypothalamus produit des modifications de l'appétit qui aboutissent quelquefois à une obésité grave.

Le docteur Mayer a longtemps prétendu que l'hypothalamus fonctionnait comme un thermostat de four, en réglant les fluctuations du taux de sucre dans le sang. Chaque fois qu'il se produit une chute notable du taux de sucre dans le sang, ce "glucostat" réagit en excitant l'appétit. Puis, une fois la nourriture consommée et le niveau du glucose remonté, le "glucostat" provoque l'effet de satiété. Afin de prouver que l'hypothalamus est davantage un centre de la satiété que de la faim, Mayer a nourri des souris avec un composé chimique spécial: thioglutamate d'or formé d'une molécule de glucose, d'un atome de souffre non toxique et d'un atome d'or toxique. Et Mayer découvrit que l'hypothalamus était si facilement programmé à absorber le glucose que la présence de poison mortel ne l'arrêtait pas. Et une fois l'hypothalamus des souris détruit par l'or, ces animaux perdirent tout sens de la satiété, se dévorèrent entre elles et devinrent obèses.

Mais les êtres humains ne sont pas des animaux de laboratoire et leurs réactions devant la nourriture sont beaucoup plus complexes et plus subtiles que celles des primates les plus évolués. Chez l'homme, mais jamais chez l'animal, les centres d'apprentissage plus élaborés du cerveau, logés dans le cortex cérébral, peuvent facilement modifier les centres réflexes plus primaires du contrôle de l'appétit. C'est particulièrement vrai chez les obèses, dont beaucoup semblent avoir perdu leur capacité à réagir à la sensation très primaire de la faim et réagissent plutôt à des signes extérieurs — la vue, l'odeur de l'aliment ou la mémoire et la conscience de l'heure du repas.

Dans de tels cas, le cerveau dissocie la faim — sensation d'origine physiologique en général désagréable — de l'appétit — sensation d'origine psychologique en général agréable — et préfère réagir à la deuxième. Il pourrait s'agir là d'une des principales causes de l'obésité, car l'obèse perd ainsi, avec la sensation de faim, le seul indice réel indiquant ses besoins corporels de nourriture. Incapable de savoir si son corps a besoin de manger, l'obèse réagit plutôt à ce que lui dicte son appétit qui contredit trop souvent ses besoins physiologiques. Et c'est pour cette raison que l'obésité est souvent considérée comme la forme de malnutrition la plus répandue parce que l'homme moderne a considérablement perdu la capacité d'équilibrer son alimentation contrairement à ce que font toujours tous les animaux non-domestiques qui savent instinctivement ce qu'il leur faut en sels, en fibres ou en protéines.

La faim, dominée lorsque l'homme a mangé et selon ce qu'il a mangé, est souvent liée aux contractions d'un estomac vide; ce sont les crampes d'estomac. Si ces crampes constituaient le seul stimulus, on pourrait contrôler la suralimentation en diminuant simplement la sensation de faim qui accompagne ces crampes, mais ce n'est pas le cas. Les cobayes privés de toute sensation de crampes d'estomac ont conservé leur appétit; pilules ou remèdes destinés à calmer l'estomac et à réduire l'activité gastrique chez l'homme se sont révélés de peu d'utilité pour réduire l'appétit. Selon le docteur Gastineau, la faim — qu'il appelle également l'appétit — dépend de l'intégration d'un grand nombre d'impulsions sensorielles. Le mécanisme délicat qui les déclenche varie d'une personne à l'autre et même d'un moment à l'autre chez un même individu. Dans sa forme la plus simple, l'obésité résulte d'un trouble affectant ce mécanisme qui contrôle les sensations de faim et de satiété. Ce trouble en est un de comportement annihilant et contraignant, comme l'accoutumance à l'alcool ou à la drogue. Sa complexité même explique sa résistance; parce que l'obésité pousse ses racines dans des schémas de comportement souvent antérieurs aux souvenirs d'enfance les plus lointains, elle résiste à l'hypnose, à la psychanalyse et à beaucoup d'autres méthodes de modification du comportement.

Selon le docteur Gastineau, il n'y a pas de différence apparente entre le taux du métabolisme fondamental corrigé d'un obèse et celui d'un individu normal. De façon significative, les sujets souffrant d'un excès de poids ont un taux métabolique plus élevé, mais cela s'explique par une plus grande surface corporelle puisque l'on sait que l'établissement du taux de métabolisme corrigé s'appuie essentiellement sur cette surface. Ils alimentent simplement davantage leur corps pour une même combustion et l'on ne peut attribuer la raison de leur obésité à un "métabolisme lent", aussi surprenant que cela puisse paraître au patient et au médecin. Richard F. Spark de Harvard est du même avis. Moins de 1% de tous les individus éprouvent des problèmes métaboliques, même s'ils sont obèses, note-t-il, mais plus de 50% de tous les individus suivant un régime commencent à éprouver des problèmes d'ordre métabolique. Il ne voit pas de rapport entre l'hypoglycémie et l'obésité et il conclut que "cette augmentation de la faim chez l'obèse n'est pas due à des troubles des centres cérébraux de la faim et de la satiété ni à des désordres métaboliques". Il faut, pour comprendre ce qui cause l'obésité — puisqu'il ne s'agit ni d'un problème de thyroïde, ni d'un problème glandulaire ou d'hypoglycémie — comprendre d'abord le fonctionnement du phénomène graisseux.

Ce qu'il y a de plus surprenant au sujet de la graisse, c'est son importance vitale par rapport à notre bien-être, quelque soit notre poids. La graisse, qui représente environ 20% du poids d'un individu normal — et jusqu'à 60% chez l'obèse —, remplit deux fonctions traditionnelles chez l'homme comme chez tous les animaux. D'abord, elle représente de l'énergie stockée toute prête à la consommation et, comme la bosse du chameau, on peut y recourir durant des moments de disette en calories. (Certains savants pensent que l'homme a jadis eu une plus grande capacité à emmagasiner de la graisse, capacité qu'il a peu à peu perdue. En effet, l'homme de la Préhistoire était obligé de survivre sans manger pendant de longues périodes et pendant ces périodes de jeûne involontaire, les sujets dotés d'un surcroît de graisse avaient sans nul doute une meilleure chance de survie. L'on pense même que la statopygie, hypertrophie graisseuse des fesses, qui est une caractéristique morphologique de certaines tribus africaines, pourrait être l'équivalent anthropomorphique de la bosse de chameau). De plus, la graisse "matelasse" les organes vitaux du corps, les protège contre les chocs et les isole des changements brusques de température. Les corps gras doivent par conséquent absolument faire partie de tout régime, même strict, et tout régime à haute teneur nutritive devrait contenir de 20 à 40% de graisse. La quantité réelle de corps gras dans un régime peut largement varier d'un jour à l'autre et d'une semaine à l'autre, sans pour autant altérer la valeur de ce régime de façon sensible. Toute quantité de corps gras, animal ou végétal, est une source d'acides gras essentiels et, dans des conditions de fabrication plus particulières, de vitamines liposolubles. Et surtout, ces graisses donnent de la saveur à toute alimentation.

La graisse du tissu adipeux reste telle quelle, en place, jusqu'à ce qu'elle se transforme en eau et en gaz carbonique; le but de tout régime sérieux est de mener à bien cette transformation en troublant le moins possible la délicate chimie du corps humain. Nous examinerons, dans le chapitre suivant qui se penche sur les régimes draconiens, les façons d'accélérer ce processus de conversion et les dangers qui pourraient en découler. Mais, pour l'instant, qu'il nous suffise de déclarer que tous les régimes comportent des risques et que le risque croît en fonction de la sévérité du régime.

En plus des graisses, le corps stocke deux autres éléments producteurs d'énergie: ce sont les protéines et les hydrates de carbone. Toute absorption excessive de l'un d'entre eux, comme de la graisse, provoquera l'apparition de graisse dans le tissu adipeux. Lorsqu'il y a ingestion excessive de protéines — comme c'est le cas dans le "régime-express", qui revient à la mode, des docteurs Stillman et Atkins, régime riche en protéines et pauvre en hydrates de carbone — une partie est consommée, l'autre est transformée en graisse. Lorsqu'on abandonne ce genre de régime, comme c'est souvent le cas, pour passer à un régime riche en hydrates de carbone, le corps refait ses réserves de glycogène et tout ce qui n'est pas consommé, une fois le corps satisfait, est transformé en graisse.

Un Occidental tire la moitié de ses calories des graisses animales et végétales; presque tout le reste provient de sucres raffinés. L'année dernière, la consommation moyenne de viande, aux États-Unis, a atteint 90 kg (155 lb) par personne — record de tous les temps! À la même époque, la consommation individuelle de céréales et de fibres est tombée à 64 kg (142 lb) l'an — moins de la *moitié* de la consommation moyenne de 1909, année où le département de l'Agriculture commença à établir des statistiques sur les habitudes alimentaires nationales. Bien plus, la plus grande partie de ces 64 kg (142) était composée de céréales raffinées, sans leur enveloppe, et c'est cette enveloppe du grain qui est la meilleure source de fibres. Les fibres n'ont pas de valeur nutritive, mais elles sont néanmoins nécessaires dans un régime équilibré et leur disparition progressive des repas provoque la croissance de nombreuses maladies digestives, dont les cancers du colon et du rectum.

De plus, les Américains consomment actuellement environ 57 kg (126 lb) de sucre chaque an, dont 5 kg (10 lb) proviennent de fécule de céréales; tout le reste est constitué de sucre raffiné. Ces sucres n'ont aucune valeur nutritive. La consommation de sucre raffiné croissant sans cesse présente un tel danger pour la santé qu'un nutritionniste reconnu s'est vu contraint de déclarer, devant une commission d'enquête du Sénat, que "si l'industrie alimentaire a dû proposer l'introduction de sucre raffiné comme une nouveauté et non comme un additif déjà existant, c'est qu'on l'y a sûrement forcée".

En somme, à la question "Pourquoi est-on gros?" il existe plusieurs réponses, toutes plus ou moins satisfaisantes, selon les cas. L'hérédité est une des réponses les plus fréquentes: les parents obèses sont condamnés à avoir des enfants obèses; que ce fait soit attribuable à la génétique ou à l'éducation importe peu, puisque le résultat est le même. Pour une infime minorité, on peut dire que des troubles graves du système endocrinien constituent un facteur influent. Pour tous, de mauvaises habitudes alimentaires — trop souvent acquises dans l'enfance et liées à un mauvais équilibre diététique — constituent un facteur déterminant. La tension, la contrainte, l'anxiété — et une vaste gamme de troubles psychologiques, légers ou graves — peuvent y contribuer, bien que les problèmes d'ordre psychologique soient rarement la seule cause de l'obésité. Enfin, l'obésité appelle l'obésité. Comme nous l'avons vu, il semble médicalement de plus en plus évident que les individus lourds perdent leur aptitude à réagir à leurs propres stimuli internes d'appétit et de régulation de poids, tandis qu'ils développent concurremment une capacité renforcée à transformer le glucose en graisse qui s'emmagasine dans l'organisme.

Pendant des siècles, le problème de l'excès de poids a été résolu assez facilement: il suffisait simplement de manger un peu moins à chaque repas jusqu'à ce qu'on ait atteint le poids désiré. C'est encore actuellement la façon la plus sûre et la plus efficace de perdre du poids et de ne pas en reprendre. Mais le problème des régimes alimentaires est beaucoup plus compliqué de nos jours qu'il y a 30 ans; selon les experts, le niveau calorique recommandé aux Occidentaux sédentaires qui ne suivent pas de régime a déjà atteint sa limite. Des réductions supplémentaires agiraient gravement sur le taux d'activités vitales que doit avoir un individu pour respirer, manger et dormir. Cela signifie, en résumé, que beaucoup d'individus ne disposent plus d'aucune marge de sécurité pour suivre un régime. C'est pourquoi de nombreux obèses ne maigrissent pas ou grossissent même malgré des régimes pauvres en calories qui n'excèdent pas des normes raisonnables.

Le plus grand pari de la médecine préventive sera de mettre au point une alimentation saine pour les années futures. Son plus grand combat se fera contre les régimes draconiens, que l'on aborde au chapitre suivant, comme traitement de l'obésité.

Chapitre III

Le casse-tête de l'obésité

L'excès de poids, comme le pétrole, est une ressource naturelle qui s'ajoute au produit national brut.

Jean Mayer

$10 milliards: voilà ce que les Américains ont investi l'an dernier dans l'industrie des régimes alimentaires. Selon l'avis général, ils auraient mieux fait d'investir leur argent dans les salaisons de porc ou des propriétés en Amérique du Sud, car les retombées de leur investissement sont tragiques. Selon l'Association américaine des bariatriques, association professionnelle des spécialistes de l'obésité, 12% seulement de personnes suivant un régime, même des plus stricts, réussissent à perdre suffisamment de poids et seules 2 sur 12 réussissent à ne pas reprendre du poids. Ce qui signifie que 98% de l'argent ainsi dépensé est gaspillé en aliments et remèdes destinés à faire maigrir. Autrement dit, ces millions d'Américains qui dépensent des milliards chaque année le font pour obtenir des pertes de poids négligeables, temporaires et souvent illusoires.

Il est presque impossible de calculer le coût annuel de ces régimes suivis par le monde entier, car il ne se chiffre pas seulement en dollars, mais aussi en grossesses interrompues, en ossatures déformées par le poids, en systèmes cardio-vasculaires affaiblis, même en vies perdues. L'infarctus, auquel sont particulièrement exposés les obèses, coûte à l'industrie américaine 132 millions de journées de travail l'an et, chaque année, quelque 100 000 hommes d'âge moyen — les meilleurs selon leurs employeurs — meurent de maladies cardio-vasculaires. Il est heureux qu'on ne puisse faire de meilleures estimations, car il serait peu intéressant de souligner une telle évidence: dans la mesure où il ne s'agit que de régimes, nous payons vraiment trop cher pour trop peu de résultats. Nous payons parce que nous le voulons bien et nous payons souvent même si nous savons que le régime draconien qu'on nous propose est non seulement sans effet, mais aussi potentiellement dangereux.

C'est pourquoi l'élément clé de tous ces régimes est notre capacité apparemment sans limites de nous leurrer nous-mêmes. Nous savons ce qu'ont dit le docteur Gastineau et ses confrères: *La graisse n'a qu'une seule origine: la nourriture. Et l'obésité n'est que le résultat d'une suralimentation par rapport aux besoins du corps.* Et nous nous obstinons à ne pas les croire. Nous continuerons à adopter spontanément ces régimes mensongers l'un après l'autre. Car notre désir de ne pas croire la vérité est aussi fort que notre conviction que l'obésité n'est rien de plus qu'un casse-tête. Un casse-tête dont la solution aura la forme d'une nouvelle pilule, d'un nouveau régime draconien ou d'un nouveau mélange de vitamines et d'exercices.

Considérons, par exemple, la tempête provoquée par la décision du département de l'Alimentation et des Médicaments de proscrire partiellement la saccharine, substance soupçonnée d'être cancérigène et utilisée comme agent sucrant dans les boissons de régime. Si ce département avait annoncé qu'un additif dans la nourriture pour chien semblait provoquer l'apparition du cancer chez les rats, le public aurait-il fait preuve de la même vigueur pour exiger que l'on maintienne ce produit sur le marché? Les Américains sont connus pour leur amour des animaux domestiques dont certains deviennent très gros à force d'ingurgiter continuellement les restes des repas et doivent périodiquement être mis au régime, eux aussi. (L'industrie alimentaire pour chiens et chats, qui a pris une ampleur incroyable depuis 10 ans grâce à la promotion de "repas pour animaux" riches en protéines et en graisses d'une valeur nutritive douteuse, a récemment mis au point une gamme d'aliments diététiques pour chiens et chats suralimentés et obèses). On imagine difficilement des gens aimant les animaux et les nourrissant consciemment de substances cancérigènes, bien que ces mêmes consommateurs — par millions

— semblent tout à fait prêts à prendre de tels risques pour eux-mêmes, plutôt que de renoncer à la saveur sucrée de leurs boissons sans sucre.

On peut également noter que l'on a vendu, en 7 mois, un million d'exemplaires d'un livre de régimes publié récemment et présenté comme "révolutionnaire" alors qu'il reprenait des conseils centenaires — cela malgré la dénonciation publique faite par de nombreux nutritionnistes et par l'Association médicale américaine. Ou bien encore la crédibilité de millions d'individus, considérés a priori comme intelligents, qui accordèrent de l'intérêt à cette promotion postale pour "un liquide miraculeusement amaigrissant venant d'Europe". Cette publicité promettait au malheureux consommateur une perte de 27 kg (60 lb) — plus que ce que l'individu le plus consciencieux ne peut perdre en une année entière — après seulement 5 bains d'une durée de 15 minutes dans ce produit miracle! De tels exemples incroyables sont légion. Leur renouvellement et leur persistance inquiètent profondément les médecins ou les diététiciens. Le docteur Norman D. Gross s'est là-dessus exprimé parfaitement lors d'une déposition devant une sous-commission du Sénat, concernant les trusts et les monopoles: "En tant que médecin, j'affirme que l'Américain obèse court un plus grand danger en suivant ces régimes trompeurs et en utilisant des médicaments puissants qu'en ne faisant rien pour se débarrasser de son excès de poids".

Mais les Américains trop gros continuent à investir des milliards chaque année dans un combat perdu d'avance contre leur propre silhouette et cela, sans tenir compte de l'opinion avisée du corps médical, de la sagesse de la communauté scientifique ou tout simplement de leur bon sens. $90 millions dépensés en remèdes amaigrissants sans prescription et $54 millions dépensés pour les médicaments vendus sur prescription médicale, essentiellement des coupe-faim. (Ce sont surtout des amphétamines, vendues légalement sous contrôle gouvernemental à titre d'agents anorexiques, dans le commerce illégal, ils servent de "stimulants". Il est impossible de déterminer précisément la quantité de médicaments à base d'amphétamines vendus de cette façon détournée chaque année, quoique la plupart des estimations se chiffrent en milliards. Mais c'est un autre problème qui ne nous concerne pas ici. L'usage légal des amphétamines *existe* cependant et fera plus longuement l'objet d'une discussion au chapitre suivant.) Des milliards de plus sont dépensés pour les aliments diététiques et les fabricants de tels produits utilisent des millions supplémentaires en publicité pour vanter la valeur nutritive, réelle ou non, de leurs produits. Mais les pilules et les aliments amaigrissants ne sont qu'un aspect du problème. Il existe également des centres de santé, des gymnases et des centres d'amincissement qui offrent pour la plupart une vaste gamme de programmes, de régimes et d'exercices pour les sédentaires, mous ou franchement flasques. Notons incidemment qu'ils gagnent $220 millions l'an en abonnements et en ventes par la poste. Et pour ceux qui ne peuvent s'inscrire dans un établissement de ce genre ou encore pour ceux qui désirent s'entraîner aussi à domicile, est offerte une gamme impressionnante d'instruments — haltères et exerciseurs, ceintures amaigrissantes et bicyclettes isométriques, planches d'exercices et ballons lestés — qui se chiffrent à $100 millions et plus chaque année.

Et pour terminer — pour ceux qui ont essayé et abandonné pour un certain nombre de raisons les coupe-faim, les centres de santé, les courbes diététiques, les accessoires de gymnastique, etc. — tous ces gens peuvent faire appel aux quelque 2 000 médecins américains spécialistes des problèmes de poids ainsi qu'à environ 5 000 autres, généralistes d'abord qui se sont par la suite spécialisés dans les questions d'obésité. Les plus actifs d'entre eux se sont donnés le nom de bariatriciens, du mot grec *baros* qui signifie poids. Ils ne sont pas reconnus comme spécialistes et sont plus souvent appelés, tant par le corps médical que par les profanes, "docteurs minceur".

Les bariatriciens tirent visiblement un considérable profit de leur travail. Un récent converti, ancien généraliste au revenu annuel de $55 000, a déclaré de bonne grâce au journal de Wall Street qu'en limitant uniquement ses activités aux patients trop gros il avait diminué son travail hebdomadaire de 18 heures et supprimé les appels téléphoniques à domicile — tandis que ses revenus montaient en flèche jusqu'à $225 000. Apparemment, seuls les "docteurs minceur" semblent tirer un bénéfice de leur pratique. Car dans la plupart des cas, les patients ne se portent pas mieux sous contrôle médical que lorsqu'ils suivaient un régime qu'ils avaient eux-mêmes choisi ou élaboré, et le taux de récidive est pratiquement le même. Comme nous l'avons déjà fait remarquer, on peut raisonnablement déclarer que l'obésité est la pierre d'achoppement de la médecine préventive. Face au blocage apparent de la science moderne devant le problème de l'obésité et à l'incapacité de la médecine moderne à offrir une solution à ces millions d'hommes, de femmes et d'enfants trop gros, il n'est vraiment pas étonnant qu'autant d'obèses se tournent chaque année vers les prophètes de régimes miracles, espérant contre toute attente que cette fois sera enfin la bonne. Soutenus par un optimisme inébranlable, ayant déjà survécu à des douzaines de régimes draconiens et de solutions séduisantes, ils adhèrent à toute nouveauté. Ils achètent des pseudo-desserts sans sucre et des vêtements pour transpirer, des potions pour maigrir (d'autant plus miraculeuses qu'elles viennent toujours d'outre-Atlantique) — et des injections d'hormones. Mais par-dessus tout, ils dévorent des dizaines de millions de livres chaque année.

Il y a constamment sous presse quelque 200 livres traitant de régimes alimentaires. Littérature de notre temps la plus répandue après la Bible, sa popularité est indiscutable. Les ouvrages les plus modestes se vendent bien et ceux qui savent captiver l'imagination du public connaissent un tirage fabuleux. Ainsi, la demande pour *Dr Atkins' Diet Revolution* fut si grande que l'on dut utiliser jusqu'à 5 presses au lieu d'une pour satisfaire la clientèle enthousiaste. Ces livres se résument trop souvent à des prouesses de style sans grande portée — un titre aguicheur pour un régime long et malsain — qui échouent la plupart du temps lorsqu'on les soumet à ce que le docteur Fredrick Stare, directeur du département de nutrition à l'université de Harvard, appelle "les 2 tests de crédibilité de tout livre de régimes."

Selon le docteur Stare, toute approche sérieuse des problèmes concernant l'obésité doit mentionner qu'"une alimentation adéquate requiert une absorption équilibrée d'aliments: protéines, hydrates de carbone, graisses, sels minéraux, vitamines et eau. Tout régime conseillant de rompre cet équilibre plus de quelques semaines est dangereux". Un livre de régimes alimentaires, ajoute-t-il, doit également indiquer que "la seule façon saine de perdre du poids est de procéder progressivement". Mais ces régimes draconiens et de courte durée sont déséquilibrés et ne permettent pas une perte de poids progressive, de telle sorte que la plupart de ces publications ne peuvent qu'échouer aux tests du docteur Stare.

L'ancêtre de tous ces ouvrages est celui de Joe Bonomo: *Calorie Counter and Control Guide,* disponible en format de poche, petit volume très pratique et bon marché lors de sa première publication en 1951 et qui fut vendu à plus de 20 millions d'exemplaires. On en tira un profit de plus de $5 millions. Il a été suivi par une multitude sans cesse proliférante d'autres livres: *Don't Count Calories* par Herman Taller; *The Air Force Diet Book* (qui n'a d'ailleurs jamais été ni conçu, ni reconnu par l'Armée de l'air des États-Unis); *The Drinking Plan's Diet; Doctor's Quick Weightloss Diet* de Irwin Stillman et son complément *Doctor's Inches-Off Diet;* enfin *Dr. Atkins' Diet Revolution.*

Les livres cités ci-dessus et des douzaines d'autres publications contemporaines populaires ont 2 points en commun. Ils ont connu un succès commercial renversant, chacun se vendant mieux que le précédent: Stillman, par exemple, a mis 5 ans à vendre 5 millions d'exemplaires brochés de son premier livre, alors que *Dr. Atkins' Diet Revolution* s'est vendu à 1 million d'exemplaires en 7 mois — un exemplaire relié coûtait $6.95. Comme le sait déjà tout bon lecteur, exception faite de *Calorie Counter* de Bonomo, il s'agit pratiquement du même livre. Ces livres diffèrent uniquement par le style, le format et quelques détails; ils proposent tous des régimes riches en protéines, pauvres en hydrates de carbone, déjà connus depuis plus d'un siècle.

Au cours des années, ce genre de régime a connu différentes appellations. Dans les années 1950 il fut remis à la mode et fortement conseillé par le docteur Alfred W. Pennington, directeur médical de la compagnie Dupont; c'est ainsi qu'il fut connu sous le nom de régime Pennington ou de régime Dupont. Il réapparaît régulièrement comme régime Mayo, ce qui a contraint la clinique du même nom à dissocier régulièrement son nom de ce régime. On y conseille en général une grande consommation de pamplemousses, considérés comme catabolysants naturels, ou catalyseurs de la transformation des autres aliments. Malheureusement ce fait n'est pas véridique. Comme le fait remarquer Jean Mayer, "le pamplemousse contient de l'acide citrique nécessaire à la digestion, mais personne ne souffre de carence en acide citrique". Ce régime — comme le mythe de son origine dans la fameuse clinique Mayo — résiste bizarrement à tous les efforts pour rétablir la vérité et un récent recensement fait état de 51 versions du régime "Mayo" à base de pamplemousses et d'oeufs.

On attribue à ce genre de régime 2 effets principaux. Quelle que soit la façon dont il est présenté, il s'avère nutritivement déséquilibré et présente une carence d'hydrates de carbone nécessaires à un fonctionnement normal du corps — mais qu'il s'agisse d'une version ou d'une autre, il est efficace pendant un certain temps. En outre, il fait effet rapidement, ce qui évite l'ennui et la monotonie inévitables des régimes médicalement sains, mais efficaces uniquement à long terme. Équilibré ou non, médicalement sain ou complètement absurde, aucun régime n'a jamais produit des résultats aussi rapides, aussi tangibles; depuis un siècle entier qu'on le pratique, son succès n'a pas été démenti. Peu importe que ce régime riche en protéines et pauvre en hydrates de carbone provoque une déshydratation durant la première semaine et donc une perte de poids et une très légère diminution de graisse, ce qui importe, c'est que, depuis 1862, ce régime amaigrissant fait maigrir.

Curieusement, le premier régime riche en protéines et pauvre en hydrates de carbone ne porte pas le nom de l'homme qui l'a mis au point, mais celui du patient sur qui il fut essayé la première fois. Ce patient, William Banting, avait été gros toute sa vie et, vers 1852, à l'approche de la soixantaine, il avait essayé toutes les méthodes imaginables pour maigrir — sauf, bien sûr, celle de manger et de boire moins. Il avait essayé le jeûne pendant de courtes périodes, les bains de vapeur, les saignées et les purges — même l'exercice physique — et il avait visité la grande Europe Occidentale; rien n'y faisait. Il mesurait 1 m 65 (5 pi ½) et pesait plus de 91 kg (200 lb) et, selon lui, il était devenu trop gros pour réussir à lacer ses chaussures ou pour descendre l'étroit escalier de sa boutique, à Londres, sans avoir à replacer de côté et à rentrer son énorme estomac. Ses affaires prospéraient — il fabriquait des cercueils pour une clientèle fortunée parmi laquelle figurait le Duc de Wellington — ; malgré tout, il se sentait malheureux. C'est alors, en 1862, qu'il se mit à souffrir de maux d'oreilles chroniques et qu'il consulta William Harvey, médecin qui avait récemment assisté à une conférence du célèbre physiologiste français, Claude Bernard, sur le rôle du foie dans le fonctionnement du corps.

L'idée de Harvey était que l'excès de poids de Banting devait avoir des conséquences sur son oreille interne; il tenta d'atténuer les souffrances du patient en lui faisant suivre un régime riche en graisses saturées et pauvre en sucres et en hydrates de carbone. Dans ce régime, Banting avait droit à 150 g (5 oz) de viande maigre ou de volaille à chaque repas — 60 g (2 oz) de plus que ce que l'on considère aujourd'hui comme une portion normale pour un déjeuner ou un dîner, soit 2 fois et demi de plus que la ration journalière moyenne d'un adulte. Il lui était conseillé en plus de manger de 90 à 120 g (3 à 4 oz) de fibres, sous forme de légumes verts et de son et de 30 à 60 g (1 à 2 oz) de fruits frais. Il devait ajouter à tout cela 2 ou 3 verres de vin rouge ou de sherry ainsi que du thé sans sucre qu'il pouvait absorber en quantité illimitée. Lui étaient interdits tout aliment féculent, tout sucre ainsi que les bières et les vins "fortifiants". En somme, Banting suivait un régime sans hydrates de carbone d'environ 1 200 calories par jour, analogue dans ses grandes lignes à tous les régimes déjà cités.

À son grand étonnement, William Banting se mit à maigrir: 9 kg (20 lb) les 4 premiers mois et 23 kg (50 lb) après un an. Désireux de faire profiter de son expérience et dans le but de rendre hommage à l'homme qui avait réussi à le faire maigrir, Banting écrivit et publia, en 1864, à ses frais, un petit ouvrage qui s'intitulait *Lettre sur l'obésité à l'attention du public*. Il y narrait l'histoire de son obésité chronique, avec force détails sur les recherches effectuées sa vie durant afin d'y trouver une solution. Il y expliquait enfin avec précision le nouveau régime miraculeux de Harvey.

Ce nouveau régime provoqua peu d'intérêt en Angleterre et sur le Continent, car les femmes qui avaient longtemps porté des corsets à baleines pour conserver une "taille-de-guêpe" les avaient déjà remplacés par des régimes. On ne sut jamais combien d'hommes suivirent l'exemple de Banting, de telle sorte qu'il est impossible de juger de la portée de ce régime autrement que sur les déclarations du docteur Harvey et de Banting. Mais il est évident que ces premiers praticiens n'avaient pas encore assimilé la dure loi fondamentale de tout régime: plus une personne maigrit vite, plus vite elle reprend du poids.

Un demi-siècle après la publication de Banting sur l'obésité, l'efficacité des régimes riches en protéines et pauvres en hydrates de carbone se trouve à nouveau confirmée de façon tout à fait inattendue. Cette opinion date de 1910 et provient d'un coin reculé de l'Arctique où un jeune professeur d'anthropologie de Harvard, du nom de Vilgalmur Stefansson, venait de passer un an en compagnie des Esquimaux. Le séjour de Stefansson dans l'Arctique était plutôt imprévu. Durant un voyage vers le Nord, en 1909, pour rallier l'expédition Leffingwell-Mikkelson, il s'était égaré, n'avait pas trouvé le lieu du rendez-vous et s'était vu contraint de passer l'hiver avec les gens de la région.

N'ayant pas le choix, Stefansson vécut tout l'hiver en adoptant le même régime alimentaire primitif que ses hôtes, régime qui se composait essentiellement de poisson, de graisse de baleine et pour seule boisson, une eau dans laquelle avaient légèrement bouilli des morceaux de poisson. C'était un régime de type Banting sous sa forme la plus pure — tout en protéines et sans hydrates de carbone — et, bien que cette nourriture lui causât des nausées au début, à tel point qu'il en vomissait, Stefansson finit par s'y faire. Bien sûr, lorsque Stefansson revint en Arctique quelques années plus tard, envoyé par le Musée américain d'histoire naturelle, lui et ses compagnons décidèrent d'abandonner leurs rations nutritivement équilibrées prévues pour l'expédition et de vivre plutôt selon le "régime du chasseur" de l'Esquimau.

La deuxième expédition de Stefansson devait durer 12 mois. Elle dura en fait 4 ans pendant lesquels Stefansson se manifesta comme l'un des grands explorateurs de l'Arctique et fit de ce "régime du chasseur" une de ses préoccupations constantes. Stefansson était tellement enthousiasmé par ce régime riche en protéines et pauvre en hydrates de carbone qu'il se mit à en parler sans relâche dès son retour aux États-Unis, allant jusqu'à suivre, en 1928, pendant une année, un régime du type Banting à l'hôpital Bellevue de New York.

Dans les versions ultérieures de régimes riches en protéines on a pris soin de citer l'expérience de Stefansson comme preuve historique des mérites d'un tel régime. En extrapolant à partir des notes de Stefansson, on a malheureusement confondu l'explorateur accompli et le nutritionniste amateur. (En toute honnêteté, il faut reconnaître que cette confusion fut alimentée par Stefansson lui-même et qu'il est certainement le premier à avoir su exploiter la confiance du public qu'il avait gagnée dans sa spécialité pour répandre des idées toutes nouvelles dans un domaine différent.) En fait, les expériences de Stefansson en Arctique n'ont rien prouvé d'autre que la possibilité de survivre, pendant des années, dans les grands espaces gelés du nord en se nourrissant exactement comme les Esquimaux. Ce que nous savions déjà, puisque les Esquimaux vivent ainsi depuis des siècles.

Pendant l'année où il suivit son régime à l'hôpital Bellevue, Stefansson fut étudié de très près et de façon assez intéressante. La surveillance fut successivement conduite par le docteur Eugène F. Dubois, puis par le directeur médical de la Fondation Russel Sage et enfin par le médecin-chef de l'hôpital de New York et le professeur de physiologie du Collège médical Cornell. Ils conclurent qu'un régime de type Banting était vraisemblablement contre-indiqué à quiconque désirait maigrir, car le célèbre explorateur perdit moins de 1 kg (2 lb) en un an — moins que ce qu'il aurait perdu en jeûnant quelques jours avant sa visite médicale annuelle.

Stefansson n'avait d'ailleurs pas maigri davantage durant ses expéditions en Arctique; il avait simplement vécu normalement. Ce faisant, il avait prouvé qu'était viable, mais non pas supérieur, le "régime du chasseur". Mais en agissant ainsi, Stefansson faussa complètement la pensée de ses contemporains à propos de l'alimentation des Esquimaux. Et lorsque des expéditions importantes se mirent en route pour effectuer une évaluation médicale poussée des tribus arctiques, elles découvrirent que ces tribus souffraient de pellagre et de scorbut — ce qu'on n'attribua pas à des carences en vitamines, mais à l'influence néfaste de l'homme blanc qui, en introduisant chez les Esquimaux des éléments de son propre régime alimentaire, avait déséquilibré le leur.

La médecine moderne conçoit maintenant que le concept de régime "équilibré" est une notion excessivement élastique. Il n'est pas nécessaire d'équilibrer les repas de façon quotidienne — ni même hebdomadaire ou mensuelle. Pour autant que chaque aliment d'un régime possède ses propres qualités, l'individu équilibre automatiquement son alimentation et c'est chose possible dans le monde entier. Des études effectuées dans les camps de concentration corroborent ce point. Les prisonniers des camps d'internement nazis, nourris d'une maigre soupe de choux et de pommes de terre, ne montraient pas de carences évidentes en vitamines à la fin de la guerre; alors que les prisonniers japonais, contraints de survivre avec du riz et de l'eau, souffrirent pour plusieurs d'entre eux de maladies provoquées par une carence en vitamines. L'infime quantité de vitamines et de sels minéraux contenue dans la soupe des camps nazis était suffisante pour éviter le béri-béri, le scorbut ou toute autre maladie de ce genre. Mais le riz, qui ne renferme ni les vitamines du choux ni les sels minéraux de la pomme de terre, était insuffisant.

Il ne s'agit pas, évidemment, de savoir s'il est possible ou non de survivre en Arctique, ou ailleurs, en suivant le régime alimentaire des Esquimaux, mais de savoir s'il est prudent de s'y conformer. Des études récentes sur l'étiologie de l'obésité et sur les mécanismes du phénomène graisseux donnent la preuve absolue qu'il n'en est rien. Tout régime alimentaire déséquilibré, qu'il accorde la préséance aux protéines, aux graisses saturées ou aux hydrates de carbone, est dangereux; plus le déséquilibre d'un régime est important, plus la santé de l'individu se trouve en danger. Comme le fait remarquer le nutritionniste G.J. Muscante: "Si un régime est nourrissant, mais accuse un déficit en calories, qu'il comporte du fromage blanc, des pamplemousses ou n'importe quoi d'autre, il provoquera une perte de poids". Les mots clés sont ici *nourrissant* — qui signifie équilibré — et *déficit en calories* — qui signifie que la consommation d'énergie de l'individu est supérieure à son apport alimentaire et que, par conséquent, la graisse stockée sera consommée. Aucun de ces termes ne s'applique aux régimes de type Banting qui s'appuient sur un déséquilibre privilégiant les protéines et les graisses, ce qui provoque souvent un surcroît de calories.

Jean Mayer affirme "qu'il n'y a actuellement aucune preuve démontrant que certains des régimes les plus sévères récemment mis à la mode possèdent un quelconque avantage sur un régime équilibré et restreint en calories". Et cette opinion est toujours valable. Elle reprit de son acuité en 1944, contre un médecin new-yorkais, le docteur Blake F. Donaldson qui traitait ses patients souffrant d'obésité chronique en leur imposant un régime sans hydrates de carbone composé essentiellement de 1 kg (2 lb) de viande par jour; mais cette idée prit une envergure spectaculaire, vers 1960, quand un gynécologue d'origine roumaine et un obstétricien du nom de Herman Taller utilisèrent à nouveau ce genre de régime, en y ajoutant une devise révolutionnaire: "Ne comptez pas vos calories".

C'est Herman Taller, semble-t-il, qui, pendant près d'un siècle, réalisa la plus grande percée en matière de régimes. Pourtant, son régime ne tenait aucun compte du métabolisme; il savait dire à ses patients obèses ce que ceux-ci désiraient entendre et non ce que le corps médical considérait généralement comme vrai. À leurs yeux du moins, il était plus un Messie qu'un médecin: il s'insurgeait contre "cette tromperie grossière: le régime pauvre en calories" et il promettait qu'"il n'y avait pas d'échecs, qu'il ne pouvait y en avoir" lorsque l'on appliquait correctement les principes de son régime. Tout le monde maigrirait avec le régime du docteur Taller; tout le monde réussirait.

Dans son livre, *Calories Don't Count,* qui devint le best-seller des livres traitant de régime, Taller expliquait à ses lecteurs que "toutes les calories ne sont pas les mêmes" et divisait ensuite tous les aliments en 2 catégories: la première, la "bonne"; l'autre, la "mauvaise", sans tenir compte du nombre de calories dans les 2 cas. "Vous ne devez pas compter les calories" affirmait-il au lecteur, "mais ne mangez *aucun* des aliments interdits". Suivait une liste "d'aliments interdits" qui comprenait tous les hydrates de carbone et les sucres raffinés. En fait, le régime de Taller était celui du docteur Harvey pour Banting, remis au goût du jour, à la lumière de près d'un siècle de progrès médicaux et personnalisé avec un raffinement curieux. Non content de réduire l'absorption d'hydrates de carbone et d'encourager la consommation de graisses saturées, Taller pressait ses lecteurs d'ajouter à leur régime déjà sévèrement déséquilibré des doses d'huile de carthame, ce qui provoque une accélération du processus de déshydratation, caractéristique frappante des régimes de type Banting.

"Lorsque vous absorbez de grandes quantités de graisses non-saturées", disait Taller, "vous provoquez la mise en route d'un cycle bienfaisant. Vous *stimulez* la production de certaines hormones qui contribuent à faire disparaître la graisse stockée. Vous *limitez* la production d'insuline, substance qui empêche apparemment la disparition de la graisse stockée. De plus, vous modifiez l'aspect de votre graisse. La graisse résistante, tenace, difficile à utiliser par le corps, s'amollit". Ce discours semblait tellement plein de bon sens au profane que bien peu songèrent à y voir une absurdité totale. "Il n'y a pas un mot de bon sens dans l'ouvrage entier" fit observer Fredrick Stare de l'université de Harvard, mais sa condamnation du livre n'empêcha pas 2 millions de lecteurs crédules d'acheter *Calories Don't Count.* Stare leur disait quelque chose qu'ils ne voulaient pas entendre en déclarant que cette solution au casse-tête de l'obésité n'en était pas une, alors que Taller leur annonçait exactement ce qu'ils attendaient depuis des années: "Vous pouvez sortir, voir des amis, aller dans les meilleurs restaurants, vivre votre vie, sans prendre du poids" déclarait-il avec enthousiasme. "Vous n'aurez jamais besoin de dire aux gens que vous êtes au régime. Et avant tout, vous n'aurez jamais l'*impression* d'être au régime, mais vous maigrirez."

Malgré toute cette publicité mensongère, Taller aurait sans doute été oublié si son désir de "vivre sa vie" ne l'avait poussé à un excès d'avidité. Le bon docteur ne se contenta pas de prescrire à ses lecteurs des pilules diurétiques (pour accélérer l'élimination de l'eau) et des pilules d'extraits thyroïdiens (pour accélérer le métabolisme du corps), il les incita également à absorber de l'huile de carthame en gélules. Le département de l'Alimentation et des Médicaments, convaincu que le livre de Taller n'était ni plus ni moins qu'un stratagème pour promouvoir la vente de gélules d'huile de carthame, fit saisir les copies invendues du livre.

Le fabricant attaqua immédiatement les éditeurs de Taller qui réagirent avec la même vivacité. Au cours du jugement qui en découla, on examina attentivement la nature exacte des rapports entre Taller et le fabricant. On découvrit que Taller conseillait à ses lecteurs d'avaler la quantité énorme de 84 gélules d'huile de carthame chaque jour, au lieu de boire 90 g (3 oz) d'huile en flacon. Le prix des gélules était bien sûr extraordinairement plus élevé et les profits, tant pour le fabricant que pour Taller, nettement plus importants. Le docteur et ses complices furent finalement convaincus de fraude, de conspiration et de violation de la législation fédérale sur les médicaments.

Il faut tirer 3 leçons importantes de l'expérience du docteur Taller. Un régime riche en graisses produit un amaigrissement plus rapide encore qu'un régime riche en protéines; le régime de Taller était efficace parce que l'individu abandonnait jusqu'à 1 500 calories d'hydrates de carbone pour les remplacer par 900 calories de graisses. Le déficit de 600 calories était important en soi, mais pas autant que le fait que ce régime reposait sur 65% de graisses pour 5% d'hydrates de carbone.

En deuxième lieu, il faut retenir que les calories *sont réellement importantes,* comme devaient le prouver rapidement des membres d'un corps médical plus sérieux, lors d'une expérience à l'École médicale Johns Hopkins de Baltimore. Sur une période de plusieurs semaines, des étudiants volontaires suivirent un régime équilibré, calculé de façon à procurer à chaque étudiant la quantité exacte de calories nécessaires pour maintenir son poids. Puis, pendant un certain temps, l'on modifia la proportion d'hydrates de carbone, de graisses et de protéines. Tous les étudiants conservèrent leur poids antérieur, malgré les modifications apportées aux proportions dans leur régime; ce qui prouve que la proportion des éléments d'un régime ne modifie pas le poids, si le nombre de calories reste le même.

La troisième leçon à tirer du cas Taller, c'est que l'on peut commercialiser une idée, non un produit; les partisans ultérieurs des régimes de type Banting veillèrent donc à ne pas tomber dans ce piège de l'illégalité. Parmi eux figure le docteur Irwin Stillman qui fit fortune avec 2 livres exposant sa version personnelle du régime de Harvey riche en protéines et pauvre en hydrates de carbone, version très remarquée pour son absurdité. Le régime de base de Stillman est constitué de viandre maigre, de volaille, de poisson, d'oeufs, de fromage blanc et d'eau (8 grands verres d'eau par jour). Afin de varier, Stillman propose un livre de 64 régimes-express. Il s'agit de variantes du même régime et chacune s'appuie sur l'un des principes de base du régime amaigrissant, à savoir que si l'on propose à un obèse un régime très strict, mais qu'on l'autorise à manger à volonté un aliment choisi (banane, pamplemousse ou yogourt), il s'en contentera pendant un certain temps. Puis, il découvrira qu'il lui est impossible de voir une banane sans la manger; il décidera alors de lui-même de s'en tenir aux aliments permis.

La particularité du régime Stillman concerne l'élément liquide. On y oblige l'usager à consommer une quantité d'eau supérieure à la normale, ce qui l'empêche de refixer les sels perdus lors des mictions abondantes. Ce qui a pour résultat une perte de sel et d'eau dans le tissu adipeux et provoque une déshydratation grave et rapide. Le corps humain, constitué d'eau dans une proportion de presque 60%, maigrit alors brusquement. Le problème, évidemment, est que seules l'eau et une légère quantité de tissu musculaire disparaissent de cette façon, mais pas la graisse. Dès que l'on abandonne le régime Stillman, le corps reconstitue ses réserves d'eau.

Un simple calcul arithmétique permet de dévoiler la vérité sur le régime Stillman. En effet, on a dit que certains de ses patients modèles avaient perdu 11 kg (25 lb) lors de la première semaine de régime. Imaginons un homme si gros qu'il ait réellement besoin de 5 000 calories par jour pour équilibrer sa dépense énergétique. Cet homme pèserait près de 136 kg (300 lb). Imaginons maintenant qu'il ne *mange absolument rien* pendant une semaine entière. Son déficit calorique total serait de 35 000 calories, ce qui équivaut à environ 4,5 kg (10 lb) de graisse. Le reste du poids perdu — 7 kg (15 lb) — viendrait forcément d'ailleurs; puisque Stillman n'accompagne pas son régime d'un vigoureux plan d'exercices physiques prolongés, la perte de poids additionnelle provient forcément de l'eau et du tissu musculaire. Quelques-uns des patients de Stillman ont bien sûr réussi à perdre 11 kg (25 lb), mais peu d'entre eux pesaient 136 kg (300 lb), ce qui signifie que leur perte en graisse était tout aussi symbolique que celle de notre hypothétique obèse de 136 kg (300 lb).

Peu de gens s'étonneront maintenant des attaques de Philip White, de l'Association médicale américaine, dirigées contre le régime Stillman lors de son apparition. "Ce régime se résume à un déséquilibre nutritif volontaire" déclarait-il avec inquiétude. "Tout sujet affecté de troubles rénaux, porté aux crises de goutte, souffrant de diabète ou de tout autre problème médical dans lequel l'azote, les corps cétogènes et l'équilibre électrolyte sont en cause, court un grave danger."

Le docteur Robert C. Atkins, cardiologue dont l'interprétation du régime centenaire de Banting possède la particularité d'être à la fois le régime-express le plus largement critiqué et le plus largement efficace, a succédé à Stillman. En fait "le régime révolutionnaire" de Atkins n'est pas le moins du monde une révolution; c'est plutôt l'amalgame de tout ce qui a été découvert en matière de régimes riches en protéines depuis la déclaration de William Banting sur l'obésité, en 1864. D'abord et surtout, Atkins reconnaît le rôle fondamental du processus physiologique connu sous le nom de cétose dans tout régime déséquilibré et pauvre en graisses. Ensuite, il dénonce l'ennui qui s'installe dans la plupart des régimes, y compris celui de Stillman; c'est pourquoi il incite le lecteur à se permettre des aliments luxueux — homard, caviar, crabe, fromages — et à ne pas s'attarder aux "aliments pour lapin", bastion de tout régime équilibré pauvre en calories. L'obésité, dit Atkins, est une maladie des sociétés riches; le régime qui la guérira doit s'adresser aux riches.

Selon la théorie de Atkins, les individus gros réagissent aux hydrates de carbone par une surproduction d'insuline, ce qui abaisse alors leur taux de sucre dans le sang, provoquant ainsi une sensation de fatigue, d'irritabilité et de faim. "La sensation de faim, dit-il, est la raison de l'impopularité des régimes pauvres en calories." Évidemment. Manger moins, donc ne pas se sentir rassasié, est le principe fondamental de l'amaigrissement. En affirmant qu'il est possible de perdre du poids *sans* avoir faim, Atkins vise la tendance à la boulimie qui sommeille chez tout obèse. En incitant ses lecteurs à manger des aliments gras, à haute valeur nutritive, provoquant une cétose qui diminue notamment l'appétit, Atkins s'avère évidemment capable de faire maigrir les gens, sans les faire souffrir de la faim.

La plupart des personnes compétentes en la matière s'élèvent contre l'hypothèse de Atkins; Jule Hirsch de l'université Rockefeller va jusqu'à déclarer carrément qu'"il n'est pas évident que la plupart des personnes trop grosses souffrent d'un manque de sucre dans le sang". Mais il est difficile de critiquer les résultats obtenus par Atkins. Ses adeptes perdent réellement du poids, comme William Banting, comme les patients de Herman Taller et il est souvent bien difficile de leur faire comprendre que le poids qu'ils perdent *n'est pas essentiellement composé de gras.*

Hirsch affirme que le régime Atkins n'est efficace que parce qu'il élimine totalement les hydrates de carbone et provoque ainsi une cétose, non parce qu'il redresse un déficit en insuline. De nombreux spécialistes, connaissant les effets secondaires consécutifs à la cétose — nausées, vomissements, affaiblissement, apathie, déshydratation, baisse de calcium, dysfonctionnement rénal chez les sujets fragiles, troubles cardiaques et tendance aux vertiges ou aux évanouissements — préviennent des dangers de tout régime trop fortement cétogène.

De plus, Atkins demande à ses lecteurs de se procurer des kétostix — bandelettes vendues dans le commerce qui, trempées dans l'urine d'un individu suivant un régime cétogène, doivent virer au violet — qui permettent de s'assurer que la cétose n'a pas disparu. Ces kétostix, fabriqués par les laboratoires Miles, 20 ans avant la publication du livre de Atkins, avaient été mis au point pour aider les diabétiques à contrôler leur équilibre en insuline. Lorsque les ventes de kétostix augmentèrent de façon considérable par suite de la publication de *Dr. Atkins' Diet Revolution*, un porte-parole des laboratoires Miles, se souvenant sans doute du scandale de *Calories Dont' Count*, se vit obligé de déclarer: "Je désire souligner que nous ne conseillons pas ce régime. Nous comptons des nutritionnistes parmi nos directeurs. Ils estiment dangereux ce régime".

Les directeurs des laboratoires Miles n'étaient pas les seuls à penser ainsi. Le Conseil en alimentation de l'Association médicale américaine condamna ce régime en déclarant qu'il était "bizarre... ni nouveau, ni révolutionnaire et sans fondement scientifique". Si de tels régimes sont réellement efficaces ajoutait le rapport, "pourquoi tombent-ils alors rapidement dans l'oubli, pour resurgir quelques années plus tard, légèrement modifiés, sous un nouveau parrainage?" Et le docteur Charles Roland, de la clinique Mayo, déclare violemment que "malgré ses généralisations rapides et la confiance excessive qu'elle inspire, la théorie de Atkins s'appuie essentiellement sur des hypothèses non prouvées, comme le fait que l'obésité résulterait de l'incapacité à transformer correctement les hydrates de carbone." Quand au docteur Neil Simon, lui-même auteur de plusieurs ouvrages diététiques, il estime que seules les protéines, non les graisses, sont transformées en sucre lorsque le taux de sucre dans le sang diminue.

Atkins affirma, sans le prouver, à l'Association médicale américaine — qui avait décrété que son régime était "mal équilibré" et "probablement inapte" à provoquer une perte de poids à long terme — que 90% de ses patients avaient réussi à maigrir considérablement. Il accusa également le Conseil de condamner sans preuve son régime. Atkins refroidit aussi l'ardeur du docteur Philip White, secrétaire de ce Conseil, en prétendant que, pendant la cétose, les graisses sont "éliminées" dans l'urine et par les poumons. White affirmait de plus que Atkins avait gravement surestimé le nombre de calories perdues pendant la cétose, soutenu dans sa thèse par la Société médicale du Comté de New York dont l'attaque publique contre *Dr. Atkins' Diet Revolution* fut sans précédent.

D'autres membres du corps médical s'inquiétèrent ouvertement de l'opportunité de conseiller ou non un régime amaigrissant riche en graisses — et donc en cholestérol — à des Occidentaux d'un certain âge souffrant déjà de graves maladies cardiaques (l'un des taux les plus élevés au monde), provoquées elles-mêmes par un régime alimentaire quotidien riche en protéines. Enfin, Atkins lui-même renonça à conseiller ce régime aux femmes enceintes, lorsqu'il ne put nier qu'un régime sans hydrates de carbone risquait de troubler le développement psychique et neurologique du foetus. Il était, dit-il, "absolument désolé" d'avoir vivement conseillé ce régime aux femmes enceintes.

En mars 1973, Atkins dut sans doute se sentir à nouveau absolument désolé, du moins pour un certain temps, pour avoir conseillé son régime à un homme d'un certain âge — un acteur de 66 ans — qui se mit à souffrir de baisses de tension. Ce dernier exigea $7,5 millions en dommages et intérêts en déclarant que sa crise cardiaque avait été causée par le régime Atkins. Si le tribunal avait condamné

Atkins — ce qu'il ne fit pas — ce médecin aurait certainement regretté d'avoir conseillé son régime. Bien au contraire, Atkins balaya cet orage de critiques qu'il jugeait peu fondées et vendit finalement un million d'exemplaires reliés de son livre.

Mais que vendait exactement Atkins? Avant tout, bien sûr, de l'autosatisfaction. Du caviar au lieu de carottes et un amaigrissement sans crampes d'estomac. Il vendait, d'une part, exactement ce que le public avait toujours désiré — une solution, même temporaire, au casse-tête de l'obésité; d'autre part, un vieux principe — l'amaigrissement par cétose — sans un air de nouveauté.

Qu'est-ce que la cétose? Cette maladie survient inévitablement à la suite d'une privation d'hydrates de carbone: l'un des principes fondamentaux de tout régime de type Banting. Mais le corps humain a besoin d'hydrates de carbone pour 2 raisons essentielles: parce que les muscles travaillent plus efficacement en brûlant des hydrates de carbone et parce que le cerveau ne consomme que des hydrates de carbone sous forme de glucose. Le docteur George F. Cahill, qui travaillait vers la fin des années 1960 à Harvard, découvrit que, durant n'importe quel régime, le foie transforme la graisse stockée en acides gras partiellement oxydés connus sous le nom de corps cétogènes, utilisés par le cerveau comme élément énergétique de substitution en l'absence de glucose.

On accusait jusqu'alors les régimes riches en protéines et pauvres en hydrates de carbone d'être incapables d'assurer au cerveau une alimentation saine. Mais il était clair à présent que le corps humain avait déjà fait des provisions en cas de privation en hydrates de carbone, grâce à un système de remplacement qui pouvait ainsi alimenter le cerveau en énergie. Bien plus, il devint évident que le foie pouvait produire autant de corps cétogènes que le cerveau en demandait, même en l'absence totale d'hydrates de carbone.

Et c'était la clé du succès du régime Banting et de sa nombreuse descendance: la carence en hydrates de carbone provoque la cétose, qui à son tour provoque une diminution naturelle de l'appétit. Tant qu'il y a cétose, l'individu qui suit un régime n'aura pas faim et ne mangera donc pas autant que d'habitude. *Ce qu'il* mange, tant qu'il prive son corps d'hydrates de carbone, importe peu et c'est la raison pour laquelle le docteur Stillman, comme le docteur Atkins, laissait ses adeptes "voler" jusqu'à 40 grammes d'hydrates de carbone par jour, après le début de la cétose, sachant que la quantité qu'il leur imposait était insuffisante pour combler les besoins du corps et l'absence de glucose.

Cahill avait apparemment découvert le secret du régime Banting; en fait, il n'apportait pas de réponse satisfaisante au casse-tête de l'obésité, puisque l'on découvrit bientôt que les corps cétogènes provoquaient une perte de poids sans valeur. En effet, le résultat de tout régime cétogène est une perte d'eau considérable par une augmentation de la diurèse ou miction abondante. Il ne se produit donc pas alors de diminution de la masse corporelle, bien que, selon la sévérité du régime, l'individu puisse perdre de 1 à 4 kg (3 à 8 lb), poids qu'il regagne évidemment dès qu'il reprend ses habitudes alimentaires, mais qui représente une proportion importante des 4 à 5 kg (8 à 10 lb) que peut perdre tout individu durant la première semaine d'un régime cétogène.

Toute réelle perte de poids, après l'apparition de la cétose, résulte de la restriction calorique *totale* imposée par les corps cétogènes, mais non d'une action particulière des graisses et des protéines combinées. Ce régime assure un amaigrissement tant que le sujet peut le supporter, mais il est toujours associé à une diminution considérable de la masse musculaire, fait inadmissible d'un point de vue médical. Un régime bien équilibré, en revanche, provoque une perte minimale de tissu musculaire, mais aboutit à une perte de poids essentiellement constituée de graisse. Autre aspect indésirable, la cétose entraîne une diminution de tissu musculaire en réserve, ce qui provoque une affaiblissement du métabolisme de base et signifie qu'après quelques mois de régime cétogène, le corps consomme beaucoup moins de calories qu'auparavant pour conserver son poids, puisque la masse musculaire a diminué. Cela implique que, dès que le sujet revient à ses anciennes habitudes, il reprend plus de poids que jamais parce qu'il brûle ses calories plus lentement qu'avant.

Il existe d'autres effets inquiétants de la cétose, dont un certain nombre furent mis en évidence par hasard pendant la Deuxième Guerre mondiale. L'Armée canadienne, à la recherche de rations de secours suffisantes pour ses troupes sur le terrain, donna à un groupe de volontaires du pemmican, mélange de viande séchée et de graisse sans hydrates de carbone. Après 4 jours de pemmican et d'eau, les troupes étaient fatiguées, apathiques, déshydratées, avaient des nausées, bref étaient hors d'état de combattre. À cette liste d'effets nocifs de la cétose, la plupart des docteurs ajouteraient maintenant une baisse de tension, une constipation ou une diarrhée et des hausses importantes du taux de lipides et de cholestérol dans le sang.

Devant tous ces dangers inhérents aux régimes riches en protéines et pauvres en hydrates de carbone, il serait logique de supposer que des savants effectuèrent par la suite des recherches pour trouver une solution au casse-tête de l'obésité. Mais, à notre grand étonnement, nous ne rencontrons encore qu'un régime Banting sous une toute nouvelle forme. La plus nouvelle — et selon certains la plus dangereuse — est connue sous le nom de régime aux protéines liquides ou, plus exactement "régime d'épargne de protéines". Ce régime, mis au point par le docteur George Blackburn, professeur de chirurgie à l'École médicale de Harvard et directeur du Service de nutrition à l'Hôpital New England Deaconess de Boston, était destiné à assurer une diète d'appoint aux patients gravement malades. Blackburn montrait que de petites quantités de protéines diététiques permettaient d'"'économiser" les réserves de protéines corporelles au cours du jeûne des patients mieux que n'y parvenaient de petites quantités d'hydrates de carbone. Son enthousiasme pour ce régime s'arrêta là; Robert Linn, ostéopathe originaire de Pennsylvanie, popularisa l'utilisation des protéines liquides "en soignant" des obèses, par ailleurs en bonne santé.

Sous sa forme la plus sévère, le régime aux protéines liquides consiste à ne *rien* manger, sauf des liquides sans sucre (eau, thé glacé non sucré ou boissons de régime) et 120 à 180 g (4 à 6 oz) — environ 300 calories au coût de $3 — d'une boisson sirupeuse, au goût fruité, composée de protéines fibreuses provenant de tissu animal, d'amino-acides et de collagène. Selon le département de l'Alimentation et des Médicaments, la plupart de ces produits se composent essentiellement de gélatine d'une "valeur nutritive très médiocre". La valeur nutritive de certains de ces liquides est renforcée par une petite quantité d'acides aminés, de vitamines et de sels minéraux; mais ces produits sont presque toujours insuffisamment nourrissants et ils coûtent cher. La gélatine en bloc coûte $2 le demi-kilo; les protéines liquides, avec leurs additifs en quantité minimale, se vendent 3 fois plus cher.

Linn proclame que l'on peut perdre jusqu'à 5 kg (10 lb) chaque semaine en adoptant ce régime, et l'on peut difficilement mettre en doute sa parole.Du fait que cette formule de protéines liquides ne contient aucun hydrate de carbone, le régime est hautement cétogène et provoque ainsi une perte immédiate d'eau et de masse musculaire, phénomène que nous connaissons déjà. Comme ce régime ne procure que 300 calories par jour, dépassant le seuil minimal quotidien des 800 à 1 000 calories conseillé par l'ensemble des nutritionnistes, il provoque assez naturellement cette diminution du tissu graisseux liée à la majorité des régimes prônant le jeûne.

Sous surveillance médicale, comme le pratiquait George Blackburn avec ses patients de l'Hôpital New England Deaconess, un tel régime pouvait avoir un résultat remarquable dans le traitement clinique de l'obésité chronique. Il présente moins de risques que le jeûne total, conseillé par Stunkard et beaucoup d'autres comme seul moyen de combattre une obésité récalcitrante chez l'obèse chronique, et provoque pratiquement les mêmes résultats. Il est cependant très dangereux lorsqu'il est suivi sans surveillance médicale. Le département de l'Alimentation et des Médicaments ayant reconnu les protéines liquides comme aliment, mais non comme médicament, on peut les acheter sans prescription médicale, ce qui a amené 2 millions d'Américains à les utiliser couramment, sans précaution particulière. Pourtant Blackburn a constamment répété que ce régime présente un risque grave d'importante carence en sels minéraux, carence qui peut conduire à des maladies rénales ou coronariennes.

La condition du succès d'un régime aux protéines liquides, selon Blackburn, est de s'assurer que le patient ne manque pas des sels minéraux indispensables, principalement de potassium. En effet, un individu manquant de potassium peut devenir comateux. Et lorsque cela se produit, dit Blackburn, "nous ne savons quoi faire. Comme dans le cas de la maladie du Légionnaire." Il n'existe malheureusement pas de moyen détablir avec certitude les besoins quotidiens en potassium d'un individu moyen; d'autant que les doses qui conviennent aux uns ne suffisent pas aux autres. Le comble est que le département de l'Alimentation et des Médicaments enquête actuellement sur la mort de 40 femmes environ, dont l'âge varie de 25 à 44 ans, décédées alors qu'elles suivaient un régime aux protéines liquides ou juste après l'avoir abandonné. L'une d'entre elles, la femme d'un médecin du Minnesota, âgée de 44 ans, est morte semble-t-il d'un arrêt cardiaque après 7 semaines de ce régime-express aux protéines liquides; elle avait 8 jeunes enfants...

Durant l'enquête approfondie d'une commission de la Chambre sur la santé et l'environnement, le docteur Linn a insisté sur le fait que ces décès étaient "pure coïncidence". Mais les experts du Centre fédéral pour le contrôle des maladies, à Atlanta, en Georgie, n'en sont pas convaincus. Après une étude attentive, cas par cas, au cours de laquelle ils éliminèrent les victimes qui souffraient de maladies cardiaques ou de diabète — cause possible de la mort — il ne resta alors que 15 cas dont la seule cause probable de décès était indubitablement le régime aux protéines liquides. Le centre chercha alors la raison scientifique de ces 15 décès et les savants suggérèrent plusieurs éventualités. La première peut être tout simplement l'inanition, car 300 calories par jour représentent une alimentation inférieure à celle connue dans les camps de concentration les plus féroces. Toutes ces femmes ont suivi ce régime pendant 2 à 8 mois — suffisamment longtemps, pour que se produise une atrophie du tissu cardiaque. Curieusement, le département de l'Alimentation et des Médicaments rapporte que le syndrome, dans ces 15 cas, n'était pratiquement jamais lié à l'inanition.

Une autre éventualité dont Blackburn s'inquiétait, quand il commença à proposer ce régime en milieu hospitalier, consiste en une forme d'interruption du rythme cardiaque provoquée par un déficit chronique des électrolytes. C'est le motif le plus fréquemment cité en cas d'accident, durant ce régime, mais il existe 2 autres causes possibles qui méritent de retenir notre attention. La première est liée au fait que le supplément en protéines contient une substance toxique encore mal identifiée qui, ou bien accroît l'efficacité du régime, ou bien s'avère mortelle. Peut-être existe-t-il un élément supprimé par un tel régime, élément nutritif essentiel à la survie que la science médicale n'aurait pas encore identifié. Un médecin de la clinique Mayo, s'élevant contre l'utilisation inconsidérée des vitamines supplémentaires comme substituts d'un régime alimentaire équilibré, avertit que, "si l'on avale des vitamines, on n'avale que les vitamines découvertes jusqu'à présent". On peut dire la même chose des protéines liquides qui, même sous leurs formes les plus complètes, ne contiennent que les éléments nutritifs découverts jusqu'à maintenant.

Quoi qu'il en soit, le département de l'Alimentation et des Médicaments a été suffisamment frappé par le nombre de décès associés à ce régime pour exiger la présence, sur tous les produits à base de protéines, d'une étiquette de mise en garde où l'on peut lire:

ATTENTION: Un régime à faible teneur en protéines peut provoquer des maladies graves ou mortelles. NE PAS UTILISER SANS SURVEILLANCE MÉDICALE. Ne pas utiliser sans avis médical, si vous vous trouvez sous traitement. Ne pas administrer aux nouveau-nés, aux enfants, aux femmes enceintes ou aux femmes qui allaitent.

Heureusement, ces étiquettes ne seront peut-être d'aucune utilité car la mode des protéines liquides semble s'estomper peu à peu: depuis que le département de l'Alimentation et des Médicaments a fait connaître le résultat de ses enquêtes, la vente de protéines liquides a chuté de presque 95% et un renversement de cette tendance semble bien improbable.

Aucunement ébranlé, Linn continue à promouvoir ce qu'il considère comme "le progrès le plus éclatant réalisé au cours des 40 dernières années pour contrôler l'obésité". Il proclame un taux de succès de 80% chez ses patients — récidivistes pour la plupart à 95% — mais, comme le docteur Atkins, il n'apporte pas de preuves à l'appui de ses prétentions. Ce qui fit dire à un de ses confrères mécontents que "le secret du régime Linn, ce n'est pas les protéines mais une publicité éhontée". Des critiques plus attentifs conclurent que seuls des spécialistes connaissant les mécanismes du jeûne étaient à même de prescrire ce genre de régime, compte tenu des risques qui en découlent: grave faiblesse musculaire, modification du cycle menstruel, nausées et vomissements, chute des cheveux, dessèchement de la peau, déminéralisation des os, calculs rénaux, goutte, troubles mentaux.

Le régime Banting, quelle que soit sa forme, est générateur de sa propre faiblesse. En effet, on ne peut le suivre indéfiniment; dès qu'on l'abandonne, on reprend immédiatement le poids perdu par suite d'une déshydratation. Il ne modifie malheureusement en rien les habitudes alimentaires, condition fondamentale pour éviter de reprendre du poids.

Dans les cas d'obésité peu prononcée, la restructuration des habitudes alimentaires est certainement plus importante qu'une restriction calorique réelle à l'aide d'un régime, aspect de l'amaigrissement que nous examinerons plus en détail dans un chapitre ultérieur. Mais dans les cas d'obésité chronique, là où les médecins ont affaire à des patients qui pèsent jusqu'à 2 *fois* leur poids idéal, on a tendance à préférer à toute tentative de modification du comportement alimentaire des mesures plus radicales. La mesure la plus ancienne et de loin la préférée est le jeûne total.

Le jeûne volontaire, même effectué sous surveillance médicale, est extrêmement dangereux: un jeûne, total ou non, dépouille le corps de son tissu musculaire, d'électrolytes indispensables et de la graisse stockée. La perte de tissu est épuisante et le manque de sels minéraux, véritablement dangereux. (Comme le prouve le cas de cette femme de 98 kg (215 lb), décédée dernièrement dans une clinique du New Jersey, le quatrième jour d'un régime à 500 calories par jour. Elle a sans doute été emportée par une arythmie cardiaque due à une carence en sels minéraux indispensables à l'activité cardiaque.) Et Mayer fait remarquer que les ulcères du duodénum, la goutte ainsi que de graves troubles psychologiques sont également fréquents chez les patients qui jeûnent.

Pour compenser le déséquilibre minéral provoqué par le jeûne, les spécialistes recommandent de contrôler avec soin le taux d'électrolytes du patient sous régime et conseillent des doses supplémentaires de vitamines et de sels minéraux dissous dans l'eau. Cela fait — et le danger d'un arrêt cardiaque théoriquement éliminé — le jeûne total demeure effectivement une façon très efficace de maigrir considérablement, même temporairement. Au départ du moins, le jeûne est moins contraignant que le régime car la plupart des réponses habituelles à la faim sont absentes de l'environnement d'un patient qui jeûne.

De plus, la cétose sérieuse, qui survient 48 heures après qu'on a cessé de manger, supprime presque totalement la sensation de faim, ce qui explique un peu pourquoi les obèses se sentent souvent bien pendant les premières semaines d'un jeûne. Ce qui n'est pas le cas pour les sujets minces, selon le docteur Gastineau. Chez ces derniers, la production de chaleur corporelle baisse rapidement, tout exercice physique devient de plus en plus difficile et ils souffrent souvent rapidement de dépression, d'anxiété et d'instabilité émotionnelle.

Tant mieux donc si c'est l'obèse qui ressent les bienfaits du jeûne, car c'est lui qui en a le plus besoin. La plupart des sujets trop gros sont doués de ce que Gastineau appelle "une bonne tolérance au jeûne": ils peuvent supporter un jeûne total pendant 30 jours au moins, sans difficulté apparente, perdant ainsi jusqu'à 23 kg (50 lb). Mais à titre de précaution, Albert J. Stunkard, de l'université de Stanford, recommande aux patients qui doivent perdre 7 à 9 kg (15 à 20 lb) de ne pas prologer un jeûne en milieu hospitalier au-delà de 10 à 15 jours. Le prix de revient d'un tel traitement est considérable, cela va sans dire, et ses effets à long terme sont nuls, s'il n'est pas immédiatement suivi d'un régime qu'on adoptera pour la vie durant.

Si coûteux que soit le prix du jeûne, il est loin d'atteindre celui de la solution médicale la plus radicale en matière de boulimie, la jéjunostomie. Le but de cette intervention chirurgicale est de ramener la longueur normale de l'intestin grêle de 6,10 m à 0,60 m (20 pi à 2 pi) — et donc de réduire l'absorption nutritive de façon proportionnelle. En théorie, cette technique permet à l'obèse chronique de manger des quantités illimitées d'aliments riches en calories tout en réussissant à maigrir, puisque la plupart des aliments traversent le système digestif sans que leur valeur calorique soit assimilée. En pratique, ces individus souffrent désormais d'une mauvaise capacité d'absorption et donc de tous les problèmes causés par un dysfonctionnement du système digestif: douleurs abdominales, troubles gastro-intestinaux, diarrhées aiguës. Ils souffrent également du "foie de l'obèse", maladie liée au jeûne, phénomène que l'on ne peut modifier par un supplément de vitamines dans la mesure où il est sans doute provoqué par un déséquilibre des acides aminés qui durera jusqu'à ce que l'on mette fin à la dérivation chirurgicale.

Les complications post-opératoires forcent à réduire le plus possible le nombre de ces interventions chirurgicales, sauf dans les cas les plus dramatiques d'obésité chronique. Mais on évite aussi ce "traitement" parce qu'il est excessivement rare, selon Gastineau, qu'un patient se révèle absolument incapable de comprendre ses problèmes d'obésité et d'aider à les résoudre. (La clinique Mayo n'a pratiqué que 2 interventions depuis son ouverture; il s'agissait de cas désespérés). En résumé, le remède est souvent pire que le mal, comme l'explique la remarquable revue médicale anglaise, *Lancet,* qui compare cette opération à ce que serait l'amputation des deux mains pour sauver un fumeur invétéré.

Dans tous les cas, la chirurgie est un recours ultime qui ne règle pas nécessairement tous les problèmes. Et cette méthode s'applique de toutes façons difficilement à des millions d'individus devenus trop gros après des années d'inactivité et de mauvaises habitudes alimentaires. Ni chirurgie radicale, ni régime-express ne leur apporteront la solution au casse-tête de l'obésité.

Chapitre IV

L'exploitation commerciale de l'excès de poids

> *Le consommateur trop gros est le moins protégé de tous les consommateurs.*
>
> George McGovern

Aussi loin que l'on remonte dans le temps, on constate que le comportement le plus raisonnable en matière de régime a toujours consisté à réduire ses rations alimentaires afin de perdre du poids. Il semble en effet très sage de manger moins pour peser moins. Et c'était d'ailleurs le seul conseil que donnaient autrefois les membres du corps médical. C'est pourquoi des millions d'hommes et de femmes trop gros abandonnaient, suivant la mode du moment, desserts, alcool, féculents ou produits laitiers. Quelquefois, les plus désespérés essayaient même de renoncer à tout et c'est évidemment ce qui réussissait le mieux: renoncez à toute nourriture et vous éviterez forcément tout ce qui vous fait grossir.

Afin d'aider des obèses chroniques souffrant de boulimie, des chirurgiens ingénieux mirent au point une méthode par laquelle ils ligaturaient la mâchoire, ce qui constituait évidemment un excellent moyen de maigrir — tant que la mâchoire restait ligaturée! Malheureusement, dès que le patient retrouvait l'usage de sa mâchoire, il reprenait ses anciennes habitudes et se retrouvait confronté à son ancien problème. Le système se révélait inefficace pour supprimer certains aliments pendant plus de quelques mois; il ne réussissait à supprimer toute alimentation que pendant une période de temps limitée. Ce qu'il fallait, c'était un moyen d'éliminer pour toujours certains aliments du régime alimentaire ou en diminuer l'absorption. Là encore, c'est la chirurgie qui trouva une solution: la dérivation intestinale. Mais nombre de patients ne survivaient pas à cette intervention et ceux qui y parvenaient souffraient de complications plus dangereuses que la plus grave obésité. Les chirurgiens avaient trouvé une solution séduisante en théorie, mais impraticable. Ils n'avaient donc pas réussi à trouver *la* solution au casse-tête de l'obésité.

On peut déduire la conclusion suivante de cette série d'expériences: plus on réussit à *diminuer* la ration alimentaire d'un individu, plus l'homme mince qui sommeille en lui se tient prêt à surgir. Mais il est évident également que, plus on diminue la ration alimentaire, plus on fait courir de risques à l'individu. Et ces risques sont si graves que de nombreux experts en matière d'obésité ne peuvent qu'appuyer la déclaration du docteur Philip White, directeur du Département d'alimentation et de nutrition de l'Association médicale américaine, qui fait observer que, "dans un tel cas d'amaigrissement, le traumatisme est si grave et la réussite si aléatoire qu'il est préférable que le patient reste gros."

Dans de telles circonstances, il était inévitable que les hommes se mettent à penser en termes *d'addition* d'aliments à un régime, plutôt que le contraire. Par exemple, un aliment pauvre en calories qui remplisse les intestins et provoque l'impression de rassasiement; une potion qui fasse cataplasme dans l'estomac et élimine ainsi les crampes; un médicament qui doublerait ou triplerait le taux de base du métabolisme et qui inciterait le corps à brûler la graisse en réserve ou encore un médicament qui agirait sur le fonctionnement de l'hypothalamus, "centre de la faim" sis dans le cerveau et qui supprimerait toute envie de nourriture. Un appareil qui masserait l'abdomen, les hanches et les fesses jusqu'à faire disparaître l'excès de tissu adipeux en activant la circulation sanguine. Une pilule, une hormone, un breuvage, une potion, une lotion, une pommade, n'importe quoi pourvu que cela réussisse.

Face à tout marché potentiel surgit forcément le produit nouveau et il n'est pas surprenant que la longue et triste lutte de l'homme contre son propre poids abonde en faux remèdes pour maigrir. Chacun se présente comme une solution parfaite au casse-tête de l'obésité; chacun promet un amaigrissement grâce au surcroît de nourriture. Pilules, hormones, breuvages, potions, lotions, pommades, les mérites de chacun ont été vantés un jour ou l'autre. Et un public crédule et désespéré s'est laissé aller régulièrement à oublier tout bon sens devant le dernier "remède miracle qui fait maigrir" — et s'est complu ainsi dans un empirisme médical en matière de nutrition. Par là, il a encouragé la plus grande escroquerie qu'on ait jamais connue dans le domaine de la santé.

La prolifération de remèdes pour maigrir, offerts au consommateur trop gros et sans protection, découle directement du fait que les fabricants et vendeurs de ces remèdes, contrairement aux fabricants de médicaments sous prescription, ne sont pas tenus de prouver leur sécurité et leur efficacité avant la mise en marché. L'on ne peut donc attribuer le succès commercial de ces produits pour maigrir qu'à l'aptitude quasi illimitée du consommateur à se laisser abuser dès qu'il s'agit de régime. Comment expliquer autrement que des milliers d'Occidentaux sensés se précipitent pour acheter une potion distillée de baies d'Afrique de l'Ouest? On disait qu'elle donnait au palais un goût sucré, qu'il fallait la garder 2 minutes en bouche avant chaque repas, les jours de régime amaigrissant sans saveur. Et comment expliquer autrement la brève, mais remarquable popularité du vin des Rose-croix, breuvage soi-disant de composition secrète connue seulement de l'élite d'un vénérable ordre mystique? Cela n'a absolument aucun sens, bien que son vendeur ait su utiliser sa qualité d'Européen de l'Ouest pour envoyer des hectolitres de cette boisson en Suisse, en promettant une réduction sans effort de 75% de l'appétit.

Les remèdes sont, semble-t-il, pratiquement aussi anciens que le problème de l'obésité. Les médicaments amaigrissants se vendent beaucoup mieux que les aphrodisiaques, probablement parce que l'impuissance et la frigidité sont moins généralisées que l'obésité, mais sûrement pas en raison de la publicité qui les entoure. L'individu trop gros achète des produits pour maigrir, même les pires: ayant sans résultat *supprimé* certains aliments de son régime alimentaire, il ne voit pas de mal à y *ajouter* une nouveauté en faisant le pari que les promesses merveilleuses du fabricant seront au moins partiellement vraies.

Au pire, cet essai se traduira par une perte de temps et l'Occidental trop gros, habitué à l'échec lorsqu'il s'agit de maigrir, n'y prêtera que peu d'attention. Il admet sans sourciller cette exagération notoire que l'on retrouve, par exemple, dans la préface du livre de Victor Lindlaher *Calorie Countdown,* ouvrage parmi tant d'autres traitant des régimes et figurant sur la liste noire de l'Association médicale américaine: "Vous retrouverez en 90 jours votre silhouette et vous la conserverez définitivement. Voilà ce que le *Countdown* vous promet". Mais la plupart du temps, l'individu qui suit un régime se laisse aller à un curieux mélange d'optimisme inaltérable et de désespoir croissant, ce qui modifie bien sûr son jugement. Désireux de croire à une diète miracle, il est convaincu facilement; plus le système est subtil, plus il y adhère aisément.

Il existe peu de régimes qui aient atteint la subtilité, véritable audace mêlée de calcul cynique, dont John Andreadis fit preuve vis-à-vis du public américain dans les années 1950 — et peu connurent un tel succès. Andreadis, ou John Andre comme il se faisait appeler, n'a pas plus inventé un régime que Henry Ford, une automobile; mais comme Ford, il sut faire sienne une idée et en tirer d'importants profits. La carrière d'Andre, comme champion national de l'amaigrissement, atteignit son apogée — ou selon la vision que l'on en a, le summum de son charlatanisme vers la fin des années 50. Elle avait débuté en réalité sur la Côte Ouest, 10 ans plus tôt.

Andre vendait par correspondance en 1948, un produit du nom de Crème de beauté de Hollywood, auquel il joignait un prospectus proclamant qu'il faisait perdre jusqu'à 7 kg (15 lb) en 30 jours. Le Bureau de contrôle de la Poste américaine s'y objecta et l'histoire se termina par une interdiction pour vente frauduleuse. Interdiction qui n'empêcha pas les ventes, bien sûr, et ne découragea pas ce jeune grec entreprenant qui repensa le conditionnement du produit dont les Services de la Poste avaient déclaré qu'il ne contenait que de la vaseline, de la gaulthérie et de l'eau, éléments adoucissant sans doute la peau, mais dénués d'autre vertu. Andre vendit son produit sous un autre nom et sous d'autres formes. La composition du produit changeait de temps à autre; la subtilité et la sophistication de la mise en marché s'affinaient, mais le produit de base restait le même. À l'exception du Man-Tan — colorant de la peau qu'il vendit avec un succès surprenant vers la fin des années 50 faisant $20 millions de bénéfice en 6 mois avec ce produit "pour bronzer chez soi", Andre se contenta donc de promouvoir d'inefficaces remèdes pour maigrir, constitués d'ingrédients sans action positive et soutenu par une publicité délirante. Parmi ces produits figure une préparation pharmaceutique de vitamines, un "remède" contre l'arthrite, Propex, un coupe-faim uniquement efficace lorsqu'il est utilisé en association avec un régime "fortement conseillé" de 1 000 calories par jour.

Propex n'échappa pas à la vigilance de la Division de l'inspection de la Poste, appareil administratif aux rouages lents mais efficaces, et il prit le même chemin que "la Crème de Beauté de Hollywood", non sans avoir donné à son infatigable créateur l'idée d'une nouvelle pilule qui puisse tromper les Services de la Poste et abuser plus fort que jamais le public crédule. Ce nouveau produit s'appelait Regimen et devint pendant des années le remède amaigrissant le plus populaire, vendu sans prescription médicale. Andre en vendit pour plus de $6,5 millions chaque année avant que la Poste et le Bureau d'éthique commerciale l'interdisent.

Comme tous les grands publicitaires — et il n'était d'ailleurs que cela — John Andre sut apprécier à sa juste valeur l'impact du texte imprimé, cette autorité que prennent automatiquement les idées lorsqu'elles se trouvent imprimées. Seuls les universitaires et les sceptiques-nés sont conditionnés à douter; les autres recherchent l'information écrite, prenant pour vrai ce qui est écrit, simplement parce que *c'est écrit*. Le public est souvent démuni pour contester le travail d'une autorité qui s'est d'ailleurs désignée d'elle-même, surtout si ses observations sont exprimées dans un jargon pseudo-scientifique. Une longue habitude nous a en général désappris à discuter. Et, lorsque cette autorité s'exprime avec une évidente conviction et déclare ce que le public désire entendre, la crédulité l'emporte sur le bon sens. C'est exactement cet ensemble de facteurs qui rendirent plausibles à des millions de lecteurs les déclarations exagérées d'Andre à propos des effets de Regimen. On peut facilement déceler le juste mélange de publicité alléchante et de véritable professionnalisme dans cet extrait d'une annonce type de Regimen:

UNE NOUVELLE DÉCOUVERTE MÉDICALE ÉTONNANTE (vendue sans prescription médicale): MAIGRIR SANS RÉGIME grâce à un nouveau remède extraordinaire. VOUS N'AUREZ JAMAIS MAIGRI AUSSI VITE! Pas de régime, pas d'habitudes alimentaires particulières, pas de renoncements à ce que vous aimez. Cela se fait sans problèmes... automatiquement. VOUS PERDREZ AU MOINS 3 KG (6 LB) EN 3 JOURS... ET AU MOINS 5 KG (10 LB) DÈS LA PREMIÈRE SEMAINE... EN CAS D'ÉCHEC, CELA NE VOUS COÛTERA RIEN!

Celui qui a déclaré "On ne peut tromper un honnête homme" n'avait jamais eu affaire au génie publicitaire de la campagne Regimen qui fut indubitablement l'entreprise de promotion de régime la plus habilement conçue, la plus élaborée, et la plus cyniquement exécutée. Elle débuta par des déclarations écrites de médecins et se termina par des déclarations télévisées d'utilisateurs et fut de A à Z un attrape-nigaud.

Les médecins qui firent les premières déclarations et montrèrent des courbes de poids — premier élément de la campagne Regimen — courbes qui prétendaient apporter la preuve de pertes de poids extraordinaires chez les utilisateurs du remède miracle de Andre étaient payés par Andre. Leurs statistiques étaient totalement truquées et même quelquefois parfaitement inventées. Les patients réels ne maigrissaient pas et les patients fictifs (qui bien sûr maigrissaient de façon encore plus spectaculaire avec Regimen) amélioraient le taux de réussite indiqué par les graphiques des nouvelles pilules. Andre — qui avait parfaitement compris le pouvoir de vente d'un avis médical et le résultat magique de cette phrase "Recommandé par les médecins" — avait également compris qu'il n'était pas difficile de trouver des membres du corps médical, hommes ou femmes, se trouvant dans une mauvaise passe ou sérieusement endettés, prêts à renier leur serment d'Hippocrate pour en retirer des avantages pécuniaires.

Ce que Andre avait aussi assimilé, à un degré incroyable, et avec une acuité de médium, c'était le pouvoir incontesté de la télévision en tant qu'instrument de marketing. Les affirmations médicales frauduleuses lancèrent Regimen, mais ce fut la télévision qui moussa la vente du produit. Pensons à la succession de jeunes femmes et de femmes d'un certain âge, femmes au foyer pour la plupart et toutes trop grosses, que l'on vit à la télévision en compagnie de Dave Garroway, en 1959, à l'émission *Aujourd'hui*. Ces femmes participaient à un régime suivi en public, événement sans précédent, car il comprenait une pesée hebdomadaire, en direct, devant des millions de spectateurs. Qui aurait pu mettre en doute l'efficacité d'un tel régime, puisque la performance était surveillée en public? Il s'agissait de femmes normales, occupées à des tâches ménagères ordinaires, qui luttaient contre les problèmes d'âge habituels de femmes au foyer et qui réussissaient à maigrir grâce à ce nouveau remède extraordinaire. Elles affirmaient qu'elles mangeaient ce qu'elles aimaient — sans modifier leur régime alimentaire habituel — et que, malgré cela, elles perdaient régulièrement du poids. La seule différence, comme le témoignait chaque femme lors de chaque pesée, était que Regimen avait diminué leur envie de nourriture, sans les faire souffrir.

Vers 1959, Andre dépensait près de \$4 millions l'an pour la publicité de ses divers remèdes amaigrissants, mais aucune somme ne lui aurait permis d'acheter le temps d'antenne mis gratuitement à sa disposition par Garroway et l'équipe de l'émission *Aujourd'hui,* pas plus qu'il n'aurait pu acheter à son juste prix un appui plus professionnel que le leur. Ce que Garroway et son équipe ignoraient évidemment, c'est que "les femmes au foyer d'un âge et d'un milieu moyens" de Andre étaient des actrices professionnelles et que leur amaigrissement remarquable n'avait rien à voir avec Regimen, mais était uniquement dû au fait qu'elles s'étaient volontairement soumises à un régime proche du jeûne total. Leur apparente bonne forme tant intellectuelle que physique, tout comme les propriétés miraculeuses de Regimen, étaient une illusion, magnifiquement imaginée et orchestrée par John Andre.

Pour recruter cette équipe de "femmes-Regimen", Andre inséra la même petite annonce publicitaire dans plusieurs revues du monde du spectacle: "On recherche femme grosse ayant été mince et désirant perdre du poids". Les femmes qui répondirent à l'annonce n'étaient absolument pas des actrices, mais elles correspondaient au type recherché par Andre. Plusieurs d'entre elles seulement avaient été des actrices de quelque talent, mais pour une raison quelconque, elles avaient tellement grossi qu'elles ne réussissaient plus à se faire engager; elles entrevirent avec Andre la possibilité de jouer de nouveau tout en maigrissant. Celles qui réussirent lors de l'audition touchèrent des honoraires proportionnels à leur talent et un bonus de \$50 pour chaque demi-kilo perdu après les 7 premiers kilos (15 premières livres). Grâce à l'émission quotidienne *Aujourd'hui,* le total des gains pouvait être considérable. Et l'une des femmes les plus populaires de Andre raconta par la suite qu'elle avait gagné $17 701 en un peu plus d'un an.

Elle raconta également, lorsque le scandale Regimen éclata et que les recrues de Andre se mirent à parler, qu'elles avaient toutes été soigneusement endoctrinées avant leurs apparitions en public, pour bien montrer les mérites de Regimen et ne pas dévoiler la vérité sur le véritable régime qu'elles suivaient. Elles devaient vanter Regimen, montrer que Regimen leur donnait *réellement envie* de manger moins... et laisser le journaliste conclure. Elles ne devaient jamais dire qu'elles ne suivaient pas de régime, mais elles ne devaient jamais mentionner qu'elles suivaient un régime très strict pauvre en calories.

Il est assez intéressant de noter qu'Andre lui-même ne prescrivait jamais aucun régime à ses recrues. Les avantages financiers qu'il offrait, combinés à l'accord tacite que le fait de ne pas perdre 9 kg (20 lb) le premier mois signifierait la fin de leur contrat et la fin des apparitions lucratives à la télévision, suffisaient amplement pour motiver ces femmes à suivre un régime proche du jeûne total et cela, de la façon la plus dangereuse et la plus aberrante. Au début, il était assez facile pour ces femmes de perdre du poids chaque semaine, mais plus le temps passait, plus chaque femme approchait de son poids idéal et plus la tâche devenait difficile. La technique d'Andre provoquait l'apparition de sautes d'humeur et de dépression chronique, phénomènes communs à tous les régimes excessifs et plusieurs femmes furent atteintes d'oedème, ou rétention d'eau, et de gonflement des jambes et des chevilles. Elles prenaient du phénobarbital pour calmer leurs nerfs et des diurétiques pour accélérer le processus de déshydratation. Et lorsque rien ne produisait plus d'effet, elles se mettaient tout simplement à jeûner complètement.

Les pilules qui faisaient partie du programme Regimen étaient de composition et de couleur différentes — vert, rose et jaune — chacune ayant une fonction spécifique. La quantité nécessaire pour 10 jours de ce régime ne coûtait que 18 cents environ à la fabrication et se vendait $3: un bénéfice de 1600%!

De la benzocaïde, additionnée d'un mélange de vitamines, composait la base des pilules vertes. Le prospectus qui les accompagnait décrivait ces pilules vertes comme un coupe-faim qui diminuait les capacités de dégustation des glandes salivaires. Comme nous le verrons dans le chapitre suivant, les vitamines quels que soient leur combinaison et leur dosage, n'ont aucune action sur l'obésité; quant à la benzocaïne, ce n'est qu'un léger anesthésiant local. Il est fortement contestable que des doses aussi légères de benzocaïne — 7,5 mg par comprimé — aient un quelconque effet d'engourdissement sur les glandes salivaires, d'autant plus que les glandes salivaires sont situées dans la bouche et que les pilules vont dans l'estomac!

Les pilules roses contenaient un composant garanti pour éliminer "le liquide gras en excès qui constitue jusqu'à 70% de notre tissu graisseux". Cet ingrédient, du chlorure d'ammonium, diurétique léger, provoque évidemment une perte de poids par déshydratation. Mais, comme dirent les experts de l'Association médicale américaine au Bureau d'éthique commerciale, cette perte d'eau provient du tissu extracellulaire et non du tissu adipeux et, de toute façon, le tissu adipeux se compose au maximum de 20% de liquide et non de 70% comme le prétendait Regimen. De plus, une perte d'eau n'est qu'une perte d'eau, comme le prouvèrent vite ces mêmes experts, qui ne se transforme jamais en une perte de graisse. La perte de poids enregistrée est donc reprise dès que l'on cesse l'administration des diurétiques et que l'on reprend ses habitudes alimentaires.

Ce comité d'experts de l'Association médicale américaine doutait également de l'efficacité des pilules jaunes Regimen, vendues comme puissants coupe-faim. Elles contenaient de l'hydro-chlorure de phenyl-propanolamine, stimulant du système nerveux déjà reconnu pour son efficacité à couper l'appétit, mais uniquement à partir d'une dose 2 fois plus forte que celle contenue dans ces pilules jaunes. Dans le meilleur des cas, l'influence du médicament sur l'appétit était "légère" d'après les experts et son efficacité, certainement limitée dans le temps. Des dosages aussi peu importants que ceux autorisés dans un nombre incroyable de remèdes amaigrissants — comme Regimen — étaient sans danger, estimaient les experts qui ajoutaient pour mémoire que ce produit avait été largement abandonné par le corps médical, après presque 40 ans d'utilisation sans résultat.

En fait, le principal élément de Regimen ne résidait pas dans ces pilules de couleurs différentes, mais dans la littérature qui les accompagnait et qui "recommandait" un régime pauvre en calories et ajoutait simplement: "Il est médicalement reconnu que, pour maigrir, si vous êtes en bonne santé, vous devez réduire votre consommation calorique. Pour peser moins, mangez moins..." Et voilà! Retirez les témoignages de professionnels, retirez les séances de pesée à la télévision, retirez la publicité mensongère et même les petites pilules vertes, roses et jaunes: reste un régime pauvre en calories et bien équilibré, exactement le même régime que vous conseille votre médecin de famille depuis des années et qui est le seul moyen éprouvé de maigrir. Mais Andre avait prévu, avec raison, que des millions d'Américains trop gros liraient le titre en caractère gras des publicités ("*Maigrir sans régime* grâce à un nouveau remède-miracle"), mais ne prêteraient guère attention à ce qui était imprimé en très petit caractère.

Il fallut des années au Service de la Poste et au Bureau d'éthique commerciale pour réduire à néant le programme Regimen, du moins dans ses plus importantes ramifications. Ce n'est qu'en 1964, 6 années complètes après que le Comité fédéral du commerce ait porté plainte contre Regimen pour publicité mensongère, que le gouvernement réussit à chasser John Andreadis du marché des produits amaigrissants. Mais pendant ce temps, les Américains trop gros avaient investi quelque $16 millions dans ce petit régime plein de bon sens et dans ces pilules parfaitement superflues.

Regimen a peut-être été l'affaire la plus audacieuse de tous les temps en matière de vente de remède amaigrissant, mais les "bonbons de régime", plus connus sous le nom de Ayds, furent certainement l'affaire la plus durable. Vendus comme coupe-faim, sous forme de bonbons au goût délicieux, ils furent achetés dans tout le pays pendant presque 40 ans. Pas plus le produit que la méthode de publicité — témoignages d'une page familiers aux lecteurs de la plupart des revues féminines — n'ont beaucoup changé durant ces années, et cela pour une bonne raison. En 1939, année de l'apparition des bonbons Ayds, les ventes atteignirent environ $800 000; elles atteignent actuellement $7 millions l'an et doivent représenter la moitié des ventes des innombrables produits amaigrissants aux États-Unis. La compagnie Campana, qui fabrique les bonbons Ayds, peut être pleinement satisfaite des améliorations apportées à leur composition. Les bonbons — qui ne sont rien d'autre que du dextrose (catégorie de sucre), des sels minéraux et des vitamines — se présentent dans 4 saveurs différentes et se vendent $3.79 pour une quantité qui durera un mois. Quant aux témoignages, où se retrouvent toujours des photographies "avant" et "après", ils ne coûtent que $2.50 chacun à la compagnie Campana.

Ces témoignages vantent les pouvoirs miraculeux des bonbons Ayds par des déclarations de ce type: "Je pesais 148 kg (325 lb) avant de découvrir les bonbons Ayds". Il est indiqué que ces bonbons ne contiennent pas de composantes nocives, de laxatifs ou de stimulants thyroïdiens. Et la campagne publicitaire des bonbons Ayds comporte bien sûr aussi un volet hollywoodien. L'une de ces annonces déclarait:

> Les acteurs de cinéma, aujourd'hui, mangent des bonbons. Oh! pas des bonbons ordinaires, mais des bonbons spéciaux: pauvres en calories et riches en vitamines et sels minéraux. Ce sont les bonbons Ayds. Pris selon les normes prescrites avant les repas, ils diminuent l'appétit de telle sorte que vous mangez automatiquement moins et que vous maigrissez sans effort.

Et si 2 acteurs seulement mangent des bonbons Ayds avant les repas, les statistiques truquées indiquent que les deux tiers des acteurs le font, car, de toute façon, les bonbons Ayds ne sont rien d'autre que des bonbons. Mis au point d'abord pour les diabétiques, ils contiennent moins de dextrose et plus de lait que la plupart des bonbons. Et ils fournissent 25 calories chacun. Leur intérêt réel, lorsqu'on les prend juste avant un repas, est de "stimuler la fonction glycogène du sang, ce qui aide à contrôler l'appétit". Les autorités médicales contestent vivement cette affirmation, en faisant remarquer que l'action réelle des bonbons Ayds sur le taux de sucre dans le sang est trop infime pour être mesurée avec précision et que s'ils ont une quelconque action, elle est purement psychologique. Les bonbons Ayds ne sont efficaces, dans la mesure où cela est possible, que parce que les désespérés du régime veulent absolument croire qu'ils le sont.

Comme John Andreadis, la compagnie Campana vend un petit dépliant avec son produit et, comme pour Regimen, ce dépliant incite vivement l'acheteur à suivre le régime suggéré pour connaître des résultats "encore plus rapides". Le régime conseillé dans ce cas est un régime à 1 400 calories par jour, auquel l'utilisateur des bonbons Ayds ne doit pas oublier de retirer 25 calories pour chacun des 6 "bonbons régime" qu'il consomme chaque jour. Reste donc un régime de 1 250 calories par jour — auquel ne résisterait pas l'obésité la plus chronique.

Depuis 1945, le Comité fédéral du commerce a essayé d'obliger la compagnie Campana à modifier sa campagne publicitaire de manière à mettre davantage l'accent sur ce régime qui faisait partie intégrante du programme Ayds. Le fabricant, comprenant fort bien que la seule réelle différence entre son produit et d'autres bonbons était que les bonbons Ayds étaient vendus presque exclusivement aux gens qui n'en consommaient plus aucun autre — vit immédiatement que cette attaque mettait les bonbons Ayds en péril. Il alla donc en procès. Au grand étonnement du gouvernement et au plus grand plaisir du fabricant, le tribunal décida que le fait de manger des bonbons avant un repas — apparemment n'importe quel bonbon, pas seulement les bonbons Ayds — agissait suffisamment pour modifier l'appétit et faire maigrir, ce qui signifiait que l'on pouvait continuer à conseiller les bonbons Ayds comme remède thérapeutique à l'obésité.

Ce jugement du tribunal provoqua une situation désastreuse dans les sections gouvernementales chargées de rédiger et de faire appliquer la législation contre les maniaques de régimes et les charlatans. C'est une des raisons fondamentales pour lesquelles l'on mit tant de temps à mettre fin aux divagations de John Andre. Contrairement aux fabricants de véritables médicaments, les vendeurs de remèdes pour maigrir ne se trouvaient pas dans l'obligation de prouver que leurs produits étaient sains et efficaces; la preuve en revenait au gouvernement qui se trouvait en difficulté pour surveiller ce marché toujours croissant de nouveaux "remèdes merveilleux", vieux remèdes merveilleux aux nouvelles étiquettes, remèdes reconnus encore plus anciens, mais utilisés comme cure de nouveaux maux, etc.

Il fallut des années, par exemple, au Service de la Poste pour interrompre la production et la distribution de Enerjol, comprimés composés de gelée royale (substance produite par les abeilles travailleuses pour nourrir leur reine), de vitamines, de fer et d'extrait d'huître. (Les Laboratoires Owen, fabricants de Enerjol, déclaraient que leur produit guérissait l'impuissance, redonnait leur "jeunesse" aux femmes après la ménopause, guérissait la maladie de Parkinson ainsi que différents légers troubles cardiaques, arrêtait la calvitie et traitait les baisses de tension et la nervosité). Plusieurs années plus tard, le département de l'Alimentation et des Médicaments découvrit encore mieux: les Algues marines pures du Pacifique, comprimés qui, selon le fabricant, prévenaient la tuberculose et raffermissaient les os tout en faisant maigrir le patient. Les déclarations — mais non le produit — furent interdites. Mais les algues, sous différentes formes, restèrent dans les magasins diététiques où elles sont toujours conseillées comme panacée.

S'est établi de la même façon — combinaison de régime pauvre en calories apparemment équilibré par un placebo habilement vanté, mais sans valeur nutritive — le traitement aux hormones conseillé à la fin des années 50 par le docteur A.T.W. Simeons, endocrinologue anglais d'origine, praticien à l'Hôpital international Salvator Mundi, à Rome. Ce traitement amaigrissant se distinguait des précédents uniquement par son prix élevé — jusqu'à $500 pour une série d'injections — et par la sévérité du régime qui l'accompagnait.

Simeons proposait à ses patients l'avis réconfortant et familier aux victimes du régime à l'huile de carthame de Taller: "les calories ne comptent pas", puis il les soumettait à un régime voisin du jeûne total s'établissant à un maximum de 500 calories par jour. Il les rassurait en leur disant que "l'obésité est un désordre du métabolisme très précis", "qu'un régime en soi" était désapprouvé par toutes les autorités reconnues en matière d'obésité et qu'il savait apprécier à sa juste valeur l'immense désir des obèses d'être pardonnés du péché de gourmandise. (Pendant longtemps, l'argument fondamental des vendeurs de remèdes amaigrissants fut de chercher un coupable au problème de l'obésité. Les glandes, une déficience thyroïdienne, un déséquilibre des sels minéraux, une carence en vitamines, une irrégularité hormonale, tout sauf la vérité: une suralimentation.) Et, pour finir, Simeons promettait des résultats: "En quelques jours, l'excès d'appétit dont souffrent les individus trop gros disparaît, puisque leur sang est alors nourri à satiété de façon permanente" — sans doute grâce aux injections d'hormones...

Comme nous le savons déjà, la perte d'appétit promise par Simeons était provoquée par la cétose provenant de son régime de type Banting et la perte de poids qui s'ensuivait était due à l'important déficit calorique imposé aux patients. Les injections elles-mêmes, dérivés de gonadotropine chorionique (HGC), hormone produite dans le placenta durant la grossesse et utilisée depuis les années 40 pour soigner les jeunes garçons dont les testicules ne sont pas descendus dans le scrotum, n'ont pas de vertu thérapeutique prouvée en ce qui concerne le traitement contre l'obésité. Mais le prix excessivement élevé des traitements a pu jouer un rôle déterminant dans la popularité du régime de Simeons.

Les déclarations de Simeons sur son traitement étaient aussi encourageantes que suspectes. Il annonçait des résultats impressionnants parce qu'il éliminait de son programme — et donc de ses statistiques — tous les patients qui ne réussissaient pas à adopter son régime voisin du jeûne total. Il affirmait que ses patients pouvaient perdre jusqu'à 500 g (1 lb) chaque jour, sans problème, ce que le *Journal de l'Association médicale américaine* contredit vivement: "Il est potentiellement plus dangereux pour la santé d'un individu de suivre un régime aussi draconien que d'être un obèse permanent". Simeons affirmait également qu'il était possible, grâce à ce régime, de réduire le tour de hanches d'une femme de 26 cm (10 po) au moins, sans altérer l'harmonie de sa silhouette. Et il s'appuyait sur cette absurdité pour ajouter cette remarque incroyable: "c'est toujours et seulement la mauvaise graisse qui s'en va".

Les autorités médicales ne se sont pas occupées des déclarations absurdes de Simeons, mais procédèrent à des études pour vérifier les qualités du HGC. L'une des meilleures fut effectuée par le docteur Barry W. Frank, en 1964, 7 ans après l'apparition du régime de Simeons, à Rome. En utilisant 48 volontaires dans une expérience "en double-aveugle", de telle sorte que le docteur Frank lui-même ne savait pas quel patient recevait du HGC ou du placebo, il découvrit que les 2 groupes perdaient presque exactement le même poids. S'appuyant sur ce genre d'études, l'Association médicale américaine déclara que son département de médicaments "n'avait pas trouvé d'évidence scientifique, à partir d'expériences effectuées sous contrôle, pour justifier l'utilisation de gonadotropine chorionique dans le traitement de l'obésité". "On manque de preuves, dit le docteur Gastineau, pour démontrer que ce genre de traitement est efficace sans restriction calorique et l'adoption d'un régime".

La "solution" la plus récente au casse-tête de l'obésité est connue sous le nom de "traitement anticellulite". Comme le traitement HGC de Simeons, il s'agit d'une importation française cette fois plutôt qu'anglo-italienne — ce qui donne une certaine autorité au programme. Car l'une des croyances les plus enracinées concernant la santé et la beauté, du moins chez les Américains, est que les Européens connaissent mieux que nous la médecine préventive et la préservation de la beauté. Pour quelle raison? Les analystes sont incapables de l'expliquer. Comme ils ne peuvent davantage expliquer pourquoi la présence de jus de citron dans la plupart des produits pour la peau ou les cheveux fait augmenter notablement les ventes des produits en question. Aucune des deux attitudes n'est rationnelle et, par conséquent, aucune preuve ne parviendra à faire changer d'idée les Américains. Pour eux, les programmes diététiques et les produits de beauté européens sont infiniment supérieurs à tous les autres.

Le traitement anticellulite a bénéficié d'un préjugé favorable quand il apparut pour la première fois aux États-Unis, en 1972. Le fait qu'il combinait l'essentiel des techniques de promotion de John Andre et les discours à résonnance professionnelle de A.T.W. Simeons lui permit d'éviter les excès de chacun. Le terme "cellulite", néologisme français, définit une espèce de gaufrage inesthétique, de "fossettes" de graisse apparaissant le plus souvent sur les fesses et les cuisses des femmes grosses et d'un certain âge. En fait, ce phénomène est le résultat d'un vieillissement plus que d'un laisser-aller. Il se produit lorsque le tissu conjonctif sous-cutané, en forme de structure alvéolée entourant les cellules graisseuses, commence à perdre de son élasticité et rétrécit. Lorsque ce phénomène survient, la peau qui recouvre ce tissu se contracte également.

On a souvent dit que ces poches de graisse étaient les premières à emmagasiner l'excès de calories et les dernières à les perdre, c'est trop souvent exact. D'une part, parce que les calories en trop sont stockées en priorité dans le tissu adipeux, ce qui veut dire que les résultats d'une suralimentation systématique — ou même de repas trop riches — se traduiront par des hanches et des joues plus rondes. D'autre part, parce que les régimes les plus populaires et tous les "régime-express" provoquent une perte d'eau et de tissu musculaire — mais pas une perte de graisse. Comme nous l'avons déjà remarqué, ce n'est qu'en adoptant un régime équilibré et pauvre en calories que l'individu trop gros peut réduire ces masses de graisse récalcitrantes.

Mais les promoteurs du traitement anticellulite préfèrent que vous pensiez différemment: une cure complète — machines à ionisation, paraffine, massages à air, massages en profondeur ou encore séries de 10 injections d'"enzymes diffuseurs de cellulite" — coûte $550. Le nom de l'enzyme indiqué par ses vendeurs est la thiomucase. Il n'est pas répertorié dans les fichiers du département de l'Alimentation et des Médicaments, ni approuvé par ce département ou quelque autre organisme officiel. S'il s'agit effectivement d'un enzyme, il ne présente évidemment pas de danger puisqu'aucun rapport défavorable n'a été déposé à son sujet.

Mais son efficacité dans le cas de l'obésité n'est pas plus évidente que celle du placebo déjà utilisé dans les bonbons Ayds, du HGC ou d'autres supposés remèdes amaigrissants. Un véritable enzyme provoque bien sûr une "diffusion" du tissu dans la région de l'injection, mais du tissu conjonctif et non de la graisse qu'il contient car alors une cavité se creuserait au lieu de l'injection. C'est d'ailleurs, selon les médecins, le véritable danger d'une éventuelle réaction allergique à ce type d'enzyme.

Ces mêmes experts ont aussi bien peu à dire à propos de cet "appareil à supprimer la cellulite" qui ressemble étrangement à l'appareil Diapulse, vendu pour la première fois dans les années 50 comme moyen de thérapie utilisant des ondes courtes pour "traiter" une grande variété de troubles, dont l'obésité. Depuis janvier 1974, le département de l'Alimentation et des Médicaments a limité la vente du Diapulse, à cause de son inefficacité et de son appellation mensongère. Reste à savoir si l'appareil occupera un nouveau marché, sous une toute nouvelle version, mais l'on peut déjà le prévoir. Des systèmes de "réduction locale de poids", analogues à ceux du Diapulse, circulent sur le marché depuis des dizaines d'années. Ils fonctionnent tous d'après le principe physiologique qui veut qu'un courant à basse tension, traversant le corps au moyen d'électrodes, provoque des contractions musculaires involontaires qui tonifient tout en faisant disparaître le tissu adipeux. Mais tous les membres du corps médical déclarent unanimement que seul l'exercice physique tonifie les muscles relâchés et que seul un régime alimentaire fait disparaître la graisse.

De tous ces traitements anticellulite, on peut au moins dire qu'ils ne font pas souffrir. Pour les applications de paraffine, par exemple, on enveloppe étroitement les hanches dans de la toile à beurre enduite de paraffine, estimant que le bandage et la chaleur provoquent une transpiration abondante — ce qui est vrai — et que cela entraînera la disparition des "globules graisseux" de cellulite — ce qui est faux. Un des résultats, dans certains cas, est l'aggravation de l'état d'un système circulatoire déjà mal en point. Les massages à air, effectués essentiellement pour les mêmes raisons, peuvent s'avérer encore plus dangereux. Censés faire disparaître la graisse sous-cutanée, ils font souvent éclater les vaisseaux sanguins apparents, provoquant des hématomes et de petites hémorragies. D'ailleurs, si le massage était d'une quelconque efficacité pour faire disparaître le tissu adipeux des hanches, des fesses et des cuisses, nous aurions tous des cuisses minces et des fesses parfaites — aucune région du corps n'étant plus massée que ces zones, car la plupart des Occidentaux sédentaires passent beaucoup de temps assis.

Mais il ne faut pas négliger de souligner que tout traitement anticellulite comprend un régime sans hydrates de carbone qui provoque une cétose et accélère la déshydratation. Soumis à un tel régime, bien sûr, les victimes de la cellulite (car c'est ainsi qu'on leur a appris à nommer leur excès de poids) perdent du poids de façon uniforme — tant au niveau de leurs seins dont elles sont fières que de leurs hanches qu'elles détestent. Et c'est ainsi qu'en payant cher, en souffrant un peu et en courant quelques risques, ces personnes ne font rien d'autre que suivre, sans le savoir, un régime de type Banting camouflé sous une panoplie d'appareils sophistiqués.

Mais comme les autres, ce traitement, lorsqu'on l'interrompt, n'apparaît pas comme la solution au casse-tête de l'obésité, pas plus que la paraffine, les injections, le Diapulse et les massages à air. En effet, comme le fait constamment remarquer l'Association médicale américaine, il n'existe pas de remède sans prescription médicale qui puisse guérir l'obésité exogène — ni les pilules de Regimen, ni les bonbons Ayds, ni le HGC, ni "les enzymes diffuseurs de cellulite". "Ne gaspillez pas votre argent pour des caramels, du chewing-gum ou des cigarettes médicamentées, ni pour des régimes draconiens, des stimulants ou n'importe quelle autre de ces innombrables absurdités", prévient cette association, mais des millions d'Américains n'y prêtent pas oreille. Écoutant le vendeur tonitruant ses promesses, ils préfèrent ignorer les conseils sérieux, mais contraignants, du corps médical.

En déclarant que les innombrables remèdes actuellement vendus pour maigrir étaient sans effet contre l'obésité, l'Association médicale américaine n'avait pas interdit les médicaments vendus *sous prescription*. C'est pourquoi, vers le début des années 1960, il sembla que l'on ait trouvé une solution au casse-tête *en ajoutant* au régime des éléments afin d'obtenir une perte de poids. Pendant des générations, la seule prescription pour maigrir était de manger moins, mais cela se passait avant l'apparition de la "pilule amaigrissante". Des diététiciens et des nutritionnistes aussi éminents que Fredrick Stare de Harvard ont qualifié ces pilules de "charlatanisme du XXe siècle". Ce fut un marché en or qu'un nouveau genre d'individus se mit à exploiter. Exploiter est bien le mot, car nombre de ces "docteurs-minceur" les ont distribuées chaque jour, sans le moindre examen médical, à des quantités de patients trop gros.

En général, ces médecins prescrivent un amalgame de médicaments, ce qu'on a appelé "la gamme complète". (John Andre sut d'ailleurs saisir l'intérêt de cette pratique lorsqu'il lança Regimen. "Les médecins savent ce qui est bon pour vous" déclarait l'annonce. "Ils connaissent tout de la façon de maigrir, de la manière scientifique de s'attaquer aux kilos en trop. Ils prescrivent en général — non pas un seul — mais une combinaison de médicaments, ce qui est le cas de Regimen...".). Mais depuis quelques années, on discute vivement de l'intérêt de cette combinaison médicamenteuse, non seulement parmi les membres du corps médical, mais aussi parmi les membres du Congrès, lors des débats sur l'industrie des pilules amaigrissantes.

La gamme habituelle de ces pilules diffère d'un fabricant à l'autre et le dosage, d'un médecin à l'autre, mais le mélange de base est toujours le même. Il s'agit d'une catégorie d'amphétamines, médicament puissant utilisé dans les années 30 pour traiter certains troubles psychologiques, notamment les dépressions aiguës. Ayant remarqué que ce médicament avait également un effet anorexique puissant, des membres du corps médical le prescrivirent à leurs patients psychologiquement sains, mais trop gros. Ils s'aperçurent très vite que les amphétamines seules provoquaient des effets secondaires très peu souhaitables chez leurs patients obèses. La plupart devenaient agités, surexcitables et très nerveux; quelques-uns souffraient d'illusions paranoïdes et d'hallucinations.

Afin d'améliorer ce traitement, des chimistes ajoutèrent à ces pilules du phenobarbital, ce qui réduisit, sans la supprimer complètement, l'agitation causée par les amphétamines. Il sembla évident que la médecine avait découvert dans les amphétamines l'anorexique puissant que l'on cherchait depuis longtemps, un élixir magique qui agissait sur le centre de la satiété sis dans l'hypothalamus et qui provoquait une impression artificielle de satiété en l'absence même de nourriture. Mais il apparut évident que les effets des amphétamines étaient presque impossibles à contrôler. L'appétit se trouvait supprimé, mais des troubles tant vasculaires que gastro-intestinaux apparaissaient ainsi que de l'insomnie, des nausées et de l'hypertension artérielle.

Aux yeux de nombreux membres du corps médical, ces effets secondaires néfastes semblaient un prix trop élevé pour un amaigrissement rapide, quel qu'il soit. Ils prévenaient donc du danger que constituaient ces pilules. Il s'agit d'"un traitement truqué". C'est ainsi que s'exprimait à ce sujet le docteur Hilde Bruch de l'université Baylor, en faisant observer qu'elle avait soigné de nombreux cas de psychoses découlant d'un usage immodéré de ces pilules amaigrissantes. De surcroît, comme devaient rapidement le prouver ce médecin ainsi que d'autres, ces pilules étaient sans efficacité à long terme. Elles créaient une accoutumance, sans être d'une véritable utilité. Pour des raisons mal définies, elles perdaient leur efficacité après 6 à 8 semaines. Il en résultait une dépendance et le poids perdu était inexorablement repris.

Dans le but d'assurer pour une plus longue période l'efficacité de ce traitement, il s'avéra nécessaire de réduire la teneur en amphétamines et de la remplacer par un autre élément. On y ajouta notamment une hormone thyroïdienne pour activer le métabolisme, de la digitaline, stimulant cardiaque, pour une raison médicale inconnue et un diurétique pour provoquer une perte rapide d'eau. Mais selon la plupart des experts, la thyroïde ne joue absolument aucun rôle dans un régime amaigrissant. (Sauf en cas de myxoedème, mais ce trouble exceptionnel de la thyroïde exige un traitement à vie, que le patient souffre ou non d'excès de poids). La plupart des obèses sont déjà hyperthyroïdiens par rapport à des individus de poids normal du même âge, du même sexe et de la même taille, de sorte que prescrire de la thyroxine aux obèses est inutile. De plus, une consommation supérieure à la normale d'hormone thyroïdienne peut provoquer des lésions graves du tissu musculaire. Dans certains cas, il peut s'ensuivre une aggravation de certains types de maladie cardiaque et, dans *tous* les cas, un excès de cette hormone occasionne de la nervosité, une accélération des battements du coeur et une accentuation anormale du métabolisme de base. Elle ne peut en aucun cas être conseillée pour perdre du poids.

Jean Mayer note que la digitaline de ces pilules "n'est d'aucune valeur" et qu'il est évident que cette composante est nuisible à la santé et au bien-être d'un individu trop gros. La digitaline est habituellement prescrite comme stimulant cardiaque aux patients atteints de certaines maladies cardio-vasculaires. L'un de ses effets est une sensation de légère nausée et c'est cette réaction que les fabricants ont retenue, car la nausée, même légère, coupe naturellement l'appétit.

Dans ces pilules, ce n'est pas chaque composante en elle-même qui est réellement dangereuse pour la santé, mais la combinaison de diverses composantes. L'hormone thyroïdienne peut exciter le muscle cardiaque; associée à des diurétiques, elle provoque un affaissement du taux de potassium, ce qui fait courir au patient des risques potentiellement mortels, comme nous l'avons déjà vu à propos du "régime d'épargne de protéines". Si l'on y ajoute la digitaline, autre agression contre le coeur, l'éventualité d'une arythmie cardiaque devient plus que probable.

Mais alors, pourquoi les patients se pressent-ils en foule dans les salles d'attente de ces docteurs-minceur dont beaucoup se sont trouvés tellement dépassés par le succès "à guichets fermés" de ces pilules amaigrissantes qu'ils ont dû confier à de jeunes confrères une partie de leur clientèle? Parce que, comme les régimes de type Banting, cette méthode d'amaigrissement est efficace, même si elle n'agit que temporairement. Elle est efficace pour une partie de la population et pour un certain temps. Un tiers environ des individus jeunes qui essaient ces pilules y réagissent très bien. Un autre tiers ressent une réelle perte d'appétit, mais se révèle incapable, d'après les tests, de distinguer ces pilules d'un placebo — preuve évidente que l'autosuggestion joue un grand rôle. Le dernier tiers ne réagit absolument à rien. Et il est remarquable que ceux qui réagissent bien sont en général jeunes et modérément gros — c'est-à-dire qu'il s'agit des mêmes individus qui obtiennent des résultats, peu importe le type de régime.

Ce que l'on peut souvent constater lorsqu'on établit la liste des mérites de n'importe quel nouvel anorexique — qu'il s'agisse de gonadotropine chorionique ou d'amphétamines — c'est que la plupart des gens trop gros perdent en général du poids en suivant *n'importe quel* nouveau régime ou encore durant les premières semaines de traitement sous la surveillance d'un nouveau médecin. Cela dit, l'efficacité de ces pilules amaigrissantes ne peut être entièrement niée. Citons le cas d'une jeune femme de Boston qui réussit à perdre plus de 23 kg (50 lb) en absorbant 13 pilules chaque jour! Mais elle reprit plus tard ces 23 kg (50 lb) — et même 9 kg (20 lb) de plus que son poids initial. Cet exemple démontre malheureusement qu'aucun régime n'insiste assez sur une restructuration des habitudes alimentaires et une rééducation réelle en ce qui concerne la nutrition.

Comme le dit un des nutritionnistes les plus renommés: "Suivre un régime n'est pas une question de médicaments; c'est une question de volonté et la volonté n'existe pas encore sous forme de comprimé." En attendant ce comprimé miracle, en attendant que quelqu'un parvienne à offrir une solution efficace et sans effort au casse-tête de l'obésité, il existera toujours un marché pour les caramels "médicamentés", les régimes draconiens, les injections d'hormones et les pilules, bien sûr, toujours les pilules. "Tout se passe dans ma tête" déclarait un utilisateur habituel de pilules amaigrissantes qui ajoutait assez tristement: "Je sais qu'à l'instant où j'arrête d'avaler mes pilules, je reprends chaque gramme perdu". Il doit pourtant bien exister un autre moyen.

Chapitre V

Vitamines et succédanés

Eh! attendez un peu, s'écrièrent les Huîtres, Avant que d'engager la conversation, Car plusieurs d'entre nous semblent tout essoufflées, Et nous sommes si grasses!

Lewis Carroll
Tout Alice,
traduction de Henri Parisot

Il est évident que quelque chose ne va pas dans nos habitudes alimentaires; il suffit de regarder autour de nous. Quelque 79 millions d'Américains sont trop gros et 98% d'entre eux souffrent de caries dentaires. Selon les statistiques, les Américains dépensent annuellement la somme de $30 milliards en soins pour lutter contre des maladies causées par une mauvaise nutrition. George Briggs, expert en nutrition de l'université de Berkeley, en Californie, estime que plus du tiers des maladies chroniques, responsables de 83% des décès chez les hommes adultes, sont reliées à des diètes. Ces statistiques sont inquiétantes et une action médicale s'impose, car l'avenir paraît très sombre. Dans le meilleur des cas, il sera très difficile de réussir à convaincre les Américains, comme d'ailleurs les autres Occidentaux, de se donner volontairement un régime alimentaire raisonnable. Ils sont tellement gourmands et insouciants... D'autre part, on n'y parviendra pas avant que les experts ne se soient mis d'accord pour établir un régime précis. Tous ces régimes successifs que nous avons étudiés constituent une tragédie où un seul héros affronte des milliers de traîtres. Le plus récent de ces régimes, reconnu à la fois par des nutritionnistes qualifiés et de soi-disant "autorités" en la matière, comportait du sucre raffiné (trop), des fibres (trop peu), des graisses saturées (en excès), des sels minéraux (en quantité insuffisante), du cholestérol (trop) et des vitamines (trop peu). Et il se peut très bien que les experts, les véritables comme les faux, aient raison, mais pas forcément pour les mêmes motifs. En ce qui nous concerne, il s'agit d'un régime du "trop" et du "trop peu", suivi au hasard par des usagers ignorants dont les seules notions en matière d'amaigrissement se limitent à engloutir un faux-filet de 1 200 calories, mais à renoncer à 150 calories de pommes de terre bouillies. Surtout, ce régime est déficient en fruits frais et secs, en légumes et en céréales entières. Malgré les déclarations des charlatans de la diététique, on doit reconnaître que ce régime est ridiculement renforcé par des sels minéraux essentiels et des vitamines. À certains égards, c'est le régime le plus nourrissant qu'on ait jamais suggéré; par ailleurs, ce régime est le plus nocif, car il encourage une alimentation qui peut nuire gravement à la santé de l'individu.

Considérons d'abord le sucre, principal traître de la tragédie, un des éléments les plus nutritifs et les plus souvent cités. La consommation individuelle de sucre a constamment augmenté depuis qu'on s'est mis à compiler des statistiques (40% en 70 ans). Le plus inquiétant, d'après les nutritionnistes, est que cette croissance est exponentielle. En 4 ans, vers les années 1960, par exemple, la quantité de sucre ajoutée aux aliments industriels a augmenté de 50%. Il est très surprenant de trouver de grandes quantités de sucre raffiné dans les fruits en conserve, qui étaient jusqu'alors conservés dans un léger sirop, ou encore dans la préparation des fruits congelés. Et il est encore plus troublant de découvrir que le sucre est la principale composante de différents produits comme les céréales ou les vinaigrettes, le ketchup, le beurre d'arachides, le salami et le maïs en conserve. D'une façon ou d'une autre, chaque Américain consomme 1 kg (2 ½ lb) de sucre chaque semaine. Et comme chaque demi-kilo de sucre contient 1 800 calories sans réelle valeur nutritive, environ un quart de notre consommation totale de calories est sans valeur nutritive. Notre goût pour le sucré, cultivé par un excès de divers aliments tout-prêts et saturés en sucre, est encouragé également par les quelque 5 000 messages publicitaires télévisés qu'un enfant américain subit annuellement. Le résultat est une lourde facture de soins dentaires de $5 milliards annuellement. (Notons à ce sujet que près de 20 millions d'Américains perdent la moitié de leurs dents par suite d'une trop grande consommation de sucre raffiné.) Il n'est donc pas vraiment étonnant de constater que le sucre raffiné est le grand responsable de la catastrophe nutritionnelle car, comme le fait remarquer Jean Mayer, le sucre est sans réelle valeur dans un régime alimentaire si ce n'est pour nous rendre plus agréables certains aliments.

La croyance populaire voulant qu'une trop forte consommation de sucre constitue un grave danger pour la santé, plus particulièrement pour la santé des obèses, a suscité le développement de milliers de produits alimentaires sans sucre, depuis des chocolats à faible teneur en calories aux pâtes de guimauve diététiques, fabriqués et vendus pour la plupart par ces mêmes compagnies qui ont précédemment implanté les aliments et les boissons saturés en sucre. James Goddard, ancien commissaire au département de l'Alimentation et des Médicaments, a estimé que les Américains gaspillent $500 millions l'an en vitamines et en aliments diététiques dont ils n'ont pas besoin. Combien devrait-on ajouter à cette somme si on incluait les aliments sans sucre? Cela dépasse sans doute tout ce qu'on peut imaginer et s'avère sûrement déprimant à envisager, surtout quand on considère que de saines habitudes alimentaires éviteraient ce gaspillage. Hilde Bruch condamne l'énorme ingestion d'aliments sans sucre qu'elle qualifie "d'ascétisme truqué": compensation d'une consommation d'aliments riches en sucre par une consommation d'aliments qui n'ont que le "goût" sucré des premiers.

Analysons le fin repas français d'un homme trop gros, terminé par un café noir sucré avec de la saccharine et nous comprendrons ce dont parle le Docteur Bruch: escargots, veau Orloff, timbale d'épinards, salade de foie gras, mousse au chocolat, soit 3 800 calories, mais un café sans calorie... On comprend donc pourquoi les aliments sans sucre et les sucrants artificiels ne disparaîtront pas demain: ils permettent aux individus incapables de suivre correctement un régime de diminuer légèrement leur absorption de calories tout en continuant à satisfaire leur envie de sucre qui n'est souvent qu'une manie. En fait, une consommation régulière de boissons artificiellement sucrées peut réellement inciter à désirer davantage de sucre en provoquant une accoutumance à de trop fortes quantités de "sucre artificiel". Par ailleurs, l'apparition d'aliments et de boissons sans sucre n'a pas eu de conséquences sur la consommation individuelle de sucre raffiné; la multiplicité de ces produits a simplement permis de ne plus s'inquiéter des quantités de sucreries consommées.

La meilleure illustration de ce boom de la production d'aliments sans sucre nous est offerte par la croissance du marché des boissons diététiques. En 1962, un an avant que les gros fabricants s'emparent du marché, les compagnies qui fabriquaient des boissons sans sucre, en particulier un ersatz de ginger ale, réalisaient un chiffre d'affaires de $21 millions, croissance impressionnante de $6 million en 6 ans. Deux ans plus tard, les fabricants de boissons diététiques enregistraient un chiffre d'affaires de $200 millions soit *10 fois* plus. Le coût des campagnes de promotion avait été gigantesque — Coca-Cola dépensa $1 million dans la seule ville de New York pour lancer Tab (Coca-Cola diététique, sans sucre). Les boissons diététiques comptent maintenant pour la moitié des ventes de boissons sans alcool et la vente de bière à faible teneur en calories progresse constamment sur le marché. Les buveurs de bière font d'ailleurs remarquer que, puisque cette bière contient seulement deux tiers des calories qu'on retrouve dans les bières habituelles, on peut en boire davantage!

Il est inévitable que cette percée des aliments diététiques sur le marché soit génératrice d'excès: on pourrait ainsi imaginer un pain de régime contenant moins de calories par tranche que le pain ordinaire parce que ses tranches seraient plus minces. Qu'on songe à la publicité des arachides grillées pauvres en calories — ce qui était vrai, bien sûr, mais uniquement en raison du procédé de préparation, car évidemment les arachides comptent parmi les aliments les plus riches en calories. Et les New-Yorkais se souviennent du scandale du Skinny Shake (lait battu écrémé), en 1968. Des secrétaires du centre-ville surveillant leur ligne et accompagnées de leurs directeurs généreusement empâtés, déjeunèrent tout le printemps d'un lait battu qui contenait — pensaient-elles — seulement 88 calories. En fait, il en contenait 377, environ 100 de moins que la normale, parce qu'il était fait de "lait écrémé diététique à 88 calories". C'est ce que le vendeur affirmait avoir dit depuis le début. On ne pouvait lui reprocher que des milliers de consommateurs enthousiasmés n'aient pas lu l'étiquette.

Actuellement, dans leur recherche d'une solution au casse-tête de l'obésité les chercheurs tournent en rond. Ils ont essayé sans grand succès de faire maigrir *en supprimant* des aliments; ils ont essayé, sans plus de succès, de réduire le tissu adipeux *en ajoutant* un élément au régime alimentaire; ils reviennent maintenant à l'idée de suppression. Mais, cette fois, ils tentent de retirer de l'aliment sa valeur nutritive plutôt que de supprimer l'aliment lui-même. Mais solutions simples et réponses élégantes s'avèrent inefficaces. Qu'arrive-t-il lorsque l'on nourrit des rats de laboratoire avec de la cellulose qui ne contient pas de calories, mais une quantité de fibres considérable? Et bien les rats sont rassasiés, non pas quand leur estomac est plein à éclater de cellulose, mais quand ils ont suffisamment mangé pour satisfaire leur besoin quotidien en calories, même si cela les oblige à manger pratiquement sans interruption. La solution au casse-tête de l'obésité reste donc à découvrir.

Une simple constatation démontra rapidement l'impossibilité d'utiliser la cellulose comme aliment bourratif sans calories. Il était facile d'obtenir une bouillie blanche de cellulose faite de poudre et d'eau, mélange que les rats acceptaient facilement de manger. Mais il s'avéra impossible de donner à cette bouillie un goût qui plaise au palais humain. L'apparence constituait déjà un problème, mais le goût s'avérait presque toujours un obstacle. Il était possible de fabriquer du beurre synthétique à partir de ce mélange qui ressemblait pourtant à du beurre. Mais on ne pouvait le faire cuire comme du beurre et il était évidemment peu agréable au goût puisqu'il se composait de 5% de poudre de cellulose et de 95% d'eau. Ce qui n'arrangeait pas les choses, c'était que le prix de revient de ce succédané solide était élevé — 55 cents le demi-kilo au lieu de 7 cents pour des aliments naturels — d'autant qu'il séjournait très peu de temps dans l'estomac. Si peu, en fait, qu'il était impossible de dire si ce succédané diminuait les crampes d'estomac et les tiraillements de la faim. Les chercheurs durent en conclure qu'ils devaient chercher une autre solution.

La recherche fixa bientôt son intérêt sur les graisses saturées et, plus précisément, sur le cholestérol. Il y avait plusieurs raisons à cela, sans compter cette évidence que la graisse absorbée s'accumule dans le corps. La première et certainement la plus importante est que le cholestérol est lié à l'accroissement important des cas d'artériosclérose et de maladies coronariennes. À l'appui de ces observations, Ancel Keys, physiologiste de l'université du Minnesota qui a mis au point les rations K (pour Keys) pendant la Seconde Guerre mondiale, citait les statistiques d'une étude sur des Japonais dans leur pays d'origine, sur des Japonais résidant dans les îles Hawaï et sur une seconde génération de Japonais vivant sur la Côte Ouest des États-Unis. Le premier groupe, avait noté Keys, tirait seulement 13% de ses calories de graisses saturées; le deuxième groupe, 32%; le troisième, 45%. Et, comme le découvrit Keys, leur taux de cholestérol s'accroissait proportionnellement à la quantité de graisses saturées absorbée. Le nombre de maladies coronariennes ne suivait pas la même courbe, mais cela n'empêcha pas Keys, ennemi acharné du cholestérol, de lancer une campagne contre cette substance grasse et jaune que l'on trouve dans le système cardio-vasculaire de tant d'hommes souffrant de graves problèmes coronariens.

Le cholestérol est un lipide ou "graisse saturée", terme chimique faisant référence à la proportion d'hydrogène présente dans un élément composé; on le trouve dans chaque cellule, mais plus particulièrement dans le foie et le cerveau. C'est la composante principale des hormones adrénocorticales et il est si vital que certains tissus réussissent à le synthétiser à partir d'acétates et de phosphates. En fait, 60% du cholestérol alimentaire proviennent des jaunes d'oeufs, ce qui offre une solution extraordinairement simple, tant au problème de l'obésité qu'à celui des maladies coronariennes — si, bien sûr, un surcroît de cholestérol dans le sang est à l'origine de ces problèmes. Éliminons les oeufs et l'on résout plus de la moitié du problème: c'est exactement ce que propose Keys. "Les gens doivent connaître la vérité", dit-il. "Puis, s'ils persistent à s'autodétruire, laissons-les faire."

Mais en agissant ainsi, Keys et ceux qui, comme lui, préconisaient une forte diminution du taux de cholestérol, ne réussirent qu'à effrayer le public, davantage que n'y étaient jamais parvenu ceux qui luttaient contre "la manie du sucré" des Occidentaux. En un an, la consommation de produits laitiers chuta de 13,5 millions de tonnes (3 milliards de livres). L'industrie des produits laitiers ne se tira pas d'affaire en déclarant qu'il était bon de consommer des graisses saturées, même pour les individus trop gros. Des études furent effectuées sur des rats et montrèrent qu'un régime alimentaire contenant de 20 à 40% de graisses avait une très grande valeur nutritive, mais ce fut sans effet. On attira l'attention du public sur le fait que les graisses sont une source essentielle d'acides gras et, sous certaines conditions, de vitamines lipo-solubles. On mentionna également que les graisses contribuent notablement à donner de la saveur à tout régime alimentaire. Tous ces efforts se révélèrent inutiles. Les détracteurs des aliments riches en cholestérol incitaient vivement les Américains à abandonner les graisses animales saturées en faveur d'huiles végétales poly-insaturées. Les cultivateurs de céréales en tirèrent avantage, au détriment des industries de produits laitiers et de volailles.

Selon les différentes études effectuées, cet avis sur le cholestérol était plus ou moins fondé. Un certain nombre d'adversaires de Keys émirent l'opinion qu'il était possible de trouver "une relation tout aussi intéressante, même plus", entre les maladies coronariennes et le brouillard. Des personnes aussi éminentes que Jean Mayer étaient d'avis que de nombreux autres facteurs, mis à part le cholestérol, jouaient un rôle dans l'artériosclérose. Notamment l'anxiété et l'inactivité physique.

Il doit d'ailleurs exister d'autres facteurs, selon les experts, car on ne peut dire que c'est le manque d'exercice ou l'anxiété qui provoque chez les Finnois vivant dans la merveilleuse région de Karélie du Nord, en Finlande, près de l'Union Soviétique, 2 fois plus de crises cardiaques que chez les habitants de Helsinki — la capitale — et 10 fois plus qu'à Sofia, en Bulgarie, où se retrouve le taux le plus bas de maladies coronariennes de toutes les grandes villes du monde. On peut expliquer ce taux effarant de cas mortels en Karélie du Nord par la combinaison de plusieurs facteurs: un régime alimentaire riche en cholestérol, en graisses saturées, en protéines et en produits laitiers. Les femmes font frire la plupart des aliments dans du beurre et ajoutent du saindoux sur le pain. Hommes et femmes fument beaucoup. La consommation de légumes est insuffisante. Tous ces facteurs permettent difficilement de déclarer que seul un excès de cholestérol contitue le principal agent des maladies coronariennes dans cette région — ou évidemment dans toute autre région.

La publicité soutint Keys et ses confrères, en 1957, par opportunisme, bien sûr. Les chevaliers de la croisade contre le cholestérol étaient ravis d'avoir captivé l'attention nationale par leur campagne et de constater l'inquiétude qu'elle provoquait. De leur côté, les publicitaires se félicitaient de pouvoir exploiter la "frayeur nationale à l'égard du cholestérol", les graisses insaturées et enfin les succédanés du cholestérol. Parmi ces ersatz, l'oeuf sans jaune était parfait: la couleur, la consistance lorsqu'on en faisait des oeufs brouillés, même l'apparence. Le seul problème était que le goût de ce produit n'avait pas grand chose à voir avec de véritables oeufs brouillés. Et, à la différence des oeufs qui ne contiennent que du blanc et du jaune, ces oeufs sans jaune contenaient de l'huile végétale, du lait en poudre écrémé, plusieurs émulsifiants, de la cellulose, de la gomme de xanthane, du citrate trisodique et triethyl, un parfum artificiel, du sulfate d'aluminium, du phosphate de fer, un colorant artificiel, de la thiamine, de la riboflavine, du calcium, des vitamines A et D. À la lecture de cette énumération, l'individu qui suivait un régime avait de quoi se demander ce qui était le plus risqué pour sa santé.

Avec le temps, c'est la publicité industrielle, non plus le corps médical, qui soutint cette théorie. Parce que la peur du cholestérol faisait vendre, les publicitaires continuèrent à l'exploiter bien longtemps après que le corps médical se soit très attentivement penché sur la question du cholestérol pour en arriver à une conclusion bien différente de la théorie de Keys. "Le corps médical ne voit pas de raison fondée d'inciter des individus en bonne santé à réduire le taux de cholestérol dans leur alimentation", déclara un expert, mais apparemment trop tard. Comme les boissons diététiques, les graisses insaturées devinrent partie intégrante du régime alimentaire des Occidentaux. À tel point que leur promotion assidue, comme le fit observer Philip L. White, directeur du département des aliments et de la nutrition de l'Association médicale américaine, rendaient vains les efforts des médecins pour soigner leurs patients.

On s'aperçut peu à peu que le taux de cholestérol dans le sang n'était pas, comme on le pensait depuis longtemps, proportionnel au cholestérol présent dans les aliments absorbés, mais plutôt déterminé par les activités de synthèse du corps. Mais cette découverte ne provoqua aucun intérêt, à la grande déception du Conseil du Bureau d'éthique commerciale. Confrontés au même genre de plaintes croissantes que lors de la promotion de remèdes amaigrissants quelque temps auparavant, mais gênés comme d'habitude par une bureaucratie et une législation peu flexibles, ces services finirent par publier une sévère mise en garde adressée aux fabricants de produits sans cholestérol:

> S'appuyant sur l'étude d'analyses publiées par des comités médicaux responsables, nos services avisent

qu'aucun auteur de publicité ne peut déclarer que la substitution ou l'addition d'un aliment particulier dans les régimes alimentaires habituels des consommateurs fera baisser le taux de cholestérol dans le sang et aidera à éviter des maladies de coeur, à moins que cet auteur possède des données cliniques fondées établissant que l'aliment en question provoque effectivement de tels résultats.

Ces services s'appuyaient sur le fait qu'aucune étude n'a jamais démontré qu'en diminuant le taux de cholestérol dans le sang, on réduit les risques de maladies cardiaques. Et ces services déclaraient que, sans "données cliniques fondées", il était maintenant interdit de déclarer qu'un produit pouvait aider à éviter une maladie cardiaque. Mais un rapide coup d'oeil dans un supermarché démontre à quel point fabricants et publicitaires ont passé outre à cet avertissement.

La question n'est pas ici de savoir qui touchera l'argent du consommateur — laitiers ou cultivateurs — ou encore combien chacun gagnera, mais plutôt combien le consommateur risque de perdre. La consommation individuelle de sucre a continuellement augmenté, malgré les avertissements des nutritionnistes à propos des calories vides et malgré la prolifération, ces dernières années, d'aliments et de boissons sans sucre. De la même façon, la consommation individuelle de graisses a augmenté en dépit de la peur du cholestérol et de l'apparition des graisses poly-insaturées. Les graisses qu'elles soient saturées ou non comptent pour 40,6% de notre alimentation, le pourcentage idéal ne dépassant pas 25,3%. De telles quantités sont dangereuses pour le système cardio-vasculaire et constituent une hérésie au poids idéal. Le bon moyen d'alléger les hanches et de soulager le coeur n'est pas de supprimer le cholestérol, mais bien tous les aliments saturés en graisses et de consommer davantage de fruits frais ou cuits, de légumes et de céréales entières.

Les fruits, les légumes et les céréales entières contiennent des vitamines. Tout le monde le sait depuis l'école. Les vitamines ne peuvent pas être produites par l'organisme, mais elles sont essentielles à son bon fonctionnement. On ne trouvait encore récemment des vitamines que dans les aliments qui en contenaient naturellement, c'est d'ailleurs la raison des carences en vitamines d'envergure endémique dans certaines régions. Il existe effectivement des régions où l'on ne peut cultiver de légumes verts dans lesquels abonde la vitamine A. Grâce à la première synthèse de vitamine B-1 réalisée par les laboratoires Bell, en 1936, il est devenu possible de pallier toute carence en vitamine connue en prescrivant simplement des comprimés contenant cette vitamine sous forme synthétique. Il est désormais possible d'éliminer n'importe quelle maladie due à une déficience en vitamines, même dans ces régions. Mais l'on n'a pas réussi à éliminer en même temps nombre de mythes très vivaces concernant les vitamines et leurs carences, mythes qui ont favorisé la croissance d'industries plusieurs fois multimillionnaires, spécialisées ou dans les vitamines de remplacement ou dans les aliments naturels.

Selon Ralph Lee Smith, auteur de *The Health Hucksters,* "aucun individu se portant bien et mangeant correctement n'a besoin de vitamines ou de sels minéraux supplémentaires". "En fait", continue Smith, "la nourriture américaine est si abondante et si diversifiée, les aliments de base contiennent déjà tant de sels minéraux et de vitamines en excédent qu'il est réellement difficile d'en manquer." Peu de nutritionnistes et de médecins sérieux vont contre l'avis de Smith. Le nombre relativement modeste des prescriptions de suppléments vitaminiques renforce cet avis, puisqu'il n'a représenté que $29 millions l'an dernier.

Mais les consommateurs, ignorants en matière de nutrition, préfèrent les vieux mythes à la médecine moderne et les flatteries des vendeurs aux conseils des médecins; de telle sorte qu'ils ont d'eux-mêmes dépensé $500 millions en suppléments vitaminiques l'année dernière. Nombre d'entre eux ne l'ont pas fait spontanément, mais sous l'influence des adultes récemment convaincus que les vitamines de remplacement sont une source d'énergie, ce qui n'est malheureusement pas le cas. Quelques-uns se mirent à en acheter parce qu'on leur fit croire qu'un grand nombre de maladies graves de dégénérescence, dont l'arthrite et le cancer, sont provoquées par des carences en vitamines et peuvent donc être soignées par une "thérapie hyper-vitaminée".

Les adeptes de cette thérapie déclaraient que les vertus curatives des suppléments vitaminiques étaient innombrables et ils s'appuyaient sur de sincères témoignages provenant de convertis indubitablement honnêtes qui attribuaient leur vitalité retrouvée, l'impression qu'ils en avaient ou une rémission de leur cancer, à l'utilisation de doses massives de vitamines A, C ou E. (Cette dernière, récemment découverte et dont le rôle est peu connu, était proposée comme panacée à une telle gamme de maladies qu'un expert lui a donné le nom de "traitement à la recherche de sa maladie"). Les sceptiques ont remarqué que toutes ces déclarations, comme celles concernant le Laetribe, prétendu traitement anticancéreux à base de noyaux d'abricots, s'appuient exclusivement sur le témoignage des patients, plutôt que sur des résultats scientifiques et des traitements sérieux. Des résultats scientifiques confirment malheureusement quelquefois ces croyances. Une étude canadienne récente, par exemple, montre que des patients ayant pris un placebo, attrapèrent un rhume alors que ceux qui avaient pris de la vitamine C, moyen actuellement à la mode pour éviter les coups de froid, ne furent pas malades.

Afin de mettre en évidence le degré de confusion dans lequel se trouve le public à propos du rôle des vitamines dans la nutrition, des cliniciens procédèrent à une série de sondages d'opinion afin de déterminer si les affirmations suivantes étaient considérées vraies ou fausses:

— Les vitamines de synthèse possèdent exactement les mêmes vertus que les vitamines naturelles.
— Il n'existe aucune différence, quant à leur valeur nutritive, entre des aliments cultivés en terrain pauvre et d'autres cultivés en terrain riche.
— Les aliments cultivés aux engrais chimiques sont aussi bons pour la santé que ceux cultivés avec des engrais naturels.

Ces 3 déclarations sont exactes, mais 68% des personnes interrogées les déclarèrent fausses. Parmi ces personnes, 55% étaient des universitaires et 83% d'entre elles se définirent comme des "consommateurs avertis". Il semble donc que les vieilles croyances en matière de nutrition ne meurent pas facilement.

La plus enracinée d'entre elles est, selon l'enquête, la certitude que nous mangeons généralement des aliments cultivés sur un sol épuisé et que nous avons besoin de vitamines pour remplacer celles que les récoltes ne peuvent donc plus nous procurer. En fait, une seule maladie provient de cet appauvrissement des sols: il s'agit du goître, provoqué par un manque d'iode dans le sol ou l'eau de certaines régions, mais on peut y remédier facilement par l'addition de sel iodé dans l'alimentation.

Une autre vieille croyance tout aussi ancrée et tout aussi pernicieuse concerne ce que les vendeurs de vitamines de remplacement appellent les carences "subcliniques" en vitamines. Ces charlatans parlent de carences légères en vitamines, surtout chez les vieillards et les infirmes, que l'on ne peut pas détecter par des moyens médicaux simples, mais qu'eux déclarent néanmoins pouvoir déceler. Ces prétendues carences portent plusieurs noms sans résonnance médicale, dont le plus connu est "l'appauvrissement du sang". Ces déficiences se manifestent réellement par des malaises physiologiques, mais il est bien rare qu'elles soient seulement causées par de véritables carences en vitamines.

L'octogénaire qui se plaint de souffrir d'un "appauvrissement du sang" n'a certainement pas besoin de Géritol. Sa sensation d'apathie et de fatigue est tout à fait normale et vient de son inactivité et de son âge avancé; elle n'est pas le résultat d'une anémie, d'un manque de fer ou de vitamines. En fait, hommes et femmes de plus de 65 ans ont moins besoin de vitamines comme la thiamine que les sujets de moins de 25 ans, bien que ce soient les personnes les plus âgées qui achètent le plus de vitamines en comprimés. Une publicité mensongère ou abusive leur a fait croire que seules ces pilules feraient disparaître leur cataracte, les aideraient à conserver leur souplesse, leur redonneraient des forces, auraient raison de leur cancer de la prostate ou leur permettraient de mieux jouer au bridge. Hélas, les vitamines ne sont pas une panacée. *Elles ne font que pallier les carences en vitamines,* quelles que soient les affirmations des fabricants et des distributeurs. Et notre régime alimentaire est tellement riche en vitamines que Smith a raison de déclarer qu'il nous "est réellement difficile d'en manquer".

Ce n'est pas toujours vrai, bien sûr. Mais cela a été le cas au moins depuis 1936, alors que la Commission sur l'alimentation de l'Association médicale américaine a émis l'idée d'enrichir les aliments de base par des vitamines de remplacement.

Ce qu'il faut savoir sur les vitamines

Les vitamines sont certainement l'élément prêtant le plus à controverse dans notre régime alimentaire et dont nous abusons le plus. Les vitamines sont, en résumé, des molécules organiques dont le corps a besoin — en très petite quantité — pour fonctionner correctement. Les vitamines hydrosolubles (vitamines C et B) agissent comme catalyseurs organiques dans le métabolisme; les 4 vitamines lipo-solubles (A, D, E et K) ont des fonctions un peu plus complexes. Les vitamines n'ont pas d'autre fonction. En aucun cas, elles ne préviennent ou ne guérissent les rhumes, n'empêchent la calvitie ou la chute des dents, ne réveillent les fonctions sexuelles ou ne régénèrent la peau ridée, ne provoquent de rémission du cancer ou un regain de vitalité. Excéder les doses quotidiennes nécessaires à l'organisme n'apporte rien. Des quantités excessives peuvent d'ailleurs s'avérer dangereuses, comme l'indique le tableau figurant dans les pages suivantes.

Le pays était encore ébranlé par la Crise économique, à cette époque, et de larges couches de la population souffraient de carences en vitamines. L'idée de supprimer la pellagre en ajoutant dans le pain de la vitamine B et de la niacine séduisait le corps médical pour 2 raisons: c'était une solution scientifiquement élégante à un problème généralisé et une solution parfaitement humaine. De telle sorte que, pendant la Deuxième Guerre mondiale, le pain fut enrichi de vitamine B et le lait, de vitamine D. Les vitamines prescrites comme médicament devaient être soumises à l'approbation des services gouvernementaux, mais les vitamines vendues comme additifs à des aliments n'étaient que peu ou pas soumises à une telle surveillance. Aussi, dès que les fabricants eurent découvert le pouvoir de la formule "enrichi de vitamines", l'addition massive de vitamines dans presque tous les aliments manufacturés démarra.

Imaginez combien il peut être irritant, dans un tel contexte, de constater que les aliments de base enrichis pour prévenir des maladies dues à des carences en vitamines furent les plus fréquemment attaqués par les diététiciens. Au cours de ces années, le pain blanc et le lait pasteurisé ont souvent servi de boucs émissaires au mouvement pour une alimentation saine, mais les fanatiques de régimes alimentaires ne les ont pratiquement pas attaqués. "La plupart des aliments que nous mangeons sont modifiés d'une façon ou d'une autre", déclarait Adelle Davis, doyenne du mouvement pour une alimentation saine. "La majorité des enfants, aujourd'hui, en parti-

Ce qu'il faut savoir sur les vitamines

Vitamine	Sources alimentaires	Carence	Excès
lipo-soluble			
Vitamine A (Rétinol)	Légumes verts, produits laitiers	Diminution de la vision nocturne, perte totale de la vision	Migraines, vomissements, anorexie, escarres, modification des os longs, maladie du foie
Vitamine D	Oeufs, produits laitiers, huile de foie de morue	Rachitisme (déformation des os)	Vomissements, diarrhée, perte de poids, lésions rénales
Vitamine E (Tocophérol)	Légumes verts, céréales, margarines	Possibilité d'anémie	Peu d'effets toxiques
Vitamine K (Phylloquinone)	Légumes verts, céréales, fruits	Saignements graves, hémorragies internes	Synthétique et à forte dose provoque la jaunisse
hydro-soluble			
Vitamine B-1	Porc, abats, céréales	Béri-béri (oedème,	Pas d'effet connu

	Sources	Carences	Excès
(Thiamine)	entières, légumes	crise cardiaque, atteinte du système nerveux périphérique)	Pas d'effet connu
Vitamine B-2 (Riboflavine)	Dans tous les aliments	Affections des lèvres et de la muqueuse buccale, lésions oculaires	Pas d'effet connu
Niacine	Foie, viandes maigres, céréales, légumes	Pellagre (lésions de la peau, du transit intestinal, désordres mentaux)	Sensations de congestion, picotements, brûlures au niveau du cou, du visage et des mains
Vitamine B-6	Viandes, légumes, céréales entières	Irritabilité, convulsions, calculs rénaux	Pas d'effet connu
Acide pantothénique	Tous les aliments	Fatigue, troubles du sommeil, problèmes de coordination	Pas d'effet connu

Folacine	Légumes verts, céréales entières	Anémie, diarrhée, troubles gastro-intestinaux	Pas d'effet connu
Vitamine B-12	Oeufs, produits laitiers et viandes rouges	Anémie pernicieuse, troubles neurologiques	Pas d'effet connu
Biotine	Légumes et viandes	Fatigue, dépression, nausées, troubles cutanés, douleurs musculaires	Pas d'effet connu
Choline	Jaune d'oeuf, foie, légumes, céréales	Pas d'effet connu	Pas d'effet connu
Vitamine C	Agrumes, poivrons, tomates, salades vertes	Scorbut (dégénérescence de la peau, des dents et des vaisseaux sanguins)	Cristaux dans l'urine, éventuellement calculs rénaux; peut empêcher l'assimilation de la vitamine B-12; augmente la diurèse chez l'adulte et provoque la diarrhée chez l'enfant.

culier ceux des villes", continuait-elle, "n'ont jamais goûté de fruits, de légumes, de lait ou de pain véritablement purs, sains et nourrissants. Nous cultivons des sols épuisés, recouverts de substances toxiques qui imprègnent la terre et pénètrent avec l'eau jusque dans les aliments."

Adelle Davis a longtemps été renommée dans le domaine de la nutrition. Ses 4 ouvrages — *Let's Eat Right to Keep Fit, Let's Get Well, Let's Cook It Right* et *Let's Have Healthy Children* — se sont vendus à 2,5 millions d'exemplaires reliés et 7 millions d'exemplaires brochés. Ses adeptes furent nombreux et fidèles. Ses idées sur les régimes alimentaires et la nutrition étaient sérieuses et rationnelles; elles eurent donc beaucoup d'influence et de nombreux experts lui furent reconnaissants d'avoir éveillé l'attention du public sur la fonction des vitamines et la nécessité d'équilibrer son régime alimentaire. Malheureusement, ses déclarations n'avaient pas toujours la même qualité, malgré le niveau avancé de ses connaissances en biochimie. Elle affirmait, par exemple, pouvoir traiter la tuberculose en imposant simplement un régime, qu'elle avait mis au point, composé de fruits, de légumes cultivés chez soi, de lait entier, d'oeufs, de fromage et de céréales préparées à la maison, le tout complété par des vitamines en comprimés. Et elle soutenait que tout individu qui buvait un litre de lait entier chaque jour ne souffrirait jamais de cancer, jusqu'à ce qu'elle meure elle-même d'un cancer, en 1974.

Edward Rynearson, membre honoraire de la Clinique Mayo et nutritionniste renommé, a condamné l'ouvrage *Let's Get Well* dans des termes extrêmement virulents: "N'importe quel médecin ou diététicien s'apercevra que cet ouvrage est truffé d'inexactitudes, d'exemples erronés et d'opinions non fondées". Et Russell Randall, chef du département des maladies rénales du Collège médical de Virginie, a jugé que le chapitre de Davis concernant les reins était, selon lui, "effrayant par ses erreurs et ses déclarations inexactes qui s'avèrent extrêmement dangereuses, voire potentiellement mortelles."

D'après Rynearson, Davis a eu le tort de souscrire à tous les sophismes sur lesquels s'appuie l'industrie diététique, raisonnements faux ne reposant sur aucune étude scientifique. La plupart de ces opinions découlent de la croyance voulant qu'un sol usé et l'utilisation d'engrais chimiques constituent une source de malnutrition: "Nous cultivons des sols épuisés, recouverts de substances toxiques...". Ce n'est pas l'avis du département de l'Agriculture des États-Unis, du Bureau de la Consommation et de plusieurs nutritionnistes éminents. Les aliments poussent dans des sols qui ont été adéquatement fertilisés avec des engrais chimiques. Ces aliments sont tout aussi nourrissants que ceux qui sont cultivés sur des sols enrichis aux engrais naturels. Pour sa part, Fredrick Stare déclare que "nous ne connaissons à ce jour aucune étude qui permette de penser que la culture aux engrais naturels présente le plus léger avantage sur la culture aux engrais chimiques".

On utilise des engrais chimiques pour faire pousser des plantes et il n'y a aucune distinction entre les plantes nourries d'engrais organiques naturels et les autres. Ce qui distingue réellement "les aliments organiques" des produits ordinaires — qui sont évidemment toujours un peu organiques — c'est leur prix de revient beaucoup plus élevé, souvent 2 fois plus élevé.

L'industrie de l'alimentation naturelle, avec un chiffre d'affaires de près de $500 millions l'an qui devrait atteindre la somme considérable de $3 milliards au début des années 1980, ne symbolise pas la supériorité nutritive des aliments "naturels" et "organiques", mais plutôt leur valeur symbolique. Les farines naturelles, les légumes écologiques, les boissons-maison reflètent simplement la nostalgie d'une époque passée plus sereine. Ils rappellent une époque de plus grande unité nationale, d'optimisme, d'espoir plutôt que de pessimisme, d'expansion économique et territoriale plutôt que de stagnation et de valeurs plus solides et mieux enracinées. Ils étaient autrefois les aliments simples d'une vie plus rustique. Leur carence en vitamines de remplacement, tout comme leur carence en valeur nutritive comptent peu par rapport aux traditions culturelles qu'ils véhiculent.

Mais l'engouement pour ces aliments naturels ne se limite pas uniquement à leur saveur, à leur aspect, aux valeurs passéistes associées aux aliments cultivés ou cuisinés chez soi. Comme nous l'avons déjà remarqué, ils sont recherchés par les vendeurs comme antidotes à tout problème, depuis une fatigue générale jusqu'à la phase terminale d'un cancer. Adelle Davis considérait une mauvaise nutrition comme un facteur de prédisposition à la criminalité. Elle expliqua au public que la famille Manson avait consommé d'innombrables sucreries quelques jours avant les meurtres de Tate-LaBianca. Quand à J.I. Rodale, souvent considéré comme le père du jardinage "organique", il écrivit même une pièce de théâtre sur ce thème. *The Goose*, jouée à Broadway vers les années 60, décrivait les efforts d'un jeune travailleur social pour aider un jeune délinquant en lui faisant suivre un régime pauvre en sucre. Mais une surconsommation de Coca-Cola faillit le faire échouer. Finalement, la nature humaine triompha du démon du sucre!...

Rodale, partisan acharné des aliments naturels, se persuada peu à peu que les instruments de cuisine en aluminium empoisonnaient les aliments; il écrivit alors *Poison in Your Pots and Pans* pour attirer l'attention du public sur cette question. Mais Rodale refusa de considérer, et choisit donc de ne pas mentionner dans son livre, le fait que l'aluminium est l'un des éléments que l'on trouve le plus souvent dans la nature, notamment dans la plupart des aliments et l'eau potable. Si ce métal était effectivement nocif, pourquoi ne nous avait-il pas déjà tous tués? Mais de telles absurdités ne dérangeaient apparemment pas Rodale qui les chassait d'un geste. Il assit sa prospérité sur la négation des contradictions inhérentes au régime qu'il mit au point et au journal qu'il édita. Il annonça à ses abonnés qu'"en Californie, 4 cas de cancer avaient été guéris par un régime alimentaire entièrement organique". Encore une fois, il s'agissait d'une déclaration, non d'une preuve. Mais Rodale prêchait à des convertis qui ne désiraient que des paroles de réconfort, non des rapports de laboratoire.

Évidemment, une telle habileté à manier des évidences scientifiques, même contradictoires, a énormément servi le charlatanisme de l'alimentation naturelle. Adelle Davis incitait ses lecteurs à boire du lait entier plutôt que du lait pasteurisé, alors que les cliniciens estiment que la pasteurisation provoque un appauvrissement nutritif minime tout en protégeant le consommateur des fièvres ondulatoires et de la tuberculose, maladies que l'on contracte en buvant du lait entier.

Davis montrait le même enthousiasme pour les qualités de la vitamine C qui soignait — déclarait-elle — les rhumes et "toutes sortes de blessures" et calmait également l'anxiété. En fait, la présence de vitamines est aussi importante que la quantité absorbée; en doses excessives elles peuvent s'avérer dangereuses (voir "Ce qu'il faut savoir sur les vitamines"). Par exemple, une trop forte dose de vitamines A — provenant en général d'une mauvaise utilisation de comprimés — peut provoquer un épaississement cutané, des migraines, une sensibilité accrue à la maladie ou, plus rarement, une maladie mortelle du foie. Un excès de vitamines D peut entraîner des lésions rénales — phénomène plus fréquent à l'époque où l'on prescrivait la vitamine D, de préférence à la vitamine C pour prévenir les rhumes. Quant à la vitamine C, si prisée par Davis ou d'autres, elle peut causer, sous certaines concentrations, l'apparition de cristaux dans l'urine; elle augmente aussi la diurèse chez l'adulte et provoque des diarrhées chez l'enfant. Certains experts pensent même que de fortes doses de vitamine C détruisent la vitamine B-12. Enfin — et pour le malheur des obèses — il a été prouvé que, chez les animaux de laboratoire à tout le moins, les vitamines agissent réellement comme *stimulant* de l'appétit.

L'immense popularité des vitamines de remplacement doit par conséquent être attribuée en grande partie à une promotion assidue des charlatans de la diététique. La vitamine E, pour n'en citer qu'une, est devenue en soi une petite industrie. Dans le corps, elle inhibe l'oxydation des acides gras insaturés — fonction dont se sont emparés les vendeurs de remèdes amaigrissants. Ne se contentant pas de conseiller fortement la vitamine E comme moyen de maigrir rapidement, ils ont vanté ses pouvoirs quasiment magiques de guérison et de remise en forme générale. On a même dit qu'elle redonnait leur teinte initiale et leur brillant aux cheveux gris! Selon l'édition la plus récente des *Principles of Internal Medecine,* "nous ne disposons d'aucune preuve démontrant que la vitamine E, quelque soit la dose utilisée, puisse avoir une action sur l'endurance physique, l'état du coeur, la puissance sexuelle, la fertilité ou la longévité". Pas plus d'ailleurs que sur l'obésité.

Mais ce n'est pas seulement la publicité qui a fait le succès des multivitamines. Ce qu'un expert appelle notre "névrose nationale" à propos de la santé a fait le reste. Soixante-dix-neuf millions d'entre nous environ sommes obèses et nous avons tous de mauvaises dents. Nous souffrons de migraines tenaces, nos pieds sont douloureux, nous souffrons aussi de douleurs au dos, de problèmes de digestion, d'insomnie, d'apathie et "d'appauvrissement du sang". Tant de plaintes, tant de petites maladies, tant de petites alertes contre notre bien-être, que nous ressentons sans les définir médicalement, à tout instant de chaque jour. C'est pourquoi nous achetons des succédanés de vitamines, des comprimés contenant du fer, des remontants et des élixirs: nos problèmes sont "subcliniques" — même si les cliniciens refusent de reconnaître ce terme — et l'on nous propose un remède à ce qui nous fait souffrir.

Au pays du charlatanisme diététique, l'hyperbole ne connaît apparemment pas de limites. Adelle Davis soigne la tuberculose avec de la vitamine C; Adolphus Hohensee traite la cataracte et le cancer avec du miel et les ulcères avec du jus de choux et Bruce Mac-Donald, président d'une des plus importantes maisons d'aliments diététiques, soigne l'âme: "Les aliments naturels peuvent donner à un individu une nouvelle vision de l'univers". Affirmation fantaisiste qui mousse cependant la vente des produits. Les aliments naturels constituent une industrie prospère selon le journal de Wall Street qui estime que ces charlatans soutirent au public environ $0,5 à $1 milliard chaque an. Le comble est qu'environ 50 à 70% des aliments étiquetés "naturels" ne diffèrent en rien des aliments vendus dans les supermarchés...

Les mots du docteur Russel Randall à l'égard de l'ouvrage de Adelle Davis, *Let's Get Well* — "très dangereux et même potentiellement mortel" peuvent s'appliquer aux régimes alimentaires à base de produits naturels et cela, d'autant plus que ces régimes sont sévères. Mais il est assez intéressant de remarquer que des sujets trop gros maigrissent en suivant ce genre de régime, non pas parce que ces régimes sont faits pour ça — ils vantent plutôt le bien-être et il est évident que bonne forme et obésité sont incompatibles — mais parce qu'ils contiennent peu de calories et ne sont pas équilibrés.

Le régime le plus pur de cette catégorie, par conséquent le plus dangereux, est le régime macrobiotique Zen mis au point par Jeorge Ohsawa et prôné comme la panacée universelle à tous les problèmes, qu'il s'agisse de pellicules du cuir chevelu ou de cancer. Les céréales, le riz brun en particulier, constituent la base de ce régime macrobiotique qui comprenait autrefois de petites quantités de légumes et quelques morceaux de poisson, de viande, quelques produits laitiers et des fruits. Mais tous ces ingrédients ont été peu à peu éliminés au profit du riz. Une étude clinique sur des hommes et des femmes qui suivent ce régime alimentaire a révélé que ce groupe absorbait moins de la moitié de ses besoins en énergie et à peine un tiers ou un quart de ses besoins en protéines. Comme par hasard, seules les doses de vitamines A et C étaient d'un niveau normal ou juste au-dessus de la normale. Les lecteurs qui se souviennent de l'expérience des prisonniers de guerre américains dans les camps japonais — où les repas étaient constitués de riz et d'eau — comprendront rapidement que les adeptes de Ohsawa jeûnaient jusqu'à mourir de faim.

Il y a sûrement quelque chose de fondamentalement faussé dans le concept d'alimentation et de nutrition, si des gens en sont venus à se laisser mourir de faim dans l'espoir de se porter mieux. Il s'agit tout simplement de l'évolution de notre "névrose nationale" vers une paranoïa totale. Nous n'avons plus confiance dans les aliments que nous mangeons, persuadés que nous sommes que l'un au moins des 10 000 additifs chimiques que le gouvernement autorise à ajouter à nos aliments est en train de nous tuer. De plus, nous avons perdu confiance en la médecine moderne qui nous met en garde contre l'absurdité des régimes draconiens et nous rappelle que le corps a besoin d'éléments nutritifs spécifiques, mais non d'aliments spécifiques.

Nous préférons devenir nous-mêmes diagnosticiens et médecins pour nous guérir tout seuls. De telle sorte que nous abandonnons les aliments enrichis de succédanés de vitamines au profit des aliments "naturels" qui ne contiennent que des vitamines naturelles — et presque inévitablement, des centaines d'additifs chimiques provenant du sol ou de la pluie. Nous nous fatiguons, mais ne nous portons pas mieux pour autant. Nous conservons nos mauvaises dents, notre sang appauvri, nos estomacs nauséeux, nos douleurs dorsales lancinantes et nos migraines tenaces. Et nous crions, comme les Huîtres dans *De l'autre côté du miroir:*

> Plusieurs d'entre nous semblent tout essouflées,
> Et nous sommes si grasses!

Chapitre VI

L'exercice physique, la grande variable

Mieux vaut être mortellement rongé par la rouille, que d'être emporté dans une agitation perpétuelle.

William Shakespeare

L'on raconte que Socrate dansait chaque matin pour rester en forme et l'on sait que les Spartiates de l'Antiquité bannissaient de leur cité les gens trop gros. Ces malheureux hors-la-loi de Sparte auraient échappé à leur destin s'ils avaient su tirer la leçon de la grande sagesse des Athéniens qui appréciaient à sa juste valeur le rôle fondamental de l'exercice physique dans le contrôle du poids. Des exercices réguliers et soutenus, qu'il s'agisse de danse, de course, de natation ou même de marche, peuvent provoquer un amaigrissement très net, même en l'absence de régime alimentaire pauvre en calories. Et il arrive souvent que l'exercice physique double l'efficacité d'un régime sérieux et pauvre en calories mené sous surveillance médicale. L'inverse est également vrai, évidemment: toute réduction notable d'activité chez un individu lui fera prendre du poids, même s'il réduit proportionnellement la quantité de calories qu'il absorbe.

On rencontre rarement un obèse chronique, en particulier un obèse depuis l'enfance, qui pratique une activité physique l'aidant à contrôler son poids. Comme l'a fait remarquer Jean Mayer, les obèses ont une capacité remarquable à emmagasiner leur énergie et nombre d'entre eux conservent leur tissu adipeux en menant une vie remarquablement inactive. En ce qui nous concerne tous, d'ailleurs, vie sédentaire et excès de poids sont intimement liés. Les femmes, grosses ou minces, sont moins actives après la puberté et les hommes ralentissent leur activité physique, en général à la fin de leurs études ou même avant. La société actuelle est si hautement automatisée et si étroitement spécialisée qu'elle assigne à la plupart d'entre nous un rôle sédentaire, sans considérer notre personnalité ni nos aspirations.

L'employé de bureau d'aujourd'hui n'a que peu en commun avec celui que décrit Herr Voit dans son étude du début du siècle. Ce type de sédentaire, présenté au chapitre I, se levait à l'aube, passait une heure à couper du bois de chauffage, devait marcher une heure pour se rendre à son bureau, travaillait 10 heures debout devant un pupitre, puis rentrait chez lui où l'attendaient les tâches ménagères du soir. L'employé d'aujourd'hui, en revanche, a peu de choses à faire avant de partir travailler en voiture ou en autobus; il effectue généralement assis son travail de bureau et sa journée de labeur est bien loin de durer 10 heures. Quant aux fins de semaine il les passe plutôt devant la télévision qu'en promenade avec sa famille, à la campagne.

Il n'est donc pas surprenant que des millions d'Occidentaux, hommes ou femmes, se mettent à grossir, lentement mais inexorablement, après s'être mariés et s'être établis. C'est cet "établissement" qui est surtout responsable de cet état de fait et non pas un changement d'habitudes alimentaires. En suivant une diète, on a évidemment tendance à aborder le problème à l'envers. Une réduction calorique fait perdre du poids, mais demande des efforts particuliers à l'individu qui n'a peut-être jamais eu besoin auparavant de suivre un régime et qui en souffre par conséquent de façon plus aiguë. "Chez l'obèse, comme l'exprime simplement le journal médical britannique, *Lancet,* l'absence d'activité physique peut jouer un rôle plus important que la boulimie." Dans ce cas, l'exercice est une solution plus efficace au casse-tête de l'obésité qu'un régime alimentaire.

Malheureusement pour ces millions d'Américains qui devraient considérer l'exercice physique comme une solution à leur problème, l'exercice apparaît comme l'élément le plus mal compris et le plus négligé de leur programme amaigrissant. L'exercice vigoureux est trop souvent évité par tous ceux auxquels il serait le plus profitable parce qu'ils croient à tort que cela ne fera que stimuler leur appétit. Comme nous allons le constater, ce n'est pas le cas. Et il est tout aussi faux de croire que l'exercice n'a pas de valeur dans un programme amaigrissant, sous prétexte que la consommation de calories est trop faible par rapport à l'effort fourni: on cite trop souvent à ce sujet qu'un individu doit marcher 2 heures par jour pendant 1 semaine pour perdre 1 seul demi-kilo de graisse. Ce n'est pas vraiment faux, mais cet exemple exagère l'effort exigé et en minimise les bénéfices.

Il est tout aussi vrai que des millions d'Occidentaux trop gros sont tellement obsédés par l'idée d'un amaigrissement important — promis et obtenu temporairement par une succession de régimes cétogènes — qu'ils ne sont plus capables d'envisager une perte de poids modeste, mais durable. Ils veulent perdre 4 kg (8 lb) en une seule semaine, 9 kg (20 lb) en 3 semaines — même si cela se traduit par une succession de pertes et de reprises de ces mêmes 9 kg (20 lb), à intervalles irréguliers, durant leur vie. Ils parlent en termes de régime alimentaire, mais pensent en termes de jeûne partiel ou total. S'ils parlent de régime, c'est d'un régime alimentaire complètement déséquilibré qui ne peut être supporté plus d'un mois sans risques de conséquences nocives sur leur santé. Ce qu'ils ont perdu de vue, c'est qu'un régime alimentaire équilibré concerne chacun des aliments consommés et s'applique à tous les repas.

Si tous les sujets trop gros n'étaient pas si obsédés par cette mode de "régimes révolutionnaires", qui offre bien des attraits et propose des programmes amaigrissants séduisants, ils comprendraient la véritable valeur de l'exercice physique dans *tout* programme d'amaigrissement. Ils verraient, par exemple, que la plupart des obèses ne peuvent pas marcher 2 heures chaque jour, mais peut-être une demi-heure. Et une promenade paisible de 30 minutes chaque jour fait perdre *6 kg (13 lb)* l'an. Chaque gramme (½ oz) perdu sera constitué de graisse et non d'eau, ni de tissu musculaire. Un homme peut véritablement perdre, en marchant, 25 kg de tissu adipeux en 4 ans, — plus que ce que la plupart des gens ont à perdre, mis à part quelques obèses — sans modifier la teneur calorique de ses repas. Et il peut y arriver sans se priver d'un seul dessert.

En fait, ce n'est pas la marche qui importe réellement, mais le développement de nouvelles habitudes physiques et alimentaires. Une saine promenade quotidienne pendant 4 années, qui se traduit par une perte de poids légère mais constante, ne constitue pas un programme d'exercice physique. C'est une nouvelle façon de vivre. Et ce comportement implique ce qu'un expert appelle "la mobilisation de l'intérêt individuel", facteur qui est absent de la plupart des régimes-express. Contrairement à la plupart des régimes draconiens, l'exercice physique, par définition, implique l'individu de façon très active en l'incitant à abandonner son état d'inertie que le Falstaff de Shakespeare qualifie "d'inactivité rongée de rouille". Dans ce cas, l'homme mince que cache tout obèse, au lieu de lancer de grands signaux de détresse, surgit et obtient des résultats qui surprennent fréquemment même les plus récalcitrants.

N'importe quel exercice provoque une sensation générale de bien-être. Le tonus musculaire et la posture s'améliorent lorsque l'activité augmente et cela, de façon continue, aussi longtemps que l'on pratique une activité. Et c'est déjà en soi le meilleur des encouragements pour l'obèse souvent contraint de traiter son obésité en malmenant son orgueil et qui, par conséquent, doit redoubler d'efforts dans toute tentative d'activité physique. Les transformations physiologiques, comme le dit un médecin de la Clinique Mayo, provoquent des modifications psychologiques et vice versa. Il n'est donc pas vraiment surprenant de constater qu'une bonne forme physique est souvent liée à un comportement psychologique équilibré. Avoir l'air "en forme" fait se sentir "bien dans sa peau", et se sentir "bien", à cause de son apparence, agit comme un catalyseur. Ce n'est pas seulement dans de jolies brochures que l'on associe équilibre, vitalité et minceur.

À l'inverse, le fait de se sentir laid amène la sensation d'être "mal dans sa peau". Les relations de cause à effet jouent dans les deux sens. L'on a remarqué que de nombreux ex-obèses continuent à se considérer encore comme des obèses maladroits, donc sans charme, même s'ils ont réellement maigri. Ils traînent derrière eux un long passé d'amertume — fait de gaucherie et de maladresse dans la pratique des sports comme de la danse — qui remonte souvent à la plus tendre enfance. Ces images mentales sont si présentes et leur souvenir si insupportable que quelques ex-obèses ne se défont jamais totalement de ce cauchemar de l'obésité, même lorsqu'ils ont réussi à libérer en eux l'homme mince qui désirait tant vivre à son tour. Dans ces cas-là, une modification physiologique n'a pas réussi à susciter un meilleur équilibre psychologique.

Bien que de nombreux Américains soient trop gros, peu d'entre eux souffrent physiquement et psychologiquement au point qu'en soit altéré de façon permanente leur comportement. Pour tous les autres, un excès de poids constitue une difficulté, non un dilemme insoluble. La solution réside d'abord dans la détermination et ensuite dans le choix de la méthode amaigrissante la plus efficace. Et l'exercice semble être une solution à long terme au casse-tête de l'obésité. Pratiqué de façon régulière, il réussit là où aucun régime draconien, aucun aliment naturel, aucune amphétamine ni vitamine n'ont réussi: perdre du poids en minimisant les risques, sans effets secondaires graves et en général en améliorant son état psychique. De surcroît, l'exercice stimule l'ensemble du système cardio-vasculaire, éliminant ainsi l'effort que l'obésité et l'inactivité imposent au coeur et aux artères. Par conséquent, pourquoi ne courons-nous pas dans les rues ou par les chemins afin de perdre sans frais du poids au lieu de payer cher pour toutes formes de béquilles? Pourquoi donc l'exercice physique reste-t-il la variable la plus largement incomprise et la plus fréquemment négligée dans une cure d'amaigrissement? Pourquoi insiste-t-on aussi peu sur le rôle que peut jouer le sport dans tout régime, surtout si la solution au casse-tête de l'obésité semble par là à portée de la main?

S'il existe une réponse à ces questions, elle se rattache à l'interaction complexe liant l'exercice et l'obésité qui apparaît, semble-t-il, peu après la naissance. Là encore, les termes du journal *Lancet* ne sont pas du tout encourageants: "On a observé que les nouveau-nés de parents obèses bougent de moins en moins". Cette observation suggère que la conjonction de divers éléments qui suscitent l'obésité chez les nouveau-nés — facteurs héréditaires, stimuli de l'environnement, comportements parentaux, alimentation du nouveau-né et schémas sociaux (voir le chapitre II) — découragent *également* l'activité physique. Nous savons que les gros bébés deviennent en général des adultes gros. Il est clair maintenant que, pour plusieurs de ces mêmes raisons, les enfants inactifs deviennent des adultes sédentaires. L'inactivité et la boulimie travaillent de pair la vie durant d'un obèse et *contrent* ses efforts pour échapper à cette graisse qui l'emprisonne.

Il est assez facile d'analyser les relations entre l'obésité et l'inactivité dans l'enfance et il est pratiquement impossible de rompre ce cercle vicieux une fois qu'il est établi. Les adultes peuvent choisir de suivre un régime réduit en calories pour équilibrer leur poids; les enfants et les jeunes adultes sont pour ainsi dire privés de ce choix, car leur corps se développe encore et tout régime suffisant à les faire maigrir ralentirait en même temps leur croissance. Les premières études effectuées par le docteur Jean Mayer sur les enfants et les adolescents obèses révèlent que l'exercice est le seul choix raisonnable pour des médecins déterminés à aider leurs jeunes patients trop gros. Selon Mayer, la plupart des enfants obèses ne mangent pas plus que les enfants normaux, parfois moins; ce qui signifie qu'il y a peu ou pas de surplus de calories à éliminer. Imposer un régime pauvre en calories à un enfant obèse gêne automatiquement sa croissance en le privant non seulement des calories excédentaires, mais aussi des sels minéraux indispensables à la formation de ses os. L'exercice physique est sans doute le seul choix dans de tels cas et c'est un choix logique, car les études du docteur Mayer ont montré que les enfants obèses étaient inactifs. Mayer fut désagréablement surpris d'apprendre que beaucoup ne passaient à faire de l'exercice qu'un tiers du temps consacré à de telles activités par leurs camarades plus minces.

Pour obtenir de tels renseignements, Mayer installa des appareils photographiques sur les aires de jeu de 2 camps de vacances. Durant plusieurs semaines, il tira environ 30 000 clichés à raison d'un toutes les 3 secondes. Le docteur Mayer et ses confrères découvrirent que les enfants gros observés — et par extension, tous les enfants gros — faisaient preuve d'une habileté véritablement extraordinaire à économiser leurs énergies. Pendant un match de tennis, par exemple, les joueurs minces restaient immobiles seulement 15% du temps; mais les gros s'arrangeaient pour ne pas bouger 65% du temps! La même chose pour le volley-ball, si ne c'est que les pourcentages respectifs étaient de 30 et de 80%. Mais les résultats les plus étonnants furent enregistrés dans la piscine où l'équipe de Mayer découvrit, après une heure d'observation, que les jeunes garçons minces nageaient réellement 35 minutes en moyenne alors que les autres ne s'adonnaient à cet exercice que pendant 7 minutes seulement.

"Tous ces jeunes, concluait le docteur Mayer, semblent énormément handicapés par leur obésité de telle sorte qu'ils ne peuvent que la perpétuer." Ils étaient, notamment, profondément passifs par nature, comme s'ils avaient été conditionnés depuis leur plus jeune âge à prévoir l'échec, la moquerie et le rejet. Ce fait fut particulièrement mis en évidence par les réponses de ces enfants devant une photo que Mayer leur montra. Il s'agissait d'un groupe de petites filles, dont l'une se tenait légèrement à l'écart; lorsqu'on montrait cette photo à des petites filles de poids normal, elles l'interprétaient en général en disant que la petite fille était en retard et se dépêchait de rejoindre le groupe. Mais les fillettes grosses voyaient toujours la petite fille comme un élément rejeté, désirant se joindre au groupe, mais n'y parvenant pas.

L'image qu'ils ont d'eux-mêmes pourrait être un élément positif et une source d'encouragement pour ceux qui *font* de l'exercice, mais aussi un puissant inhibiteur pour ceux qui n'en font pas. Gras et lourd sans s'en sentir responsable, l'enfant obèse doit apprendre à supporter d'être raillé sur le terrain de jeux et ridiculisé à table. Il se sent marginal et, ce faisant, son désir de participer à des activités de groupe s'émousse. Et moins il y participe, plus on se moque de lui et plus on l'humilie, bien sûr. Moins il y participe, moins il fait d'exercice et plus il grossit — même s'il ne passe pas ces heures pendant lesquelles il pourrait faire du football ou du baseball à grignoter devant la télévision.

Vers la fin de son cours élémentaire, l'enfant gros perd encore plus de terrain dans cette bataille contre l'inactivité et la boulimie. Car à partir de ce moment, le sport se pratique en équipe. Et parce qu'il manque de la coordination, de la technique et de la motivation nécessaires, il se trouve exclu des groupes. Dans un tel contexte, on comprend qu'il soit soulagé lorsqu'il reçoit son diplôme de fin d'études. En effet, le système d'éducation physique, aux États-Unis, est si intimement lié à celui de l'enseignement que la plupart des gens, minces ou gros, cessent de faire du sport le jour où ils sont diplômés. Cela crée déjà un problème à tous les jeunes adultes lorsqu'ils s'établissent, a fortiori aux obèses qui n'ont cultivé ni le goût, ni l'habitude de l'exercice régulier. En ce qui les concerne, ils ne connaissent aucun sport; toute forme d'association sportive leur semble en général négative et la contrainte inhérente à tout effort leur est inconcevable.

Évidemment, la dépense calorique occasionnée par l'exercice physique augmente rapidement suivant l'intensité avec laquelle le sport est pratiqué. Elle augmente également en fonction du poids; un individu trop gros brûle *plus* de calories qu'un individu mince, même s'ils effectuent des exercices identiques. Et cette constatation à elle seule devrait suffire à convaincre tous les Occidentaux trop gros d'adopter un programme d'exercice physique, encouragés qu'ils devraient être par le fait qu'en dépensant ainsi la même énergie que les minces, ils brûleront davantage de graisse. Mais il existe un autre facteur propre à l'exercice physique qui devrait également inciter encore l'obèse à l'inclure dans son programme amaigrissant.

Dans le but d'analyser l'exercice physique en général et son action sur le métabolisme, le docteur Mayer mit au point une expérience en laboratoire. Il commença par faire exécuter à un groupe de rats 1 heure entière d'exercices vigoureux et il remarqua que les rats en bonne forme physique mangeaient exactement ce dont ils avaient besoin pour maintenir leur poids. Puis il réduisit peu à peu les exercices de ces animaux. Et le docteur Mayer constata que ses rats privés d'exercice *prenaient* du poids. Il apparaissait qu'ils avaient perdu leur capacité antérieure à équilibrer leur régime alimentaire et à équilibrer leur absorption d'aliments et leur dépense d'énergie. Il semblerait donc que, devant une activité physique minime, le "glucostat" du cerveau cesse simplement d'enregistrer avec précision la faim ou la satiété.

Si ce même phénomène s'applique à l'homme — comme semble le penser le docteur Mayer — une augmentation de l'activité physique doit être imposée, non pas simplement conseillée, dans tous les cas d'amaigrissement que l'on veut notable. L'un des grands problèmes des chercheurs, à propos du casse-tête de l'obésité, est que la plupart des gens suivent un régime alimentaire déséquilibré, ce qui rend presque impossible la mise au point d'un régime alimentaire "normal". Par exemple, le fait de reconnaître le cholestérol comme un élément dangereux pour le système cardio-vasculaire se trouve compliqué par notre habitude d'en absorber trop, ce qui nous empêche de juger quel impact aurait une quantité "normale" de cholestérol sur le coeur et les artères.

Le docteur Mayer estime que personne ou presque ne fait suffisamment d'exercice physique pour assurer le bon fonctionnement du "glucostat" du cerveau. Ce qui fait que nous réagissons essentiellement à des stimuli externes plutôt qu'à une sensation de faim. C'est pourquoi 1 adulte sur 4 se sent réellement gavé après un gros repas. La plupart d'entre nous "avons faim" parce que c'est l'heure du repas, parce que nous sentons une bonne odeur de cuisine ou que nous voyons des plats. Et nous nous sentons rassasiés uniquement parce que notre assiette est vide ou la table débarrassée. Ce conditionnement se rencontre chez tous les adultes et de façon encore plus fréquente chez les adultes trop gros dont la faim est davantage stimulée par l'environnement — l'heure du repas, les panneaux publicitaires le long des routes, les pages de publicité couleur dans les revues, les slogans de la radio ou la vue du sigle d'une chaîne de restaurants mondialement connue — que par des besoins physiologiques.

Les limites à notre capacité de contrôler le "glucostat" sont variables, mais peu d'entre nous ressentons réellement le fonctionnement du centre de la faim. Moins de la moitié des Américains adultes pratiquent une activité purement physique et, par conséquent, réussissent à stimuler la fonction glucostatique, même de façon minime. Seuls les "manuels" — athlètes professionnels, cultivateurs, mineurs, etc. — ont des activités suffisamment intenses pour développer une sensation de faim d'ordre physiologique plutôt que psychologique. Et seule une petite minorité d'entre eux dépense autant d'énergie chaque jour que l'homme "actif" de 1890 dont parle Herr Voit. Excès d'inactivité plutôt qu'exercice indispensable: voilà le problème de chacun. Qu'arrive-t-il lorsque nous nous surmenons?

À ce sujet, les médecins sont en mesure de nous renseigner. "Lorsqu'un individu est physiquement surmené jusqu'aux limites de son endurance" déclare le docteur Mayer, "il *perd* l'appétit, mange moins et maigrit". Il y a, semble-t-il, un seuil calorique assez bien défini au-delà duquel on ne maigrit plus, même si la dépense calorique — sous forme d'exercice fatigant — dépasse largement l'absorption calorique alimentaire. Il existe également un seuil glucostatique au-delà duquel l'appétit n'augmente pas proportionnellement à la dépense énergétique. Cela signifie que ceux qui considèrent l'exercice comme un moyen efficace de maigrir mais n'envisagent pas de se surmener pour y arriver, doivent se départir de 2 croyances populaires fausses concernant l'exercice physique.

La première est que l'exercice stimule tellement l'appétit que les effets de l'un réduisent à néant ceux de l'autre et que, par conséquent, l'exercice physique ne peut provoquer d'amaigrissement. Sous sa forme la plus exagérée, mais la plus généralisée, cette croyance veut qu'un exercice vigoureux produise une soif inextinguible et une faim irrésistible, provoquant plus que jamais des crises de boulimie. (Mais les nutritionnistes savent que ce mythe est entretenu par l'inactivité, partenaire inséparable de la boulimie. Il est plus agréable et plus facile de ne pas faire d'exercice physique et cela, d'autant plus si l'on peut justifier ce choix sur un plan plus ou moins scientifique.) Les nutritionnistes savent que l'appétit — l'appétit réel et non "la faim psychologique" — augmente *réellement* si l'on pratique un exercice, mais jamais suffisamment pour enrayer l'effet de l'exercice. De plus, comme le docteur Mayer l'a montré, un exercice vigoureux ou un surmenage excessif coupe plutôt l'appétit.

La deuxième de ces croyances populaires est que *seul* un exercice physique acharné, poussant le corps à ses limites d'endurance, agit sur la graisse. Mis à part les individus dont la profession implique une activité physique — sur les terrains de sport, dans les champs ou les mines — peu de personnes disposent du temps, de l'argent ou de l'énergie pour pratiquer autant d'exercices. Le seul choix, comme nous l'avons appris, est d'accepter comme une fatalité l'obésité, le manque de tonus musculaire, l'essoufflement, une mauvaise circulation et une multitude de petits maux de reins ou de pieds, et un "appauvrissement du sang". Mais il s'agit là encore d'une croyance fausse qui s'appuie sur l'inactivité. La vérité est que tout exercice a de la valeur et, lorsque l'objectif est de maigrir, une activité stressante peut être la *dernière* forme efficace d'exercice. L'exercice physique ne se traduit pas en perte de poids significative lorsqu'on dépasse le "seuil calorique"; voilà pourquoi il est recommandé de nager pour consommer seulement 400 ou 500 calories à l'heure et non de faire de la compétition, ce qui permettrait pourtant de consommer *3 fois* plus de calories.

Comme le montre très clairement le tableau suivant, la quantité d'énergie dépensée et les bénéfices réels provenant de diverses formes d'exercices varient largement et ceux qui demandent un gros effort ne sont pas forcément les meilleurs. Le ski, par exemple, ou le tennis — activités de détente très populaires — améliorent plutôt l'adresse, non l'endurance, et bien que tout exercice vigoureux fasse consommer des calories, les activités les plus bénéfiques pour les obèses sont celles qui exigent le moins d'efforts. Le nombre de calories brûlées par le corps est proportionnel au poids total soutenu par les muscles: cela signifie que l'on consomme plus de calories debout qu'assis car, dans ce cas, les muscles supportent plus de poids, même si l'on reste immobile. Cela signifie également qu'une promenade d'une heure consomme plus de calories qu'une course rapide de 10 minutes, car la quantité totale de kilogrammes (livres) déplacés pendant une heure est beaucoup plus importante.

La valeur de l'exercice physique

Activité	Calories consommées à l'heure	Effets bénéfiques
Position assise	72-84	Aucun
Promenade 1,5-3,5 km/h (1-2 mi/h)	120-150	Uniquement si l'on est complètement sédentaire et pratiquement inapte à pratiquer un sport.
Tâches ménagères (laver des planchers, passer l'aspirateur)	240-300	même valeur que la marche, mais plus fatigant (voir ci-dessous).
Marche 5 km/h (3 mi/h)	240-300	Bon exercice dynamique pour les individus très peu actifs ou assez âgés.
Gros travaux ménagers (décapage des planchers)	300-360	Bon exercice dynamique, mais rarement pratiqué assez longtemps pour avoir une réelle valeur.
Marche 5,6 km/h (3,5 mi/h)	300-360	Bon exercice dynamique bien qu'inhabituel, pour les individus de tout âge; exige bien moins d'efforts

		sur de longues périodes que d'autres formes d'exercice de valeur équivalente du point de vue de la consommation de calories à l'heure.
Badminton, volley-ball, golf (parcours à pied avec transport du sac)	300-360	Uniquement si l'on joue régulièrement; les obèses doivent lutter contre leur tendance naturelle à conserver leur énergie en se déplaçant le moins possible lorsqu'ils jouent en équipe.
Tennis (en double)	300-360	Sans résultat, sauf si les échanges de balle durent de 2 à 3 minutes; autrement ne développe que l'adresse.
Culture physique, travail à la barre	300-360	Aide beaucoup plus à développer l'adresse, la coordination et la force qu'à perdre du poids.
Marche rapide 6,5 km/h (4 mi/h)	360-420	Le meilleur exercice pour maigrir, si l'allure est maintenue au moins 30 minutes et s'il est pratiqué régulièrement.
Patin sur glace, bicyclette 16 km/h (10 mi/h)	360-420	Requiert un équipement, mais offre une certaine variété par rapport à la marche rapide tout en ayant la même valeur s'il est pratiqué régulièrement.
Jogging 8 km/h (5 mi/h)	420-480	À cette allure — facilement contrôlable à l'aide d'un pédomètre (très bon marché) — permet d'intensifier les bénéfices obtenus par une bonne marche.
Ski, squash, ski nautique	420-480	Sans valeur, développe uniquement l'habileté; le ski nautique présente quelques risques cardio-vasculaires pour l'obèse.

Course à pied	600-660	Excellent comme mise en forme, mais déconseillé aux obèses.
Natation	*	Très bon exercice lorsqu'il est pratiqué de façon régulière; recommandé en particulier aux obèses souffrant de maladies articulaires et qui supportent difficilement les autres exercices physiques en raison de leur poids.

Il est difficile d'affirmer que la station debout est une forme d'exercice, mais elle a sa valeur. Selon le *Journal de l'Association médicale américaine,* "on consomme à l'heure près de 9 calories de plus en station debout qu'en position assise". De surcroît, les individus qui ne peuvent rester immobiles, qui se déplacent, qui bougent continuellement et agitent les pieds, consomment 66 calories de plus à l'heure. En 70 heures, ils consomment donc l'équivalent d'un demi-kilo de plus que les individus calmes et y réussissent sans aucun exercice particulier. Les résultats obtenus à partir d'une observation effectuée sur des passagers et le personnel naviguant des transports publics de Londres confirme cette analyse. Ces observations révélèrent que le nombre de crises cardiaques était plus important chez les voyageurs assis que chez le personnel qui reste debout toute la journée.

Toute activité physique est bénéfique d'une façon ou d'une autre. Si vous bricolez en regardant la télévision, par exemple, pendant au moins 1 heure chaque jour, vous perdrez du poids — 1,5 kg l'an — aussi sûrement que si vous fendiez du bois. Tricoter, broder, crocheter, collectionner les papillons ou tout autre violon d'Ingres provoqueront les mêmes résultats.

Si ne presque rien faire produit une perte de poids, il s'ensuit qu'une plus grande activité fera davantage maigrir. C'est absolument vrai, du moins jusqu'au moment où l'individu atteint son poids idéal. Pour ce faire, l'individu trop gros doit simplement s'imposer un peu

---

* Le nombre de calories brûlées par heure varie largement suivant la température de l'eau, la force et la direction du courant, l'adresse du nageur et sa cadence.

plus que ce que chacun d'entre nous effectue quotidiennement: il doit marcher. Il ne nous vient pas à l'esprit que la marche est une forme d'exercice, pourtant une bonne marche rapide (voir tableau suivant) est "un excellent exercice, dynamique bien qu'inhabituel, pour les individus de tout âge". C'est de plus une forme naturelle d'exercice acquise dès l'enfance. Elle n'exige pas de conditionnement, d'entraînement, d'équipement, de conditions ni de préparation spéciale. Elle ignore les classes sociales; l'âge, le sexe ou la race ne constituent pas des obstacles; les saisons non plus. Et c'est gratuit!...

Maigrir en marchant

La marche, seule forme d'exercice praticable par tous, gratuite, sans difficulté, renforce l'efficacité de tout régime alimentaire, du plus léger au plus draconien. Comme l'indique ce tableau, il est possible de perdre jusqu'à 11 kg (25 lb) en un peu plus de 2 mois. Il suffit de combiner un régime faible en calories à une marche rapide de 30 minutes, chaque jour.

Nombre de jours nécessaires à la perte de

Réduction en calories	2,5 kg (5 lb)	4,5 kg (10 lb)	7 kg (15 lb)	9 kg (20 lb)	11 kg (25 lb)
légère (400 cal./jour)	27*	54	81	108	135
moyenne (700 cal./jour)	18	36	56	72	90
forte (1000 cal./jour)	13	26	39	52	65

---

* calculé sur la base d'une marche de 30 minutes à 5,5-6,5 km/h (3,5-4,0 mi/h)

Mais surtout l'individu qui suit un régime a l'impression que la marche ne *ressemble* pas à un exercice. On peut l'intégrer dans la vie de tous les jours, sans véritablement bouleverser ses habitudes. Ainsi camouflée, la marche en tant que sport ne se distingue plus de la marche effectuée pour se rendre au travail et de nombreux individus trop gros peuvent surmonter leur inactivité — sans renoncer totalement à leur gourmandise — en se déplaçant tout simplement à pied plutôt qu'en utilisant le train, l'autobus, le métro ou une automobile. Pour la plupart des Américains obèses, en particulier les femmes d'un certain âge, la marche se révèle le seul sport facilement praticable. Car il est facile de l'intégrer à l'emploi du temps le plus chargé et le plus imprévisible; c'est également un sport facile à adapter à son propre rythme; c'est enfin un sport aisé à pratiquer, car il met en jeu les muscles les plus gros, les plus forts et les mieux entraînés.

La marche est la solution pratiquement idéale au casse-tête de l'obésité parce qu'elle ne ressemble pas à un exercice, parce qu'on peut l'intégrer à la plupart des types de vie quotidienne, parce qu'elle ne lasse pas comme la plupart des exercices physiques. Ce n'est pas une solution en elle-même, mais associée à un régime sérieux la marche est un exercice qui "est plein de bon sens" pour la grande majorité des individus qui doivent perdre du poids. C'est pourquoi, bien sûr, les conseils particuliers de la première partie du plan directeur de perte de poids font appel, d'une façon ou d'une autre, à la marche.

Ces conseils particuliers mettent en évidence un élément que trop de médecins ne réussissent pas à admette ou du moins à découvrir, à savoir que peu d'individus trop gros désirent suivre un programme d'exercice physique le plus modeste et le plus facile soit-il, pas plus qu'ils ne désirent suivre un régime pauvre en calories, peu astreignant, même si leur vie en dépend. Un médecin de la clinique Mayo donne à ce sujet l'exemple d'un patient obèse à qui l'on avait dit qu'il souffrait d'un cancer du côlon d'évolution lente qu'il fallait opérer, mais cette intervention chirurgicale ne pouvait être effectuée avant qu'il ait perdu 45 kg (100 lb) de ses 194 kg (430 lb). On prescrivit au patient un régime équilibré pauvre en calories, en l'avertissant que sa vie dépendait du poids qu'il perdrait. L'année suivante, le patient décida évidemment que la vie sans les calories qu'il était habitué à consommer ne valait pas la peine d'être vécue, aussi revint-il à la clinique aussi gros qu'avant. On le renvoya chez lui sans l'avoir opéré. Deux ans plus tard, son cancer latent entra dans une phase aiguë et mit fin à sa mortelle gourmandise.

Au cours des années, l'inactivité et la gourmandise ont attiré leur part de profiteurs, bien que la recherche d'un programme d'exercice physique sans effort arrive en seconde position, juste après la recherche d'un régime miracle. Selon Gordon M. Martin, consultant de la clinique Mayo, le terme "exercice sans effort" n'a pas plus de sens que "repas sans aliment". Exercice est synonyme d'effort physique, mais cette notion apparemment élémentaire a quelquefois échappé tant aux fabricants qu'aux acheteurs de matériel permettant de pratiquer un exercice "sans effort". Les termes d'"exercice sans effort" excitent apparemment tout particulièrement l'imagination comme autrefois la phrase: "les calories ne comptent pas". En les entendant, les adultes, par ailleurs intelligents, mettent de côté leurs connaissances en matière de lois naturelles et physiologiques et envoient chèques et mandats-poste.

L'un de ces produits pour lesquels les obèses gaspillèrent leur argent, le Relax-A-Cizor, fut commercialisé au cours des années 60. Comme un grand nombre de ses concurrents, le Relax-A-Cizor promettait un exercice, sans effort des muscles, par une stimulation électrique à basse tension. Les lecteurs qui se souviendront de ce qu'on a dit au Chapitre IV sur le "traitement contre la cellulite" comprendront que le Relax-A-Cizor n'était rien d'autre qu'une nouvelle version du Diapulse. Les deux appareils fonctionnaient selon le principe suivant: un courant électrique alternatif à basse tension traversant le corps au moyen d'électrodes provoque des contractions musculaires involontaires qui tonifient le corps. Les médecins ne purent réussir à vérifier ces affirmations, mais n'empêchèrent pas les fabricants du Relax-A-Cizor d'en vendre 350 000, au prix de $325 l'unité, pour un bénéfice de $100 millions.

Le plus désolant dans ce succès commercial du Relax-A-Cizor et de son sosie tout aussi inefficace fut l'attitude de rejet qu'adoptèrent les individus trop gros face aux bons systèmes d'exercice. Écoutant les charlatans qui affirmaient que l'on peut faire du sport sans effort et donc ainsi maigrir, les gourmands crédules dépensaient leurs $325. Mais ils découvraient bientôt que ces impulsions électriques à basse tension n'étaient pas de force à lutter contre leur appétit vorace. C'est pourquoi, toujours aussi inactifs mais également quelque peu décontenancés, ils abandonnaient l'appareil infernal et perdaient malheureusement du même coup leur croyance en l'efficacité de l'exercice pour maigrir.

C'est ainsi que l'industrie a perdu des occasions de tirer profit de millions d'individus de ce genre. En plus des cotisations des abonnés des gymnases et des saunas, des centres de santé et des centres récréatifs, ce marché multimillionnaire contrôle la vente des appareils pour courir sur place, les bains de vapeur, les équipements sportifs spéciaux, les sangles de massage, les bicyclettes d'exercice et toute une série d'autres appareils. Leur prix varie entre $1 pour un simple extenseur et $1 200 pour un tapis roulant à vitesse variable. Et comme tout bon programme d'exercice, ces systèmes doivent muscler et augmenter l'endurance, mais non faire maigrir. Il semble donc absurde qu'un obèse désireux de maigrir dépense de l'argent en équipement sportif; a fortiori pour un équipement censé lui procurer de l'exercice sans effort.

La qualité de ces centres d'amaigrissement, connus par leurs usagers et leurs détracteurs sous le nom d'"usines à maigrir", est tout à fait discutable. Nombre de ces luxueux centres de mise-en-forme obtiennent de remarquables résultats; les femmes aux formes opulentes qui fréquentent ce genre d'établissement n'ont aucun autre choix que de se soumettre au programme d'exercice intensif et de régime sévère; la plupart perdent réellement du poids. Le coût de cet amaigrissement est très élevé: environ $1 500 pour une semaine, dans les meilleures conditions. Mais l'amaigrissement n'est absolument pas durable. Si le séjour n'est pas associé à un régime à long terme, l'individu reprend du poids aussi vite qu'il avait maigri.

Un investissement plus sûr, à prix égal, est l'adhésion à un club sportif. L'exercice en soi est répétitif et monotone lorsqu'il s'agit uniquement de faire travailler les muscles ou de brûler de la graisse; aucune forme d'exercice n'est plus ennuyeuse ni plus monotone que les mouvements répétitifs de gymnastique (voir notre recommandation no 1, phase I du plan directeur). L'ennui causé par un exercice monotone peut être atténué par un environnement agréable et il n'est pas nécessaire d'aller jusqu'au centre Maine Chance d'Elisabeth Arden, aux États-Unis, pour rendre un programme de mise-en-forme plus facile à supporter. D'une façon ou d'une autre, l'effort est indispensable pour tirer des bénéfices d'un exercice. Et ce n'est pas en passant des heures au sauna ou en étant massé par une ceinture de massage qu'on maigrit de façon durable. Ce résultat, on l'obtient en revanche en faisant chaque jour une bonne marche d'une demi-heure.

Jack La Lanne, sans doute le partisan le plus connu de la bonne forme grâce à son programme télévisé d'exercices collectifs pour tous et ses conseils en diététique, est un adepte irréductible de l'exercice physique. Selon lui, — on l'a surnommé le Billy Graham de la musculature — "l'exercice physique est le meilleur des tranquillisants. Il ne stimule pas l'appétit, il le normalise. La meilleure façon de vivre est de faire des exercices physiques énergétiques et de se nourrir sobrement." Les nutritionnistes pourraient être de l'avis de La Lanne, mais pour des millions d'Occidentaux trop gros qui ne peuvent ou ne veulent pas faire d'exercice physique, la solution au casse-tête de l'obésité doit résider ailleurs. On pourrait peut-être y trouver réponse en inversant les priorités de La Lanne: oublions l'exercice physique et nourrissons-nous correctement.

Chapitre VII

La nécessité de suivre un régime alimentaire

J'ai vécu sobrement, mangeant peu de viande, pas de condiments, mais des légumes qui constituaient la base de mon alimentation.

Thomas Jefferson

Il est assez logique que Thomas Jefferson ait utilisé ses remarquables capacités intellectuelles pour se pencher sur la question d'une alimentation saine. Il n'est pas autrement surprenant qu'il en soit arrivé à de justes conclusions — 2 siècles avant la plupart de ses compatriotes. Son propre régime, riche en hydrates de carbone complexes et en fibres végétales, mais pauvre en sucre raffiné et en graisses saturées, est pratiquement identique au régime alimentaire que le Comité de sélection de la nutrition et des besoins humains du Sénateur George McGovern conseillait récemment à tous les adultes. Évidemment, la différence essentielle entre les 2 tient à ce que le régime de Jefferson est une réalité historique, une description du régime alimentaire réel de l'homme d'État de Virginie, alors que le régime du Comité McGovern se limite à des conseils et repose sur des notions théoriques: il propose un modèle de la façon dont nous *devrions* nous nourrir plutôt qu'un exemple de la façon dont nous *nous nourrissons* réellement.

Pour sa sagacité en matière de régime, Thomas Jefferson fut surnommé le père du mouvement pour une meilleure alimentation. Le souci dont nous faisons preuve à l'égard de la valeur nutritive de notre nourriture est très ancien — les plus vieux manuscrits en témoignent. L'alimentation a toujours été considérée comme une science occulte, curieux mélange de bon sens et de superstitions, de faits démontrables et de simples hypothèses. À tel point que les Égyptiens de l'Antiquité, croyant que l'ail possédait des vertus miraculeuses, en nourrissaient les ouvriers qui bâtissaient les pyramides — alors que les Grecs de l'Antiquité, détestant son goût trop prononcé, en donnaient aux criminels condamnés afin de "pacifier" leurs esprits. Toute l'histoire de la gastronomie et de l'alimentation regorge de contradictions aussi étonnantes. Le manque d'information qui engendre ces opinions est aussi fascinant que révélateur. On peut se demander, par exemple, si la tomate apparue en Europe de l'Ouest au XVIe siècle, aurait été qualifiée de "pomme d'amour" et consommée pour ses supposées vertus aphrodisiaques, si elle était apparue en un siècle moins marqué par l'obscurantisme et la superstition.

Ces anecdotes prêtent aujourd'hui à sourire. Dans la mesure où elles sont le reflet de contradictions permanentes en matière d'alimentation, elles sont réellement inquiétantes. L'ail est tout aussi prisé et détracté aujourd'hui qu'il y a 3 millénaires, par des individus toujours aussi ignorants de ses propriétés nutritives. Mais il ne s'agit pas que de l'ail. Les lecteurs de demain seront stupéfaits par nos livres de régime et regarderont d'un oeil différent du nôtre le danger d'intoxication au mercure tant débattu au début des années 70. Le docteur Fredrick Stare de l'université Harvard insiste sur le fait "qu'il n'existe absolument aucune preuve évidente, aux États-Unis, d'un seul cas de maladie provoqué par la présence de mercure dans les aliments", mais cette déclaration ne rassure en rien un public convaincu par la presse que les poissons et crustacés en général, plus particulièrement la daurade, sont contaminés par le mercure et donc dangereux à consommer.

Il ne fait aucun doute que les générations futures considéreront avec moins de légèreté notre conviction que nous avons empoisonné nos aliments avec des produits chimiques nocifs. Le mercure ne devrait pas nous faire courir de risques graves, mais le DDT et d'autres pesticides solubles dans l'eau sont véritablement dangereux. La liste des éléments cancérigènes connus ou suspects dans l'alimentation et dans l'eau semble s'allonger jour après jour et accroît simultanément notre méfiance à l'égard des aliments et de leurs additifs.

Le mot même "additif" est devenu symbole de poison commercial et les fabricants qui avaient coutume de vanter la saveur durable de leurs produits contenant des préservatifs, proclament maintenant que leurs nouveaux produits ne contiennent "absolument aucun additif". Que prouve cette volte-face? D'abord, le cynisme du marché, car nutritivement parlant, ces nouveaux produits ne diffèrent pratiquement pas des précédents. Ensuite, la différence essentielle réside dans l'argument de vente qui se réfère à cette nouvelle "folie de la diététique" et s'oppose aux arguments des années précédentes. Mais cela mis à part, la conception populaire d'une alimentation saine reste la même: mélange de bon sens et de superstitions, de faits démontrables et de simples hypothèses.

Afin d'apprécier à quel point les considérations affectives ont influencé notre jugement en ce qui concerne la nourriture, demandons-nous si nous boirions volontiers un mélange de triméthyl xanthoïne et d'acide chlorogénique. Puis demandons-nous ce que nous ressentirions si l'on nous disait que ce mélange n'est rien d'autre que du café frais. Ce qui nous préoccupe, au sens le plus général du terme, c'est la peur d'avoir perdu le pouvoir de contrôler la composition des aliments et de l'eau: c'est la peur d'absorber des poisons violents à chaque bouchée et des éléments cancérigènes à chaque gorgée. Nous craignons le trimethyl xanthoïne et l'acide chlorogénique parce que, comme d'autres produits chimiques contenus dans les aliments, ils ne nous sont pas familiers. Non-familier signifie pour nous dangereux.

C'est cette frayeur, comme nous l'avons déjà noté, qui a stimulé la croissance de l'industrie alimentaire diététique, en nous donnant l'assurance que ses produits étaient cultivés "naturellement", sans pesticides, sans préservatifs, sans saveurs ni colorants artificiels. Bien que, d'après un contrôle effectué par le département de l'Agriculture de l'État de New York, en 1972, on découvrit que c'était précisément les aliments "naturels" qui contenaient le plus de résidus de pesticides. L'ironie de tout cela, c'est qu'un seul additif, parmi les milliers autorisés par le gouvernement, est reconnu pour son pouvoir toxique dans des conditions d'utilisation habituelle. Il s'agit d'un additif que l'on peut difficilement classer parmi les non-familiers: le sel.

Si vous ignorez cela, consolez-vous en vous disant que presque tous sont dans le même cas. Seul le sucre, l'additif le plus largement utilisé, est encore plus méconnu. Notre ignorance en matière d'additifs n'est d'ailleurs qu'un aspect de notre profonde méconnaissance de ce que nous mangeons. L'ignorance populaire et les croyances générales concernant les régimes alimentaires sont assez bien révélées par l'importance prise sur le marché par la Golden Délicious. Récemment introduite en Europe, cette pomme est actuellement très à la mode, simplement parce qu'elle vient de l'étranger et paraît exotique. Elle représente les deux tiers de la production de pommes en France, en dépit du fait que la Golden contient moins de vitamines C, de sucre et d'acidité naturels que les espèces cultivées chez nous.

À titre d'exemple propre aux États-Unis, qu'on songe au sort peu enviable de la pomme de terre. De nombreux facteurs ont sans aucun doute contribué au considérable déclin de popularité de la pomme de terre depuis le début du siècle, alors que les Américains en consommaient 2 fois plus qu'aujourd'hui. Ce changement est dû à la réputation injustifiée dont est affublée la pomme de terre et selon laquelle elle serait l'un des aliments les plus riches en calories. En réalité, la pomme de terre la plus riche contient 80% d'eau; 30 g (1 oz) de pomme de terre ne contiennent pas plus de calories que 30 g (1 oz) de pomme et moins que 30 g (1 oz) de riz.

Nos conceptions erronées de la valeur nutritive de certains aliments sont si profondément enracinées que nous nous sommes tous mis à un régime non seulement déséquilibré, du moins du point de vue de la santé, mais de plus trop riche en calories. Cette attitude se vérifie en ce qui a trait aux féculents. Pour en faire la preuve, des nutritionnistes de Harvard ont offert à des volontaires de choisir entre 2 plats. Le premier contenait un steak de 170 g (6 oz); l'autre, une grande quantité de spaghetti largement arrosés de sauce tomate. Les participants, à qui l'on demandait de choisir le plat le moins riche en calories, mangèrent tous sans exception le steak qui contenait 700 calories comparativement aux pâtes qui n'en contenaient que 200.

Ce qui fascine davantage les chercheurs — et devrait nous servir à nous qui analysons ce que nous *devrions* manger — c'est la sagacité — non plus l'ignorance — en ce qui concerne certains aliments. Un certain niveau de sophistication alimentaire est évident, même dans les sociétés les plus primitives où l'on trouve parfois une connaissance que l'on peut qualifier de prescience. Les Amérindiens, par exemple, avaient coutume de soigner les maux de tête à l'aide d'une infusion de feuille de sassafras. Il ne leur était pas nécessaire de savoir que ces feuilles possédaient une teneur exceptionnellement élevée en acide acétylsalicylique — composante de l'aspirine — pour être certains que l'infusion était efficace. Pas plus que les anciens Égyptiens n'avaient besoin de comprendre la complexité des corps chimiques pour apprécier la valeur du foie des animaux dans le traitement de la cécité. La méthode empirique leur avait appris les propriétés de ces aliments 1500 av. J.C., s'il faut en croire le papyrus de Ebers.

L'empirisme est une façon inefficace et souvent dangereuse de procéder pour déterminer la valeur d'un aliment dans le traitement d'une maladie, tout particulièrement lorsque cette méthode est appliquée à des êtres humains et que les erreurs se traduisent par le décès des cobayes. C'est pour cette raison qu'il fallut attendre le XVIIIe siècle et le développement des méthodes modernes de recherche scientifique pour assister à une expansion rapide de nos connaissances en matière de régime alimentaire et de nutrition. Le fondateur des principes modernes de la nutrition est Antoine Lavoisier, chimiste français du XVIIIe siècle qui, le premier, définit la nourriture comme un carburant et associa son absorption à la dépense en énergie qui se produit au cours d'un exercice.

Au cours du XIXe siècle, les successeurs de Lavoisier avaient réussi à déterminer les quantités de graisses, d'hydrates de carbone, de protéines et de sels minéraux contenus dans la plupart des aliments ainsi que dans le corps humain. La deuxième étape se produisit aux États-Unis, à la suite de l'établissement, en 1862, de collèges agricoles et de stations expérimentales. Jusque-là, les nutritionnistes s'étaient essentiellement penchés sur les besoins alimentaires des animaux de la ferme; dorénavant, ils allaient concentrer leur attention sur les besoins de l'homme.

Un siècle après Lavoisier et Jefferson, un chercher américain qui travaillait à la station expérimentale de Storrs, au Connecticut, allait faire une découverte qui lui valut le titre officieux de fondateur des méthodes modernes d'alimentation en Amérique. W.O. Atwater découvrit que chaque catégorie d'aliments possède une valeur alimentaire différente et spécifique. Avec l'expérience de Atwater naissait le concept de valeur calorique des aliments, base de l'alimentation moderne et de tout régime alimentaire sérieux. Profondément impressionné par la réussite de Atwater, le Congrès affecta des fonds, en 1894, à la création du département de l'Agriculture des États-Unis. Atwater à sa tête, ce département élargit ses recherches à tous les aspects de l'alimentation humaine et animale; par la suite, il publia les premières statistiques sur l'alimentation de la population américaine.

Le département de l'Agriculture publie encore de telles statistiques, mais l'on ne peut s'empêcher de se demander ce que le docteur Atwater en aurait conclu. Chaque nouveau bilan paraît plus pessimiste que le précédent et semble laisser croire que l'alimentation, aux yeux des Américains, relève plus de l'économie politique que l'économie elle-même. Le département estime, par exemple, que si l'on suivait ses conseils, le pays épargnerait près de $30 milliards l'an en frais médicaux — un peu moins d'un tiers de l'ensemble des frais médicaux annuels. Le département a aussi calculé que le taux de maladies cardiaques pourrait être réduit de 25%, permettant de réaliser une économie de $7 milliards, auxquels s'ajouteraient $21 millions provenant de la diminution du coût annuel du traitement des maladies infectieuses et respiratoires dues à un mauvais régime alimentaire. Le taux de mortalité infantile pourrait diminuer de moitié si les femmes enceintes mangeaient mieux et 3 millions de naissances anormales seraient évitées. La facture dentaire serait diminuée de moitié. Et nos chances de vivre jusqu'à 65 ans passeraient de 65 à 90%. Tout cela et plus en suivant le régime alimentaire de Jefferson, non un régime de "junk-food".[1]

Comme l'ont mis en évidence des personnalités comme Jefferson et comme l'a établi sans équivoque le comité de McGovern, il y a une bonne et une mauvaise façon de manger et un trop grand nombre d'entre nous choisissons la mauvaise. Et *il s'agit réellement d'un choix,* car la malnutrition n'est plus dans ce pays un signe distinctif des classes défavorisées, de la même façon que l'obésité n'est plus

---

1. NDT: aliment-camelote (*Le Devoir*, 1978)

l'insigne de la classe la plus aisée. Un contrôle à l'échelon national, effectué il y a plusieurs années, a montré qu'un tiers de toutes les familles américaines dont le revenu dépassait $10 000 l'an dernier s'alimentaient mal. Elles agissaient ainsi, semble-t-il, non par manque d'argent mais par ignorance, par insouciance ou tout simplement par facilité. Un tel laisser-aller peut coûter cher et n'affecte pas seulement le porte-monnaie, mais aussi la ligne: un hamburger, des frites et un lait battu au chocolat contiennent 1 100 calories, c'est-à-dire à peu près la même quantité de calories qu'il est permis à un individu suivant un régime sérieux de consommer dans une journée.

Si vous ignoriez ce fait à propos des "fast-foods" [2] consolez-vous en vous disant que vous n'êtes pas le seul. Les distributeurs de "fast-foods" ont saturé les ondes de leur publicité et nous découvrons que nous ne pouvons nous empêcher de chantonner leur "jingles", même si la radio est fermée. (Existe-t-il un Américain de plus de 4 ans qui ne puisse compléter cette phrase: "Deux morceaux de boeuf entier..." [3]) Cet obstacle créé par les média paraît presque insurmontable, spécialement pour nous, ignorants de ce que nous devrions manger et terriblement influençables. Nous devrions pouvoir résister à ces effets grâce à un bon système d'information alimentaire, mais le budget annuel de l'Institut national pour l'arthrite, les maladies du métabolisme et les maladies digestives est d'environ $10 millions — 475 millions de moins que ce qui est consacré annuellement à la recherche sur le cancer. Atwater aurait certainement déclaré que nos priorités étaient mal établies, en particulier devant l'évidence que quantité de cancers, dont les cancers du poumon, de l'estomac, du côlon et du rectum, découlent de notre régime alimentaire.

Mais même si les sommes consacrées annuellement à la recherche sur la nutrition étaient égales à celles investies pour la recherche sur le cancer, ce montant serait encore négligeable par rapport aux sommes considérables dépensées chaque année pour la publicité d'aliments sans valeur nutritive. Le département de l'Agriculture, par ses déclarations et ses publications, ne peut espérer rivaliser avec la télévision, source principale de "l'information sur l'alimentation", tout particulièrement aux États-Unis. (C'est la télévision,

---

2. NDT: fast-food: repas-minute.
3. NDT: publicité américaine.

non le département de l'Agriculture, après tout, qui nous répète ce que nous désirons entendre. Nous voulons nous entendre dire que nos céréales sont "enrichies de vitamines" comme nous l'indique la publicité, non que ces céréales contiennent 55% de sucre raffiné, comme nous l'apprend le département de l'Agriculture. C'est pourquoi nous augmentons le volume de nos postes de radio pour écouter les uns et restons sourds à l'autre.) Le résultat est que nous mangeons moins bien qu'il y a 10 ou 20 ans. Une information en a remplacé une autre, exactement comme les graisses ont remplacé les hydrates de carbone; les farines tamisées, les farines entières; les protéines, les fibres et les sucres raffinés, les sucres naturels de fruits.

Nous sommes donc en présence de 2 théories opposées. D'une part, celle de Jefferson qui prône les fruits et les légumes frais et cultivés par des milliers de petits producteurs à travers tout le pays et vendus localement sous des appellations régionales. D'autre part, celle qui vante la valeur des produits très élaborés, souvent riches en calories, vendus sous des appellations nationales par un nombre relativement réduit de compagnies. Les premiers n'ont qu'une valeur nutritive; les autres jouissent de budgets considérables pour leur publicité. Toute personne connaissant un peu le marché économique actuel comprend les raisons pour lesquelles les aliments industriels comptent pour 60% dans le régime alimentaire d'un Américain moyen et le "fast-food" pour 35% de *tout* repas.

Le *fast-food* est une réalité de notre mode de vie et personne, si ce n'est les plus fanatiques partisans de l'alimentation naturelle, ne peut envisager que l'Amérique revienne à ses habitudes alimentaires vieilles d'un siècle. Les experts nous conseillent fortement de rééquilibrer peu à peu notre régime alimentaire en réajustant les quantités de sucres, de graisses, de protéines et d'hydrates de carbone que nous consommons. C'est un objectif réalisable tant d'un point de vue humain que médical. Il est insuffisant de déclarer, comme le font souvent les médecins, que le corps humain a besoin d'éléments nutritifs spécifiques plutôt que d'aliments spécifiques — ou que l'alimentation se limite à fournir à l'organisme des composés de carbone et de sels minéraux essentiels à son intégrité et à son fonctionnement. Comme le déclare justement Jean Mayer, tout régime alimentaire réalisable doit également posséder quelque saveur — ce qui explique pourquoi personne ne désire vivre en avalant 45 tablettes nutritives chaque jour, bien que celles-ci, mises au point pour les astronautes, fournissent toutes les vitamines, les sels minéraux et les calories nécessaires. L'appétit est, comme nous le savons, un mécanisme très compliqué chez l'homme et un aliment simple — en particulier s'il est mal présenté, pas assez assaisonné ou peu attirant pour toute autre raison — ne nous donne pas automatiquement envie de manger.

Un régime alimentaire raisonnable doit être à la fois satisfaisant pour les économistes et agréable pour les individus. Un régime alimentaire équilibré irréalisable n'est pas meilleur que les "junk-foods" qu'il devait remplacer. Les nutritionnistes oublient quelquefois qu'il est inutile de conseiller de remplacer du boeuf par du poisson 3 fois la semaine, même si cela semble tout à fait raisonnable, en théorie, à un fermier de l'Iowa qui peut très facilement se nourrir du boeuf de sa production mais qui voit rarement du poisson dans les marchés de sa région.

Il en va de même pour tout régime alimentaire qui ne tient pas compte du fait que la plupart d'entre nous vivons pour manger, alors que les nutritionnistes et les maniaques de régime mangent pour vivre. Les repas sont des moments de répit dans nos journées de travail et des récompenses pour des tâches accomplies. Ils sont des moments privilégiés pour la réconciliation, la séduction, la réunion, l'amitié et le badinage. Les repas sont une célébration et nous aimons les bonnes choses qui symbolisent agréablement le fruit de notre travail même si c'est une autre personne qui a moissonné, moulu la farine, emballé et congelé les aliments. Le problème est que peu d'entre nous s'adonnent à ces tâches; d'ailleurs en aurions-nous le temps

La moitié des mères dont les enfants fréquentent l'école ont un travail régulier; elles sont contentes de rentrer chez elles après le travail et il ne leur reste plus vraiment assez d'énergie, d'enthousiasme ou de temps pour fabriquer le pain ou faire mijoter une vraie soupe. Le plaisir qu'elles ont pu éprouver à préparer des repas s'est peu à peu amenuisé, après plusieurs années de mariage, devant l'inlassable obligation de les prévoir et de les préparer pour un mari morose et des enfants indifférents.

De plus, de nombreuses femmes essaient de suivre un régime pauvre en calories, prix qu'elles doivent payer pour le soin qu'elles apportent quotidiennement à préparer la nourriture. Ce qui fait que la valeur nutritive des aliments passe de plus en plus en seconde position dans leur esprit. Il est beaucoup plus facile de vider un sachet de crème de légumes dans de l'eau bouillante et de le faire cuire pendant 15 minutes que de laver, trier, couper, éplucher et cuire à la vapeur des légumes frais. D'autant qu'à table, le résultat est comparable.

Mais les nutritionnistes ne se demandent pas s'il y a une réelle différence entre la valeur d'un aliment congelé ou frais. La plupart du temps, il y a surtout une différence de goût, non de quantité de calories ou de vitamines; les médecins raisonnables reconnaissent que, pour beaucoup d'entre nous, des légumes congelés et en conserve permettent d'éviter la monotonie d'un régime essentiellement composé de carottes, de céleri et de laitue, seuls produits frais disponibles durant les mois d'hiver.

La question qui intéresse le plus les nutritionnistes est de savoir ce que nous *devrions* manger plutôt que ce que nous *mangeons*. Ils se demandent surtout s'il est préférable de manger *davantage* d'un aliment, comme les légumes frais ou congelés, ou *moins* d'un autre, comme les graisses saturées. L'on sait, d'ailleurs, que les végétariens sont généralement moins gros que les non-végétariens et moitié moins sujets à des crises cardiaques. Ils vivent en général plus vieux et sont moins souvent atteints de cancers du poumon ou du colon.

Le Comité de McGovern sur la nutrition et les besoins humains avait certainement présentes à l'esprit ces statistiques lorsqu'il publia *Dietary Goals for the United States,* rapport de 79 pages destiné à transformer profondément notre régime alimentaire. Il conseillait surtout de réduire la consommation de graisses de 42 à 30% tout en augmentant la consommation d'hydrates de carbone de 46 à 58% (voir les tableaux suivants). Ce comité conseillait également que les Américains réduisent leur consommation de cholestérol, de sel et de sucre en les remplaçant par des fruits et des légumes riches en fibres.

Les sénateurs avaient de très bonnes raisons de donner ces conseils, comme nous le verrons par la suite et, fait inhabituel, leur façon de l'exprimer fut très énergique. Comme prévu, chacun de leurs conseils souleva une vive opposition de la part du groupe spécialement concerné et plus particulièrement touché. Comme prévu, ces groupes, s'exprimant par l'intermédiaire de puissants regroupements d'intérêts, riches et bien placés auprès des hommes politiques de Washington, ne s'opposèrent qu'aux conseils qui risquaient de nuire à la vente de leurs produits, mais non à l'ensemble du rapport.

Les éleveurs de bétail n'apprécièrent pas que le comité conseille à *tous* les Américains adultes de diminuer leur consommation de graisses saturées, parce que ce régime alimentaire était indispensable aux hommes trop gros, d'un certain âge et qui mangeaient beaucoup de boeuf. Les producteurs de sucre, eux, furent exaspérés d'apprendre que l'on conseillait aux Américains des 2 sexes et de tout âge de diminuer de 40% leur consommation de sucre raffiné. L'Association nationale des producteurs de conserve n'apprécia pas que le comité encourage la consommation de produits frais. L'industrie des oeufs, souffrant encore des retombées de la peur du cholestérol des années 50, s'offensa de ce que le Comité conseillait aux hommes d'éviter de manger des oeufs afin de conserver un taux normal de cholestérol. L'Association médicale américaine elle-même fit remarquer qu'il n'était pas du tout évident que les sénateurs aient raison sur certains points et cette déclaration de l'Association médicale fut appuyée par plusieurs nutritionnistes universitaires n'entretenant aucune relation avec l'industrie.

Il est assez intéressant de noter que personne ne prit la défense du sel, le plus vieux condiment et le premier additif alimentaire connu. Ayant remarqué que le sel peut être nocif pour des individus en bonne santé et dans des conditions d'utilisation normale, qu'une forte consommation de sel prédispose à l'hypertension et qu'une surconsommation est liée à un taux particulièrement élevé de cas de migraines, de maladies de coeur, de cancers de l'estomac, les sénateurs insistaient pour que l'on élimine le sel de toute forme d'assaisonnement. Ils allèrent jusqu'à conseiller une diminution incroyable de 85% de la consommation de sel, ce qui signifiait une cuisine sans sel, des conserves sans sel, du pain sans sel, du beurre sans sel et du lait dessalé par un procédé de dialyse. Cela signifiait une restriction supérieure à celle que prescrit la Clinique Mayo à ses patients cardiaques — objectif impossible — c'est pourquoi le Comité à dû récemment revenir sur cet avis. Un objectif plus raisonnable serait de conseiller l'élimination progressive du sel de *table*.

Le véritable problème est que le sel a perdu de son utilité, mais que l'homme n'a pas abandonné son penchant pour des aliments très salés. Par le passé, le sel était le seul moyen de conserver les aliments et, parce que seules les salaisons — de viande et de poisson — permettaient à l'homme de consommer des protéines durant de longs hivers et des étés torrides, le sel avait une très grande importance. Le sel était la monnaie de l'époque et les marchands de sel étaient les bienvenus partout. (Il est significatif que la plus ancienne ville d'Europe soit probablement Hallstatt, en Autriche, ce qui veut dire "Ville du Sel" et que Hallstatt se trouve juste au sud-est de Salxburg dont le nom a la même signification.)

Le sel est encore utilisé dans la préparation de la plupart des aliments: bacon, jambon, cornichons, cacahuètes... et c'est toujours l'assaisonnement le plus répandu. L'habitude de saler les aliments persiste — pour tuer certaines bactéries dangereuses ou pour masquer le goût de rance —, mais les méthodes traditionnelles ont disparu. Il existe aujourd'hui d'autres modes de conservation et d'autres assaisonnements. Contrairement aux lipides et aux protéines, le sel n'est pas une nécessité physiologique. Il n'est nécessaire qu'en quantité minime que l'on trouve déjà largement dans presque tous les aliments.

Le sel fait partie de ce que Jean Mayer a appelé "la trilogie mortelle" de l'alimentation. Les 2 autres éléments en question sont le sucre et le cholestérol qu'il ne serait pas surprenant que le Comité McGovern examine de plus près. Les législateurs ont récemment pris connaissance à ce sujet des résultats d'une étude d'une durée de 25 ans faite sur 5 000 habitants de Framingham, Massachusetts, qui montre que les individus ayant un taux de cholestérol plus élevé que 250 mg souffrent *3 fois* plus de crises cardiaques que les individus dont le taux est de 200 mg.

En ce sens, cette étude semble renforcer les théories de Ancel Key en ce qui a trait aux dangers inhérents à un taux de cholestérol élevé, mais il faut considérer d'autres facteurs. Parmi eux, le fait que, jusqu'à maintenant, personne n'a pu fournir la preuve qu'une diminution du taux de cholestérol dans le sang réduit simultanément le nombre des maladies coronariennes. D'ailleurs, n'importe quel médecin peut nous montrer des patients au taux de cholestérol élevé qui ne souffrent d'aucun trouble cardio-vasculaire. Enfin, le docteur E.H. Ahrens, l'un des auteurs de la théorie affirmant que le taux de cholestérol est lié à des maladies coronariennes, est considérablement revenu sur sa thèse originale. Il reconnaît "qu'il n'est pas prouvé qu'une modification du régime alimentaire puisse prévenir l'apparition de maladies cardio-vasculaires chez l'homme". Une analyse plus serrée des données réunies par l'étude de Framingham montre qu'il *n'existe pas* de relation entre les habitudes alimentaires et le niveau de cholestérol.

Ce fait permet de penser que la portée réelle de l'opposition des Américains à la propagande diététique depuis 1950 a eu des conséquences sur l'activité économique, non sur le taux de mortalité. Les principaux bénéficiaires du passage des graisses saturées aux graisses poly-insaturées sont finalement les fabricants non le public. Exception faite des récents progrès accomplis dans le traitement des maladies coronariennes et leur détection précoce, il n'y a eu pratiquement aucun changement depuis 30 ans, malgré la suppression des oeufs au petit déjeuner.

Dans un article traitant du régime alimentaire des cardiaques, article récemment publié dans le *New England Journal of Medecine,* le docteur George V. Mann choisit le terme de "désarroi" pour décrire la conclusion confuse apportée au débat sur le cholestérol qui durait depuis des années. Le mot est bien choisi, car le terrain de discussion a été abandonné sans qu'une partie ou l'autre ne l'emporte. Les opinions sont contradictoires et, comme le docteur Mann le fait remarquer, c'est la consommation des graisses *poly-insaturées* qui a doublé depuis le début du siècle. "Cette période" note-t-il, "correspond à celle de la croissance des maladies cardio-vasculaires". Pendant cette période toutefois, notre consommation de graisses saturées et de cholestérol n'a pratiquement pas varié. Il se peut même qu'elle ait baissé.

Il est possible que nous ayons concentré depuis le début toute notre attention sur un élément faussement suspect. De nombreux experts pensent maintenant que ce n'est pas le *taux* de cholestérol dans le sang qui importe, mais plutôt sa *composition*. Le cholestérol se compose à la fois de lipoprotéines de haute et de faible teneur. Les lipoprotéines de faible teneur semblent contribuer à la formation de plaques dans les principales artères du corps, ce qui provoque des accidents coronariens et des crises cardiaques; les lipoprotéines de teneur élevée semblent avoir une fonction opposée, en débarrassant les artères des plaques existantes par une espèce de ramonage. Comme le fait observer le docteur Mann, le fait de mesurer le taux de lipoprotéines de teneur élevée du cholestérol permet une prévision *beaucoup plus* précise de l'éventualité d'une maladie coronarienne. La médecine possède maintenant un nouveau paramètre de mesure dont la valeur reste encore à prouver.

Le sucre, dernier membre de la trilogie du docteur Mayer, a si souvent été condamné par les nutritionnistes et les maniaques de régime que le Comité McGovern ne trouva que peu de choses à ajouter. La plupart des écrits tentant de justifier la grande quantité de sucre consommé déclarent que le sucre raffiné est la source d'énergie pure la plus rapidement assimilée par le corps humain. La plupart des détracteurs du sucre raffiné ne tiennent pas compte des maladies consécutives à une mauvaise nutrition. En réalité, la plupart des individus consomment trop de tout, sauf des fruits et des légumes; mais cela comprend trop de sucre, trop de graisses, trop de protéines et de sel. Un régime alimentaire plus sensé, qu'il s'agisse de celui de Jefferson ou du Comité McGovern, doit comprendre moins de sucre; tout individu qui suivra ce régime aura quelque chance de maigrir et de se sentir mieux. Mais une meilleure forme physique et morale ne peut être attribuée exclusivement à l'abandon de "la manie de tout sucrer".

De nombreux autres facteurs peuvent contribuer au nouveau bien-être de l'individu qui suit un régime, mais une réduction de notre consommation de sucre peut être très trompeuse, car presque tout le sucre que nous mangeons est "caché" dans les fruits et les féculents. L'omniprésence du sucre dans un régime alimentaire — présent dans tout aliment, du Ketchup au beurre de cacahuètes — rend impossible une régulation précise de sa consommation. Et l'élimination du sucre de table ne supprimerait pas la menace qu'il représente. En fait, notre consommation individuelle annuelle de sucre raffiné est restée plus ou moins constante depuis une cinquantaine d'années; c'est l'usage du sucre, comme additif dans les aliments industriels, qui a constamment augmenté durant la même période.

Nous rendons le sucre responsable de nos caries dentaires, alors que nous devrions plutôt nous reprocher de ne pas consommer assez de fibres, car les fibres nettoient les dents et les protègent du tartre et de la plaque dentaire. (Bien sûr les légumes contiennent aussi les vitamines nécessaires au maintien du bon état des gencives.) Nous rendons également le sucre responsable de l'obésité, alors que l'amidon et les graisses y sont pour quelque chose. Nos préjugés à l'égard du sucre sont essentiellement d'origine affective; ils nous empêchent de nous rendre compte que le sucre n'est pas un élément nutritif important mais un additif que nous pourrions, du moins en théorie, complètement contrôler. Le corps humain peut facilement fabriquer à partir des féculents, des céréales, des protéines et même des graisses tout le sucre dont il a besoin; dans un régime alimentaire bien équilibré le sucre raffiné n'est d'aucune utilité. Comme le sel, le sucre est un phénomène de culture et nous en consommons plus que nous n'en avons besoin. Le problème ne provient donc pas du sucre, mais bien de notre goût pour le sucré.

Les protéines, élément qui revient constamment dans les tableaux suivants, sont synonymes de viande rouge pour la plupart des Américains. Mais, pour le Comité McGovern et tous les nutritionnistes, les protéines se retrouvent aussi dans le poisson et la volaille qui peuvent souvent remplacer le boeuf, ainsi que les noix et les fèves qui peuvent suppléer à n'importe quelle viande. C'est sans doute parce que les aliments riches en sucre ou en amidon sont perçus comme des "aliments interdits", que les protéines, riches en calories et faibles en valeur nutritive, bénéficient d'une popularité générale qui excède largement leur réelle valeur alimentaire. Comme nous l'avons déjà vu, les régimes alimentaires riches en protéines et pauvres en hydrates de carbone simples et complexes (sucre et amidon) provoquent une cétose et la cétose cause à son tour une perte rapide d'eau.

L'immense popularité des régimes-express, tous cétogènes, a établi que les protéines, en particulier dans la volaille et la viande maigre, constituent *l'aliment de régime par excellence*. Ce qui fait que nous mangeons trop de ces 2 aliments, mais pas assez "d'aliments interdits" qui équilibreraient notre régime et nous feraient certainement perdre du poids à long terme. Durant ces 30 dernières années, notre consommation annuelle de boeuf est passée de 24,5 kg (55 lb) par personne à 52 kg (116 lb) et notre consommation de volaille est passée de 7 kg (16 lb) à 22,5 kg (50 lb). Cet état de fait est inquiétant particulièrement parce qu'il sera bientôt impossible de satisfaire à la demande. Il faut *une tonne* de grains pour obtenir 62 kg (140 lb) de boeuf comestible; pourtant nous aurions davantage besoin de grain entier que de boeuf dans notre régime alimentaire. Nous consommons actuellement 2 fois trop de protéines; comme nous absorbons plus de calories que nous n'en dépensons, l'excès est transformé en graisse stockée.

Tout régime alimentaire qui comprend de telles quantités de protéines animales renferme également des quantités considérables de graisses, source la plus importante de calories. Il est absolument insensé que des Occidentaux conscients de leur poids consomment autant de graisse et de protéines. L'analyse du résidu sec d'une côte de boeuf ou "T-Bone steak" montre, par exemple, qu'elle contient 20% de protéines et 80% de graisses. Le poulet contient davantage de protéines à poids égal, et présente l'avantage d'être moitié moins gras et de contenir moitié moins de calories que le boeuf. À cet égard le filet de sole est l'un des aliments les plus intéressants puisqu'il contient 80% de protéines et seulement 10% de graisses. Mais le lait écrémé demeure l'aliment idéal avec 40% de protéines et 60% d'hydrates de carbone. Comme beaucoup de sources de protéines autres que les viandes, il contient peu ou pas de graisses, ce qui fait de lui un excellent aliment de régime offrant la même quantité de protéines, mais beaucoup moins de graisses.

Il faut souligner enfin l'absurdité pour tout adulte, d'un point de vue purement physiologique, d'absorber des quantités excessives de protéines. Tout régime alimentaire déséquilibré, qu'il soit pauvre en graisses ou en hydrates de carbone, contraint le corps à utiliser ses protéines et à les transformer en énergie — ce qui le prive des protéines dont il a davantage besoin pour la formation de nouveaux tissus ou leur remplacement.

Le terme "protéine", inventé il y a un siècle et demi par un chimiste hollandais, provient de mots grecs signifiant "prendre la première place" et c'est exactement son sens du point de vue de la nutrition. L'analyse du résidu sec du corps humain montre qu'il est constitué de 50% de protéines, des composantes présentes dans chaque cellule. Ce sont les protéines qui permettent aux muscles de se contracter et de retenir l'eau. Ce sont les protéines qui conservent à la plupart des vaisseaux sanguins leur élasticité. Ce sont les protéines qui alimentent les os et les dents, mais aussi les ongles, la peau et le système pileux. Tous les enzymes et la plupart des hormones sont exclusivement constitués de protéines. Seules la bile et l'urine n'en contiennent normalement pas.

Les nutritionnistes accordent la première place aux protéines non seulement parce qu'elles sont vitales, mais aussi fragiles et capricieuses. Contrairement aux graisses et aux hydrates de carbone qui peuvent être produits les uns par les autres, en cas de carence, les protéines ne peuvent provenir *que* de protéines alimentaires. De plus, le corps ne peut pas accumuler de réserves de protéines. C'est pourquoi il faut consommer quotidiennement des protéines — idéalement, 6 fois par jour, bien que peu d'entre nous réussissions à faire 3 vrais repas par jour, sans compter ceux qui n'en font que 2 ou encore une multitude de petits.

Lorsque vous mangez, les protéines alimentaires sont transformées et décomposées en acides aminés. Ces acides aminés passent dans le sang, sont répartis dans les cellules pour y être décomposés et réassemblés afin de produire de nouvelles protéines selon les besoins spécifiques de chaque cellule. Parmi la vingtaine d'acides aminés qui existent dans la nature, seuls 8 ou 9 peuvent être fabriqués par le corps sans hydrates de carbone ni azote, principale composante de tous les acides aminés. Ces 8 ou 9 acides aminés sont essentiels et tout régime alimentaire *doit* nous les fournir.

Seules les protéines animales contiennent en proportion idéale les acides aminés essentiels. Les protéines végétales peuvent manquer d'une ou de plusieurs composantes de base de ces acides. Cela ne signifie pas pour autant que les protéines végétales sont d'une façon ou d'une autre nutritivement déficientes, mais qu'il faut les consommer avec d'autres formes de protéines. Nous consommons, sans le savoir, de ces compléments de protéines végétales lorsque nous avalons du macaroni et du fromage ou du riz et des fèves de soja, du beurre de cacahuètes et du pain entier ou des céréales et du lait.

Les dangers des protéines

Depuis une dizaine d'années, les termes "riches en protéines" et "régime-express" sont devenus pratiquement synonymes dans l'esprit des amateurs de régimes. Et les protéines ont été presque exclusivement associées à la volaille dégraissée et à la viande rouge maigre.

Mais, comme le montre le tableau figurant dans les pages suivantes, les protéines contiennent sous cette forme une grande quantité de graisse — ce qui les rend 2 fois plus riches en calories que des protéines pures. Il faut inclure dans son régime alimentaire quotidien des protéines végétales afin de satisfaire les besoins du corps en protéines, tout en évitant la graisse qui accompagne invariablement toute protéine d'origine animale.

Actuellement, la plupart des Américains tirent 60 à 80% de leurs protéines de la viande. Le Comité McGovern nous conseille de réduire de 35% notre consommation de telles protéines et de les remplacer par des protéines d'autre origine. Un régime qui conseillerait une réduction de la consommation de graisses et une augmentation de la consommation de fruits et de légumes s'avèrerait parfait. L'important est de se rappeler que le changement sera bénéfique, non pas dangereux, malgré nos préjugés voulant que le "premier rang" soit occupé par les protéines animales. Les femmes enceintes exceptées, les humains ont en général besoin de la même quantité de protéines à 20 ans qu'à 8 ans, leurs besoins diminuant peu à peu par la suite.

La dernière mise en garde du Comité s'adressait à tous les Américains qui avaient augmenté leur consommation d'hydrates de carbone de presque 100%, mise en garde qui aurait certainement plu à Jefferson. Elle plut d'ailleurs aux partisans des régimes riches en fibres, convaincus que de nombreux troubles de l'appendicite au cancer du rectum peuvent être attribués à une déficience alimentaire en fibres. Il n'y a pas longtemps encore, la médecine insistait sur le rôle des éléments nutritifs essentiels dans l'alimentation, mais l'idée qu'un élément est nécessaire *en plus* de ces aliments indispensables, nécessaire pour la digestion, mais sans valeur calorique ni nutritive, est assez nouvelle.

L'enthousiasme actuel pour la réinsertion des fibres dans un régime alimentaire provient essentiellement des observations effectuées par le personnel médical britannique auprès de groupes ruraux, en Afrique. On remarqua que ces individus souffraient rarement de maladie de coeur, d'hernie, d'appendicite, d'inflammation des diverticules, de polypes et de cancer du colon ou du rectum. On nota également que les Noirs qui habitaient les villes et avaient abandonné leurs coutumes alimentaires tribales pour un régime plus européanisé souffraient des mêmes troubles que les Européens. La différence essentielle entre le régime alimentaire rural et le régime urbain vient de ce que le premier comprend des quantités bien supérieures de fibres que le second.

Les dangers des protéines

	Aliment	Quantité	Total des calories	Calories provenant des graisses	Calories provenant des hydrates de carbone
Plus de 75% de graisses	Jambon	90 g (3 oz)	290	216	4
	Rôti maigre et gras	tranche de 90 g (3 oz)	390	324	0
	Fromage Cheddar	90 g (3 oz)	140	108	traces
	Beurre de cacahuètes	3 c. à soupe	280	216	38
Plus de 50% de graisses	Hamburger	portion de 90 g (3 oz)	245	153	0

Rôti dégraissé	tranche de 90 g (3 oz)	240	126	0
Porc, côtelette, gras et maigre	1 côtelette	260	189	0
Préparation à base de viande hachée "Luncheon meat"	2 tranches	170	116	0
Oeuf, poché ou bouilli	3 gros	240	161	0
Lait, entier	250 mL (1 tasse)	165	90	48
Purée de fèves ou de haricots	90 g (3 oz)	72	40	10
Faux-filet	90 g (3 oz)	330	122	0

Plus de 25% de graisses

Côtelette de porc, dégraissée	1 côtelette	130	63	0
Saucisses de Francfort	2	310	116	4
Poulet	90 g (3 oz)	185	89	0
Thon à l'huile, égoutté	90 g (3 oz)	170	63	0
"Blue fish"	90 g (3 oz)	135	36	0
Bâtonnets de poisson, panés et congelés	boîte de 10	400	180	60
Sardines à l'huile, égouttées	90 g 3 oz	180	89	4

Daurade sautée au beurre	90 g (3 oz)	150	45	0
Fromage blanc	250 mL (1 tasse)	240	91	28
Palourdes	90 g (3 oz)	70	9	12
Moins de 25% de graisses — Lait écrémé	250 mL (1 tasse)	90	traces	52
Riz brun	167 mL (2/3 tasse)	237	12	204
Macaroni cuisiné	250 mL (1 tasse)	148	5	120
Pain entier	2 tranches	109	13	84

Comme le montre le tableau, les légumes peuvent fournir sans graisse une source de remplacement de protéines nutritives dans n'importe quel régime alimentaire, ce qui permet de reléguer au second plan les protéines animales, comme dans la cuisine orientale.

La fonction des fibres, dans le gros intestin, est d'absorber l'eau, ce qui rend les matières fécales plus grosses, plus souples, plus lourdes et qu'elles passent ainsi plus vite à travers l'appareil digestif. Personne ne conteste ces faits. Mais ce qui suit est du domaine de l'hypothèse. Selon le docteur Burkitt, médecin anglais et l'un des premiers partisans des régimes alimentaires riches en fibres, le passage rapide des matières à travers le colon diminue la période de temps pendant laquelle le gros intestin se trouve exposé à des acides bileux cancérigènes libérés lors de l'arrivée d'un aliment. Plus cette période est courte, estime le docteur Burkitt, moins est grand le danger d'un cancer du colon ou du rectum. Le docteur Albert J. Mendelott, qui parlait du rôle des fibres pour la santé dans une récente publication du *New England Journal of Medecine,* concluait que les fibres sont uniquement utiles parce que "le fait de mâcher des légumes ralentit l'ingestion et prévient les caries dentaires". À propos du rôle préventif des fibres dans le cancer du colon, Mendelott déclara simplement: "L'hypothèse est intéressante et fondée. Mais les expériences nécessaires restent à faire."

L'un des problèmes insurmontable dans l'élaboration d'un *régime alimentaire national* est le respect des besoins individuels véritables. On ne tient pas compte, en un tel cas, des changements consécutifs à l'âge, ni des différences dues au sexe. Une femme qui vieillit voit ses besoins caloriques quotidiens diminuer peu à peu — d'à peu près 2 100 calories par jour, à 25 ans, si elle pèse 58,5 kg (130 lb) à 1 600 calories, à 65 ans, si son poids est resté constant. Ce phénomène s'applique également aux hommes, évidemment, mais les problèmes nutritifs d'une femme sont plus complexes du fait que 33 à 50% des femmes souffrent de déficit en fer vers l'âge de 50 ans. De plus, l'ostéoporose, affaiblissement progressif des os qui provoque des fractures chez les personnes âgées, est 4 fois plus courante chez la femme que chez l'homme.

Un régime "national" n'a de valeur que s'il peut être adapté aux besoins réels des individus. Tout lecteur doit savoir que les conseils du Comité McGovern, comme il est indiqué dans le tableau suivant, constituent des guides, non des règles immuables. Et toute personne trop grosse doit être prévenue qu'ils pourraient l'aider à maigrir. Premièrement, le régime proposé est plus faible en calories que notre régime "national" actuel. Le passage des graisses et sucres raffinés à des hydrates de carbone complexes produit une baisse de calories et la consommation de plus grandes quantités de fruits et de légumes favorise l'amaigrissement en obligeant l'individu à consommer plus de fibres en remplacement d'autres aliments à forte teneur en calories.

Deuxièmement, ce nouveau régime est mieux équilibré, d'après les nutritionnistes, et de ce fait il supprime la faim de 2 façons. Les éléments sucrés ou riches en amidon d'un repas affectent rapidement le centre de satiété du cerveau, de telle sorte que l'individu *se sent* vite rassasié. Les protéines et les graisses du repas restent plus longtemps dans l'estomac — surtout les graisses — et passent lentement à travers le système digestif, de telle sorte que l'individu *continue à se sentir* rassasié. Il en résulte une sensation rapide et renouvelée de satiété et une disparition momentanée des crampes d'estomac.

Pour résumer, manger mieux est peut-être la clé pour consommer moins, non seulement parce que ce que nous *devrions* manger est mieux équilibré et plus pauvre en calories que ce que nous *mangeons* mais aussi parce qu'une plus étroite surveillance de notre alimentation produit souvent des changements bénéfiques au niveau de nos habitudes alimentaires. Dans ce cas, nous changeons notre *façon* de manger plutôt que *ce que* nous mangeons. Il ne s'agit là que d'un exemple d'un procédé connu sous le nom de modification du comportement, nouvelle approche du casse-tête de l'obésité qui s'est déjà montrée 2 fois plus efficace que les méthodes conventionnelles.

Ce que nous mangeons

graisses saturées
16%

graisses non-saturées
26%

Protéines
12%

Hydrates de carbone
complexes
22%

Sucre
24%

Graisse
42%

Protéines
12%

Hydrates
de carbone
46%

Ce que nous devrions manger

graisses saturées
10%

graisses non-saturées
20%

Protéines
12%

Hydrates de carbone
complexes
43%

Sucre
15%

Graisse
30%

Protéines
12%

Hydrates
de carbone
58%

Chapitre VIII

Modifions notre
façon de manger

Qu'on me nourrisse de sassafras,
Et de jus de genièvre!
Qu'on me laisse voir si je suis encore utile!
Car je veux être jeune
Et chanter à nouveau,
Chanter et chanter encore!
La quarantaine est une malédiction!

Don Marquis

Demandez à 100 femmes d'un âge moyen, travaillant à la maison, d'énumérer les raisons pour lesquelles elles pensent que la quarantaine est une malédiction et vous obtiendrez 100 réponses différentes, mais qui ont un dénominateur commun. Presque la moitié d'entre elles mentionnent l'obésité, car il n'y a pas de catégorie d'âge plus touchée par des problèmes de poids que la quarantaine, en particulier chez les femmes mariées. Leur obésité est souvent tardive, aggravée par le manque d'exercice et résistante aux régimes alimentaires traditionnels. Ayant épuisé toutes les possibilités des livres de régimes alimentaires, des pilules, des salades diététiques et des combinaisons amincissantes, ces femmes attendent un miracle. Il se peut que la médecine ait enfin fait un miracle pour ces femmes et pour tous les individus trop gros dont l'obésité n'est pas due à de graves troubles de la personnalité.

Il s'agit d'un miracle modeste, mais ce moyen s'est avéré dès sa découverte même presque 2 fois plus efficace que les moyens traditionnels d'amaigrissement et ses partisans clament vivement sa valeur dans le traitement de cas d'obésité relative. Il s'agit de la modification du comportement (M.C.) qui s'appuie sur l'affirmation que le seul moyen de maigrir est de modifier *la façon dont* on mange plutôt que *ce que* l'on mange.

Selon Albert J. Stunkard de l'université de Stanford, homme réputé en matière d'amaigrissement, "l'originalité des différentes méthodes de modification de comportement réside dans la certitude que les troubles de comportement les plus graves sont des réponses apprises et dans le fait que les théories modernes ont beaucoup à nous apprendre sur l'acquisition et la suppression de ces réponses." Trop manger est certainement un trouble de comportement et, bien que le désir de subsister apparaisse à la naissance, les réactions à des aliments spécifiques sont évidemment acquises par la suite. Si c'est le cas, les théories modernes d'apprentissage peuvent, bien sûr, nous aider à expliquer comment nous avons acquis ces comportements et comment annuler les plus indésirables. Les adeptes de la modification du comportement sont convaincus et Stunkard les admire pour "leur volonté à comparer leurs résultats avec d'autres formes de traitement". C'est en cela, entre autres, que les partisans de la M.C. se distinguent des docteurs Atkins, Stillman et Linn qui ont largement proclamé l'efficacité de leurs régimes alimentaires sans offrir de statistiques à l'appui. Les adeptes de la M.C. font encore davantage preuve d'originalité par la clarté de leur méthodologie qui est uniquement centrée sur une modification du *comportement* plutôt que sur un changement de l'*alimentation,* s'appuyant sur l'hypothèse, apparemment exacte, que si les individus réussissent à modifier leur façon de manger, ils maigriront automatiquement.

En concentrant ainsi leur thérapie — en visant les "mauvaises habitudes" spécifiques et facilement repérables — les adeptes de la M.C. ont réussi là où d'autres ont échoué. Le secret de leur succès est presque gênant par sa simplicité: au lieu d'attaquer l'excès de poids de façon traditionnelle par un bon programme fondé sur un régime alimentaire et de l'exercice, ils ont préféré fragmenter l'énorme dilemme de l'obésité en de nombreux petits problèmes plus faciles à résoudre un à un. Ils ont refusé d'accepter cette sage déclaration: des régimes pauvres en calories, il y en a beaucoup; des patients qui ont résolu leur obésité, il y en a peu''. Ils ont donc plutôt tenté de créer chez leurs patients un nouvel état d'esprit optimiste. Et apportant autant d'adresse, d'attention et de détermination à la solution de problèmes relativement bénins, ils ont considérablement multiplié les possibilités de les résoudre et, ce faisant, de résoudre le casse-tête de l'obésité.

Les programmes de modification du comportement diffèrent naturellement d'un praticien à un autre, mais 4 principes généraux y figurent toujours. Le premier d'entre eux est une description détaillée des habitudes alimentaires du sujet, sans laquelle un programme de M.C. efficace et sur mesure ne peut être prescrit. Le sujet doit répondre à ce questionnaire avec une franchise totale afin d'assurer la réussite du programme. Cela signifie que le sujet doit surmonter ce que Clifford Gastineau, de la Clinique Mayo, appelle la tendance naturelle de l'obèse à "cacher" les calories qu'il absorbe sous forme de petits biscuits, petits sandwiches, etc., entre les repas.

Le succès du programme mis au point par le médecin et le patient dépend d'un décompte précis et il leur incombe à tous deux de mettre au point le profil de comportement le plus exact possible. Comme vous le remarquerez à nouveau dans la phase III du plan directeur de contrôle de poids, ce profil — pour être de quelque valeur — doit comprendre des informations normalement absentes des régimes alimentaires, telles que l'humeur de l'individu à l'heure des repas, l'endroit où il est assis et le nom des personnes qui partagent son repas. Ces détails n'ont rien à voir avec *ce que* l'individu a mangé, mais ils peuvent avoir une influence sur *la façon* dont il a mangé, sur ce qu'il a mangé à un moment précis et si, par exemple, il a senti le besoin d'un deuxième verre de vin ou le besoin de reprendre du dessert. Tous ces détails se traduisent en calories supplémentaires.

Dans la plupart des cas, comme le fait remarquer Stunkard, ce procédé peu agréable et long provoque des "plaintes et des grognements''. Heureusement, la constitution de la liste des habitudes alimentaires se fait au cours des premières semaines, alors que l'individu commence à travailler avec son médecin, c'est-à-dire au moment où l'optimisme bat son plein. On a observé que la plupart des obèses s'adaptent facilement à la relation d'autorité et de dépendance de patient à médecin et qu'ils perdent généralement du poids durant la première phase de n'importe quel régime, uniquement pour faire plaisir à leur médecin.

L'écueil à éviter pendant la phase initiale concerne les variables dues à l'environnement qui orientent et conditionnent les habitudes alimentaires du sujet; le défaut de la plupart des régimes alimentaires sous surveillance médicale vient de ce que le patient — dès qu'il semble échapper à l'attention du médecin — se retrouve soumis à l'influence néfaste de ces variables. L'intérêt spécifique d'une modification du comportement est qu'elle canalise l'optimisme et l'espoir du patient en lui faisant décrire ces variables et accroît ainsi sa résistance à leur égard —, le moment venu.

La deuxième phase de la modification du comportement est constituée par l'apprentissage de moyens simples de contrôle des stimuli externes qui dictent les habitudes alimentaires. Disons que cela aboutit à une diminution du pouvoir des variables qui stimulent l'appétit ou encouragent la suralimentation. Pour ce faire, on incite vivement les patients à toujours manger, même s'il s'agit de petits sandwiches, au même endroit, à la même table. Ils sont encouragés de plus à faire de tout repas, même s'il est léger, une expérience "pure". En ne faisant rien d'autre que manger lorsqu'ils mangent, les patients se concentrent sur ce qu'ils mangent et sur la façon dont ils mangent, sans être distraits à table par la télévision, la radio ou même les querelles familiales. Et en mangeant toujours à la même place, repas après repas, sandwich après sandwich, ils prennent vraiment conscience que tout ce qu'ils mangent constitue un repas et qu'ils ne peuvent dissimuler leurs calories absorbées en les consommant ailleurs.

Pour être plus précis, cette phase de la M.C. amorce le remplacement de mauvaises et anciennes habitudes par de nouvelles, bénéfiques, la principale voulant que manger signifie manger à table et non pas avaler un verre de lait sur le seuil de la cuisine ou engouffrer rapidement un sandwich pendant que les enfants mangent ou grignotent nerveusement en attendant l'appel de leur petit ami. Tant que cette habitude n'est pas fermement établie, la plupart des individus trop gros ne réussissent pas à savoir combien de calories ils consomment "à la va-vite" chaque jour. Ensuite, ils prennent conscience du rôle que jouent la colère et l'ennui dans la suralimentation et commencent à perdre leurs mauvaises habitudes en analysant leur comportement à table plutôt qu'en se laissant hypnotiser par la télévision.

Lors de la troisième phase de la modification du comportement, le patient développe des techniques spécifiques destinées à contrôler l'acte de manger lui-même. Un certain nombre de ces techniques sont énumérées dans la phase III du plan directeur, mais la liste est loin d'être complète. Il est impossible de comptabiliser le nombre des techniques spécifiques mises au point pour contrôler l'alimentation par les spécialistes de la M.C. et les sujets qui les ont aidés, depuis 10 ans. Mais ces techniques se comptent par milliers. Prises une à une, elles semblent un peu insignifiantes, indignes d'une analyse sérieuse, mais, comme nous l'avons déjà constaté, c'est la raison de leur efficacité. Un exercice quotidien en 12 points peut sembler accablant de subtilité et de complexité, mais n'importe qui, en revanche, peut apprendre à poser sa fourchette dans l'assiette après la deuxième ou la troisième bouchée. Ce qui explique pourquoi la plupart des exercices sont abandonnés bien longtemps avant qu'ils ne donnent des résultats, alors que la plupart des recommandations de la M.C., une fois adoptées, peuvent être suivies aussi longtemps que nécessaire.

Ces techniques spécifiques se répartissent en 3 grandes catégories:

Les techniques qui ralentissent le repas

C'est-à-dire, en plus de poser ses ustensiles après chaque bouchée: arriver en retard à table; compter chaque morceau; interrompre volontairement le repas pour une durée déterminée, en général entre le plat principal et le dessert. Le but de toutes ces techniques est de ralentir suffisamment l'ingestion pour permettre au centre de la faim du cerveau de réagir par une sensation de satiété aux aliments ingérés — avant que l'individu n'absorbe *plus* d'aliments qu'il n'en a réellement besoin.

Les techniques qui diminuent l'envie de grignoter entre les repas

C'est-à-dire: conserver tous les aliments dans des récipients opaques et sans étiquette (les aliments non-périssables sur la plus haute étagère, les aliments périssables dans un réfrigérateur non-éclairé); faire de l'exercice au lieu de grignoter ou, du moins, donner la priorité au premier; appeler un ami coopératif si l'envie de grignoter devient trop forte. Le but ici est de combattre les 3 plus graves menaces à un programme d'amaigrissement: une suralimentation nerveuse et non-contrôlée, une absorption d'aliments lorsqu'on est seul ou entre les repas.

Les techniques qui diminuent le goût pour les aliments riches en calories

C'est-à-dire se nourrir de ses aliments préférés, riches en calories, sans assaisonnement ou mal assaisonnés — par exemple du poulet frit sucré plutôt que salé. (Un homme raconte qu'il a perdu une habitude de toujours — son goût pour le gâteau au chocolat — en trempant chaque morceau dans du Tabasco et en se forçant à le manger.) Ou bien "gâcher" un gros repas en grignotant, une heure avant, des aliments pauvres en calories comme du fromage blanc ou de la salade. Le but, dans le premier exemple, est de diminuer l'envie de certains mélanges trop riches; dans le second, de laisser au centre de la faim le temps de ressentir une satiété *avant* que l'individu commence son repas.

La quatrième phase de tout bon programme de modification du comportement est un rapide renforcement des attitudes permettant de retarder ou de contrôler toute absorption d'aliments. Le meilleur moyen de réussir consiste en un système de punitions et de récompenses à la mesure de chaque individu, qui incite réellement chacun à suivre son programme de M.C. De nombreuses personnes trouvent plus facile de mettre au point un système où entrent en jeu des sommes d'argent. Ils s'accordent récompense ou punition selon qu'ils ont ou non réussi à bien suivre leur programme de M.C. Mais tout moyen peut être bon. Ainsi, une jeune fille avait choisi de comptabiliser des points afin de s'acheter la robe qu'elle aimait; un homme d'un certain âge s'achetait un bâton de golf afin de se constituer un nouvel équipement pour chaque semaine "parfaite". Le seul vrai pari se résume à ce système de punition et de récompense auquel l'individu doit se conformer.

Comme la modification du comportement traite l'obésité de la même manière que tout autre trouble du comportement, semblable en cela à l'alcoolisme ou à la narcomanie, cette méthode est très efficace dans le traitement d'une suralimentation d'origine névrotique. Comme l'a fait observer le docteur Hilde Bruch de l'université Baylor, les individus trop gros qui souffrent de légers troubles de la personnalité réagissent mal à des traitements diététiques conventionnels qui font appel au désir d'un homme raisonnable d'améliorer sa santé et son état physique, mais qui ont peu d'effet sur son envie de manger souvent irrationnelle. Ces individus réagissent mieux à la M.C., mais pas aussi bien que les patients du docteur Bruch souffrant d'anorexie mentale, forme de névrose où le jeûne que s'impose l'individu peut, dans certains cas, aboutir à la mort par inanition. Pour certaines raisons, l'obésité est plus récalcitrante à la M.C. que l'anorexie, peut-être parce que les nombreuses ruses et stratagèmes dont fait preuve la M.C. sont aussi caractéristiques des cas d'anorexie. Les 2 obligent à une attention pratiquement incessante à des détails minimes, ce qui signifie que le docteur Bruch, lorsqu'il traite des patients souffrant d'anorexie, joue avec le feu.

Avant l'apparition de la modification du comportement comme moyen de maigrir, les schémas traditionnels d'amaigrissement étaient les suivants: 1 individu sur 4 réussira à perdre 9 kg (20 lb) et 1 sur 20 perdra 18 kg (40 lb). Les résultats varient peu d'un médecin à l'autre ou d'une étude à l'autre; s'il arrive qu'ils soient réellement différents, il est à peu près certain qu'ils ont été truqués afin de mousser la publicité pour un régime, un livre de régimes ou un remède amaigrissant. Il n'est donc pas tellement surprenant que le corps médical ait accueilli avec un certain scepticisme les premiers rapports concernant l'amaigrissement par modification du comportement.

Selon les premiers rapports, cette méthode faisait perdre 9 kg (20 lb) l'an à *4* patients sur 5 et *1* patient sur 3 perdait au moins 18 kg (40 lb). Toutes les statistiques ne furent pas toujours aussi impressionnantes, ce qui amena certains experts à réduire l'impact des résultats, mais même les statistiques les plus conservatrices montraient que *50%* des individus traités perdaient au moins 9 kg (20 lb) et que 1 sur *6* perdait le maximum. La science médicale avait trouvé, semble-t-il, le premier régime amaigrissant réellement efficace pour la plupart des gens, la plupart du temps — sans les effets secondaires graves des régimes cétogènes, les dangers potentiels du jeûne ou les retombées de ces 2 méthodes. Si ce n'était pas un véritable miracle, du moins cela y ressemblait-il.

La question, pour certains, est de définir si la mise au point de la modification du comportement est réellement le fait de la science médicale ou si l'honneur en revient à une femme de Long Island, du nom de Jean Nidetch, qui trouva, au début des années 60, une solution personnelle aux problèmes de la quarantaine. Madame Nidetch raconte que sa volonté de résoudre le casse-tête de son obésité remonte au jour où une de ses compagnes jetant un coup d'oeil à sa démarche pesante dans une allée du supermarché lui demanda quand devait avoir lieu la naissance. Mme Nidetch s'aperçut qu'elle connaissait une demi-douzaine d'amies qui, comme elle, n'étaient absolument pas enceintes, mais vraiment trop grosses. Elles avaient suivi les mêmes régimes amaigrissants et avaient échoué comme elle; elle se demanda s'il n'y aurait pas quelque intérêt à ce qu'elles se réunissent une fois la semaine pour discuter ensemble de ce grave problème. La première réunion eut lieu dans son salon. Elle pesait alors 96 kg (214 lb), portait du 56-58 (44) et se nourrissait de petits gâteaux qu'elle consommait par boîtes entières. Actuellement, ce genre de réunion se tient chaque semaine dans 50 états des États-Unis et dans 15 pays étrangers. Madame Nidetch pèse 64 kg (142 lb) et porte du 42-44 (12), mange des aliments pauvres en calories et préside l'association des Weight Watchers Inc., le club d'amaigrissement le plus important, le plus connu et le plus brillant en matière de réussite commerciale. L'organisation de Madame Nidetch, qui a également mis sur pied des camps d'été pour les enfants trop gros et publie une revue mensuelle, est fière de ses 5 millions de membres et de ses 10 millions d'adhérents.

À l'opposé de la M.C. qui s'appuie sur des schémas pratiques de comportement et évite toute référence à des abstractions comme le contrôle de soi, la motivation, la force de la volonté, ces clubs d'amaigrissement contraignent au régime et à l'exercice, éléments traditionnels des régimes amaigrissants. Mais ce qui est inhabituel dans ces groupes c'est la façon dont ces contraintes sont imposées. Empruntant cela à la M.C., ils proposent à leurs membres un système de punitions et de récompenses données en public: un blâme sévère pour un demi-kilo en plus, un applaudissement chaleureux pour chaque demi-kilo perdu. Ce mélange de camaraderie et de compétition a beaucoup de succès la plupart du temps et le corps médical ne peut que s'en montrer satisfait.

En ce qui concerne le principal concurrent des Weight Watchers, les TOPS, l'étude du docteur Stunkard montre que la *moyenne* des résultats obtenus par des membres des TOPS était "supérieure aux résultats obtenus par des moyens médicaux normaux" et que ces résultats pouvaient "être tenus pour *les meilleurs* dans l'histoire médicale". Le docteur George V. Mann, nutritionniste à l'université de Vanderbitt, fit écho aux conclusions de Stunkard dans un récent article du *Daily News* de New York. "Bien que certaines des techniques des TOPS, telles que leurs chants et leur façon curieuse de s'habiller puissent sembler aberrantes", dit Mann, "une étude de 95 cas montre une moyenne d'amaigrissement de 7 kg (15 lb) ou plus, persistant 6 mois ou davantage, ce qui vaut bien tout traitement médical."

S'il se produit quelques rechutes dans ces clubs, cela provient du fait que seul un aspect du casse-tête de l'obésité se trouve ainsi résolu — celui de la quarantaine. Les membres, comme le note le docteur Bruch, sont pour la plupart "des femmes de la classe moyenne, d'âge moyen et qui se sentent seules". Ces femmes réagissent également très bien aux régimes sous surveillance médicale et aux programmes de M.C. Leur problème particulier, leur drame personnel est qu'elles ne maigrissent qu'aussi longtemps qu'elles restent membres de tels clubs. Sans encouragement hebdomadaire — la crainte de l'humiliation et la recherche de félicitations — elles ne prêtent pas plus attention aux régimes et aux exercices prescrits par leur club que ne le font d'autres femmes dans des clubs similaires.

Ce qui distingue la modification du comportement de tout le reste, y compris des TOPS ou des Weight Watchers, c'est que cette méthode ne dépend d'aucun agent externe. Elle survit au remplacement de la surveillance par le contrôle personnel parce que la méthode "de la carotte et du bâton" s'est ancrée dans l'esprit du sujet. L'enjeu est limité; les exigences spécifiques, faciles à satisfaire et les buts, réalisables. Avec cette méthode, contrairement à toutes les autres, le moyen de contrôle est entre les mains de chaque individu dont la tâche est d'éduquer son comportement alimentaire, non de s'inquiéter de la quantité de calories qu'il absorbe. Il n'a pas besoin de connaître quoi que ce soit des mécanismes du phénomène graisseux, des effets de la cétose, de la régulation de la faim et de la satiété ou de la valeur d'aliments spécifiques. Évidemment, moins il pense à tout cela, plus il pense à poser sa fourchette après chaque morceau et mieux il se sent. Tout autre argument tombe devant l'efficacité évidente de la modification du comportement.

Le plan directeur de contrôle de poids qui suit est divisé en 4 grandes parties, qui traitent chacune d'un aspect différent de l'amaigrissement. Ces 4 parties diffèrent par leur forme, mais elles suivent la même règle d'or: la modification du comportement est essentielle à la réussite de tout programme d'amaigrissement.

Chapitre IX

Le plan directeur

La minceur est comme la liberté: elle exige une vigilance de tous les instants.

Théodore Van Itallie

Nous avons séparé en 3 parties les points-clés du plan directeur d'amaigrissement: exercice physique régulier, alimentation sensée et modification du comportement. Ces 3 éléments constituent, avec un sain régime alimentaire, l'essentiel de tout bon programme d'amaigrissement. Chacun implique un changement — dans ce que nous mangeons, dans la façon dont nous mangeons — et chacun de ces changements provoquera une perte de poids. Partiellement associés, ils donnent des résultats plus rapides et plus évidents; réunis, ils procurent naturellement les résultats les plus satisfaisants.

Il devrait en découler logiquement que la meilleure façon d'obtenir les meilleurs résultats dans le minimum de temps est d'adopter le plan directeur dans sa totalité. Ce serait certainement la réponse au casse-tête de l'obésité pour une poignée de lecteurs très motivés, disciplinés et modérément gros. Mais ce *ne serait pas* la solution au casse-tête de tous les autres — les plus gros, les velléitaires, ceux qui traînent un lourd passé de suralimentation, d'obésité et d'échecs. Ceux-là trouveront une solution à leurs problèmes personnels d'excès de poids quelque part dans le plan directeur. Pour en extraire cette solution, pour résoudre leur casse-tête personnel, ils devront examiner séparément chaque phase du plan, conseil après conseil, en choisissant les éléments les mieux adaptés à leurs besoins.

Un ancien athlète, confiné dans son bureau et dont la vie est devenue une ronde effrénée de repas d'affaires et de dîners au club, trouvera peut-être plus facile d'augmenter sa dépense en énergie en faisant de l'exercice que de réduire sa consommation calorique en suivant un régime. Il examinera donc plus en détail la *phase I: exercice physique*. En revanche, une jeune femme qui reste à la maison et qui a des enfants, trouvera sans doute plus facile de remplir son frigidaire et ses étagères avec des aliments plus nourrissants, mais de moins haute teneur en calories: changement dont bénéficieront aussi ses enfants. Elle consultera donc la *phase II: nutrition*. Mais la femme d'une cinquantaine d'années, dont les enfants ont quitté la maison et qui depuis connaît une vie plus sédentaire, trouvera sans doute plus facile de changer la façon dont elle mange plutôt que ce qu'elle mange. La *phase III: modification du comportement* l'intéressera davantage. Cependant, la *phase IV: régime* concerne tout le monde, car les tableaux simples qui s'y trouvent rappellent qu'un régime ne doit pas nécessairement être contraignant pour être efficace.

Dans tous les cas, le point critique dont il faut se souvenir est que *tout* changement, si minime soit-il, provoque toujours une perte de tissu adipeux. La longue et sombre histoire des régimes amaigrissants est presque toujours celle de changements radicaux, rapidement abandonnés. Ce qu'il faut retenir ici afin que ces erreurs ne se répètent pas, c'est que le meilleur des régimes — c'est-à-dire celui qui fait perdre des kilogrammes de façon durable — est celui qui demande le moins de sacrifices sur la plus longue période de temps possible. Vous seul connaissez suffisamment bien vos limites pour pouvoir estimer quel est le changement que vous pouvez supporter et pendant combien de temps il vous paraîtra tolérable. Vous seul savez quel sacrifice vous pouvez raisonnablement consentir et supporter suffisamment longtemps. Si vous choisissez un objectif trop ambitieux, vous échouerez comme par le passé. Débutez plutôt *modestement* et vous réussirez à *maigrir réellement* pour la première fois de votre vie en perdant de la graisse et non de l'eau, de façon durable.

Lorsque vous mettez au point votre propre programme d'amaigrissement à partir du plan directeur, il vous est absolument indispensable de garder présent à l'esprit qu'il est toujours possible *de rendre* plus exigeant un programme déjà bénéfique; mais il est infiniment plus difficile de repartir après un échec. Et c'est pour cette raison même qu'il est sans doute plus sage de considérer le plan directeur comme une sorte de "table d'hôte" pour l'individu qui suit un régime. La comparaison peut sembler bien inopportune, étant donné le sujet traité, mais le concept est exact. Commencez par examiner tout ce qui vous est proposé; puis passez près de la table, en choisissant 1 ou 2 plats qui vous tentent particulièrement. Mangez-les lentement et attendez avant de vous servir de nouveau.

En fixant votre propre rythme, en ajustant le plan directeur à votre personnalité et à vos besoins, vous éviterez les pièges des autres régimes, dont un grand nombre sont si pauvres en calories qu'ils provoquent un affaiblissement général ou tellement cétogènes qu'ils en sont potentiellement dangereux ou bien si monotones (ou bizarres) qu'ils se condamnent d'eux-mêmes. En choisissant ce qui vous convient *le mieux*, vous choisissez ce qui vous sera le plus bénéfique. Si cette manière de procéder ne vous paraît pas ressembler à un régime amaigrissant, rappelez-vous que la façon la plus efficace de maigrir est celle qui modifie le moins possible une vie que l'on considère normale. Ce qui ne vous paraît être qu'un petit sacrifice calorique, un petit écart par rapport à la normale, est le début d'une nouvelle normalité lorsqu'il est consenti pendant suffisamment longtemps. Le prix de la minceur *est* une vigilance de tous les instants et cette vigilance est indiscutablement plus facile à maintenir lorsque les changements à surveiller sont modestes.

Avant d'examiner de plus près les recommandations du plan directeur, il est important que chaque lecteur établisse approximativement le nombre de kilos (livres) qu'il veut perdre. C'est sans doute la tâche la plus importante — et la plus révélatrice — pour nombre d'entre eux. Par le passé, cette tâche aurait été plus facile, car à l'époque de la taille de guêpe et des formes "abondantes", c'était l'individu ectomorphe, aux longs membres qui n'était pas à la mode; une silhouette généreuse était non seulement acceptée, mais admirée et très recherchée. Quatre-vingt-cinq pour-cent des hommes et des femmes n'avaient d'ailleurs pas cette silhouette ectomorphe et ne possédaient pas ces longs doigts maigres dont Jean Mayer disait qu'ils étaient le signe de quelques privilégiés qui ne seraient jamais gros.

Notre malheur à tous est de vivre à l'ère de la silhouette ectomorphe. Pour des raisons qu'aucun expert ne peut complètement expliquer, c'est la silhouette d'adolescent qui domine couramment chez les hommes comme chez les femmes, bien qu'elle ne soit caractéristique d'aucun. La société n'a jamais auparavant choisi un idéal aussi androgyne, pas plus qu'elle n'a jamais semblé préférer une telle minceur. Mais cet état de fait met immanquablement 4 individus sur 5 en face d'une situation insurmontable. Nous ne pouvons espérer réussir à devenir aussi minces, mais comme cette minceur nous semble l'idéal, nous nous jugeons souvent plus gros que nous le sommes réellement. Nous ne faisons pas partie des élus dont parlait le docteur Mayer, cette race d'ectomorphes, et le mieux que nous puissions espérer est d'atteindre notre poids idéal.

Il n'est pas bon de fixer d'avance son poids idéal car l'on peut être soi-même mauvais juge. Pour chaque véritable obèse qui a caché 22,5 kg (50 lb) en trop sous des vêtements amples et les a dissimulés encore plus efficacement par un comportement trompeur, il existe au moins un individu un peu trop gros qui s'efforce de modifier sa silhouette épaisse de mésomorphe en une silhouette d'ectomorphe. Il n'est pas possible de savoir combien d'Américains adultes s'entendent dire chaque année qu'ils "paraissent superbes" — *non pas* lorsqu'ils réussissent à perdre 4,5 kg (10 lb) ou même 6,7 kg (15 lb), mais *après qu'ils* aient repris 1 ou 1,5 de leurs kilos (2 ou 3 lb) perdus. Et si des millions d'individus entendent ces mots, c'est parce qu'ils paraissent réellement mieux lorsqu'ils excèdent un peu leur poids idéal. Comme nous l'avons déjà noté, la tâche la plus importante consiste à établir sa morphologie naturelle idéale, car par là on découvre que 4 personnes sur 5 *sont* héréditairement plus lourdes que ne le veut l'idéal actuel.

Plus que votre corps, votre visage est certainement le meilleur indicateur de votre poids idéal, car il enregistre non seulement l'excès de poids, mais aussi les effets d'un régime alimentaire trop sévère — dont les femmes sont plus particulièrement victimes. La meilleure aide que l'on pourrait fournir à de nombreuses femmes d'un certain âge, légèrement trop grosses, serait de leur apprendre à vivre avec leurs quelques kilos en trop plutôt que de s'infliger un de ces régimes draconiens actuellement à la mode. Elles seraient plus heureuses et en meilleure santé si elles suivaient l'exemple de la jeune reine du poète anglais, John Dryden, au XVIIe siècle, qui déclarait: "Je suis décidée à grossir et à paraître jeune jusqu'à 40 ans." À l'époque de Dryden, évidemment, l'espérance moyenne de vie d'une femme ne dépassait pas beaucoup l'âge de 40 ans, ce qui rend la décision de la jeune reine beaucoup plus intéressante. En soi, il est bon de repousser tout régime astreignant simplement pour préserver sa beauté, tant avant 40 ans qu'après. Une femme qui décide de "grossir", ou du moins de ne pas aller contre sa propre nature, paraîtra évidemment plus jeune jusqu'à 40 ans. Par la suite, son visage, bien que plus plein, sera en revanche moins ridé.

Mais si vous décidez plutôt de maigrir, il existe plusieurs façons de déterminer votre "poids idéal" et donc combien de kilos (livres) sont à perdre. La première s'appuie sur le tableau mis au point par les plus grandes compagnies d'assurances comme la Metropolitan Life, tableau fondé sur des tables conçues par des actuaires. Vous trouverez un de ces tableaux ci-après, mais utilisez-le à bon escient. Ces tableaux sont généralement faits à partir de statistiques: ils donnent un poids idéal pour une longévité maximale. L'excès de poids peut être une question de vie et de mort pour l'obèse chronique, mais c'est un problème beaucoup plus subtil pour tous les autres, influencé soit par des critères esthétiques personnels, des modes passagères et de nombreux autres critères. Les membres de l'équipe de football dont nous avons déjà parlé étaient trop gros d'après les standards de la Marine, mais certainement pas pour n'importe qui d'autre. À l'inverse, il est possible de peser moins que les standards mais de souffrir malgré tout d'un excès de poids.

Ces tableaux s'appuient sur des moyennes nationales — ce qui signifie, inévitablement, que la moitié d'entre nous sommes trop gros et que personne ne figure réellement dans cette moyenne. Dans une société aussi homogène génétiquement que celle du Japon, par exemple, où l'écart de taille et de poids est minime, de tels tableaux sont beaucoup plus sûrs qu'aux États-Unis où l'on trouve tous les groupes ethniques et tous les mélanges raciaux imaginables. On sait, par exemple, que les Européens de l'Est sont plus sujets à l'obésité que les Européens de l'Ouest, mais qu'est-ce que cela signifie pour une jeune femme dont les ancêtres sont finnois et irlandais et qui cherche à éviter de grossir?

Pour s'élever contre cette confiance aveugle accordée aux tableaux de poids idéal, Anne Scott Beller s'appuie sur une étude récente effectuée sur 2 groupes ethniques de Providence, dans le Rhode

Poids idéal*

POIDS
(sans vêtements)
OSSATURE

		Petite		*Moyenne*		*Forte*	
HOMMES							
cm	pi po	kg	lb	kg	lb	kg	lb
157,5	5'3"	53,1	118	58,0	129	63,5	141
160,0	5'4"	54,9	122	59,9	133	65,3	145
162,5	5'5"	56,7	126	61,7	137	67,0	149
165,0	5'6"	58,5	130	63,9	142	69,8	155
167,5	5'7"	60,3	134	66,1	147	72,5	161
170,0	5'8"	62,5	139	68,0	151	74,7	166
172,5	5'9"	64,3	143	69,7	155	76,5	170
175,0	5'10"	66,1	147	71,6	159	78,3	174
177,5	5'11"	67,5	150	73,3	163	80,1	178
180,0	6'0"	69,3	154	75,1	167	82,3	183
182,5	6'1"	71,1	158	77,0	171	84,6	188
185,0	6'2"	72,9	162	78,8	175	86,4	192
187,5	6'3"	74,3	165	80,1	178	87,8	195
FEMMES							
cm	pi po	kg	lb	kg	lb	kg	lb
150,0	5'0"	45,4	100	49,0	109	53,1	118
152,5	5'1"	46,8	104	50,4	112	54,4	121
155,0	5'2"	48,1	107	51,8	115	56,2	125
157,5	5'3"	49,5	110	53,1	118	57,6	128
160,0	5'4"	50,9	113	54,9	122	59,4	132
162,5	5'5"	52,2	116	56,3	125	60,8	135
165,0	5'6"	54,0	120	58,0	129	62,5	139
167,5	5'7"	55,3	123	59,4	132	63,9	142
170,0	5'8"	56,7	126	61,2	136	65,7	146
172,5	5'9"	58,5	130	63,0	140	68,0	151
175,0	5'10"	59,9	133	64,8	144	70,2	156
177,5	5'11"	61,7	137	66,6	148	72,5	161
180,0	6'0"	63,5	141	68,4	152	74,7	166

* D'après le Département de l'agriculture des États-Unis.

Island, des Italiens et des Juifs. Selon les statistiques, 72% des femmes juives en observation furent jugées trop grosses, c'est-à-dire qu'elles avaient de 6,5 à 15,5 kg (15 à 35 lb) en trop par rapport à leur poids idéal fixé par les tableaux. Mais ce sont les femmes italiennes qui souffraient de l'obésité la plus évidente puisqu'elles avaient 15,5 kg (35 lb) en trop par rapport au poids idéal des femmes du même âge et de même corpulence. Il est juste de se demander quelle est l'utilité d'un tableau qui définit l'obésité pour une catégorie d'individus, mais n'y arrive pas pour une population entière.

Ce que de tels tableaux peuvent vous indiquer — tout ce qu'ils peuvent vraiment vous indiquer — c'est de combien votre propre poids s'éloigne des normes nationales pour un individu ayant à peu près votre âge, votre taille et votre corpulence. Ils peuvent vous montrer, par exemple, que vous pesez 5,5 kg (12 lb) de plus qu'une femme de 165 cm (5'6"), âgée de 45 ans, de stature moyenne — mais c'est tout. Que vous soyez réellement gros ou non ne dépend pas des moyennes nationales, mais plutôt de la façon dont vous portez vos kilos (livres) excédentaires et de leur localisation dans votre corps, de la quantité d'exercice physique que vous effectuez, de la tonicité de vos muscles et de nombreux autres facteurs. Et que vous vous *sentiez* gros ou non dépend beaucoup plus de vous-même que de n'importe quelle statistique.

Quel est votre poids idéal?

Les tableaux de poids, comme celui qui suit, ont été considérés pendant un temps comme la méthode la plus facile pour déterminer le poids idéal d'un individu. Ces dernières années, cependant, ces tableaux ont été critiqués par certains milieux et de nombreux spécialistes incitent maintenant leurs patients obèses à ne plus prendre en considération la notion de "poids idéal". Ils soutiennent que ces tableaux reflètent un préjugé contre les individus un peu trop gros et ils insistent sur le fait que ces tableaux s'appuient sur un échantillonnage non-représentatif de la population.

Vous trouverez dans les pages précédentes et suivantes les raisons qui nous portent à condamner ces tableaux et il serait bon que vous en preniez connaissance avant de consulter le tableau suivant. Lorsque vous essayez de définir votre poids idéal, pensez aussi à 2 notions supplémentaires: d'abord que ces tableaux sont en général inutiles: vous n'avez pas besoin d'un tableau pour savoir si vous êtes trop gros; ensuite que ces tableaux vont certainement vous révéler que vous êtes plus gros que vous ne l'êtes réellement — en particulier si vous n'êtes pas de race blanche, si vous êtes une femme ou si vous avez plus de 40 ans — et cela rendra un régime encore plus ingrat à suivre. Il vaut mieux ignorer un tableau qui indique que vous avez 15 kg (34 lb) à perdre et s'occuper plutôt de perdre 4,5 kg (10 lb); 4,5 kg (10 lb) représentent un but raisonnable, mais il est impossible de perdre 15 kg (34 lb) — à moins d'y réussir par étape de 4,5 kg (10 lb).

De plus, les chiffres des tableaux conçus par des actuaires reflètent des données représentatives des groupes de personnes qui achètent de l'assurance et non de l'ensemble de la population. De ce fait, ils sont plus exacts pour des hommes blancs, de classe moyenne, ayant reçu une éducation scolaire, qui possèdent une ou plusieurs maisons, une ou plusieurs voitures — à assurer. Mais ces chiffres s'avèrent beaucoup moins justes quand on les applique à d'autres classes sociales, d'autres races et au sexe féminin.

Pour s'élever contre cette confiance aveugle accordée aux tableaux de poids idéal, Anne Scott Beller s'appuie sur une étude récente effectuée sur 2 groupes ethniques de Providence, dans le Rhode Island, des Italiens et des Juifs. Selon les statistiques, 72% des femmes juives en observation furent jugées trop grosses, c'est-à-dire qu'elles avaient de 6,5 à 15,5 kg (15 à 35 lb) en trop par rapport à leur poids idéal fixé par les tableaux. Mais ce sont les femmes italiennes qui souffraient de l'obésité la plus évidente puisqu'elles avaient 15,5 kg (35 lb) en trop par rapport au poids idéal des femmes du même âge et de même corpulence. Il est juste de se demander quelle est l'utilité d'un tableau qui définit l'obésité pour une catégorie d'individus, mais n'y arrive pas pour une population entière.

Ce que de tels tableaux peuvent vous indiquer — tout ce qu'ils peuvent vraiment vous indiquer — c'est de combien votre propre poids s'éloigne des normes nationales pour un individu ayant à peu près votre âge, votre taille et votre corpulence. Ils peuvent vous montrer, par exemple, que vous pesez 5,5 kg (12 lb) de plus qu'une femme de 165 cm (5'6"), âgée de 45 ans, de stature moyenne — mais c'est tout. Que vous soyez réellement gros ou non ne dépend pas des moyennes nationales, mais plutôt de la façon dont vous portez vos kilos (livres) excédentaires et de leur localisation dans votre corps, de la quantité d'exercice physique que vous effectuez, de la tonicité de vos muscles et de nombreux autres facteurs. Et que vous vous *sentiez* gros ou non dépend beaucoup plus de vous-même que de n'importe quelle statistique.

La mesure du "pli cutané" est un moyen plus précis de déterminer si vous êtes ou non trop gros. Cette méthode est conseillée pour 2 raisons: parce que l'on évite ainsi le côté abstrait des statistiques de poids idéal et parce que ce test est très facile. Chez le médecin, le test est effectué avec des pinces de Calliper qui mesurent avec beaucoup de précision l'épaisseur de la couche de graisse sous-cutanée. Le médecin cherche à savoir si cette couche excède 12,5 mm (½ po): ce que vous pouvez mesurer avec une précision relative en utilisant le pouce et l'index. Pour ce faire, choisissez un point situé sous la dernière côte, à 5 ou 7,5 cm (2 ou 3 pouces) de votre côté gauche. Prenez la peau, pincez fermement. Si la distance entre le pouce et l'index dépasse 25 mm (1 po), vous souffrez de toute évidence d'excès de poids.

Ces tableaux et ces tests ne font que confirmer ce que vous savez déjà: vous devez maigrir. Très peu d'individus, y compris les moins gros, ont besoin d'un tableau ou d'un test pour apprendre qu'ils sont trop gros; il leur suffit de se regarder. Un ectomorphe de 23 ans, qui se retrouve sédentaire après avoir quitté l'université, sentira spontanément qu'il a 2 à 3 kg (5 à 7 lb) de trop, même si le test du "pli cutané" est "négatif" et même s'il pèse 4,5 kg (11 lb) de moins que ce que suggèrent les normes des actuaires. De la même façon, une femme de 38 ans qui reste à la maison peut penser que son poids s'est stabilisé un peu au-dessus des standards statistiques, mais qu'il assure un équilibre satisfaisant entre sa consommation de calories et sa dépense d'énergie.

Pour résumer, le meilleur indice d'excès de poids est aussi le plus simple: *si vous pensez que vous êtes trop gros, vous avez probablement raison.* Et si vous pensez que vous avez besoin de perdre du poids, vous avez encore presque certainement raison. Cependant, tout cela ne vous avance pas tellement. L'obésité est sans doute la maladie la plus facile à diagnostiquer, mais la plus difficile à traiter. C'est le plus grand échec qu'ait connu la médecine préventive et elle le reconnaît honnêtement. Chacun ferait bien d'envisager tout programme sérieux d'amaigrissement avec prudence. Il n'est pas suffisant de savoir que vous devez perdre du poids; il vous faut aussi mesurer vos réactions à un régime, car cela plus que tout le reste déterminera quel poids vous pourrez réussir à perdre et à quel rythme.

Un médecin peut vous y aider en s'appuyant sur votre passé en matière de régime alimentaire. Mais le médecin ne peut vous faire perdre de poids, du moins pas autant ni pour aussi longtemps que vous le souhaiteriez. Et, comme vous pouvez déjà l'avoir découvert, les bons docteurs Stillman, Atkins et Linn ne vous y aideraient pas davantage. Il vous revient de vous surveiller et de résoudre votre casse-tête pour ne pas reprendre de poids. L'avantage tout particulier du plan directeur sur les autres programmes d'amaigrissement est qu'il offre de nombreuses solutions dont une vous conviendra certainement.

Il est très imprudent de généraliser lorsqu'on parle d'obésité, mais il y a cependant une chose apparemment commune à tous les individus trop gros: ils sont tous trop ambitieux et donc déçus par eux-mêmes lorsqu'ils suivent un régime. Lorsque l'objectif n'est pas raisonnable et, pour cette raison, inaccessible, le résultat est prévisible: un autre cycle infernal que Jean Mayer appelle "la rythmique de l'amincissement": schéma de perte et de reprise de poids qui ne cesse de se répéter. Le premier objectif d'un individu qui désire suivre sérieusement un régime devrait donc consister à se libérer de ce cercle vicieux. Il vaut mieux perdre 2,5 kg (5 lb) pour toujours, que perdre et reprendre sans cesse 6,5 kg (15 lb).

Un médecin de la clinique Mayo, fort de 40 années de pratique médicale, conseille à ses patients obèses d'essayer de *ne pas perdre plus* de 225 grammes (½ lb) chaque semaine, sans considérer le résultat de leurs régimes antérieurs. Pour le patient qui a 33,5 kg (75 lb) en trop, cela peut sembler une plaisanterie, un objectif ridiculement modeste, si minime qu'il semble ne pouvoir se distinguer de ce qu'il pense être un régime alimentaire normal. Mais ce que le patient ne réussit pas à estimer — et le médecin le comprend tout à fait — c'est que ce régime modeste lui permettra de perdre ces 33,5 kg (75 lb) en 3 ans. C'est la parfaite innocuité de ce régime qui sera la principale source de succès.

S'il existe une seule explication à l'échec de 9 régimes sur 10, elle réside presque certainement dans l'abîme qui se creuse entre la volonté d'un individu trop gros à supprimer des calories et son aptitude réelle à suivre un régime: c'est-à-dire la distance qui sépare l'ambition de la réalité. Et cela nous conduit directement à une deuxième généralisation sur les régimes: aucun objectif ou presque, en matière de régime, ne peut être qualifié de trop modeste.

Lorsque le seul véritable moyen de s'assurer du succès est de compter les kilos (livres) perdus de façon durable, il importe peu de savoir si l'individu a essayé — et échoué dans sa tentative — de perdre 4,5 kg (10 lb) ou 18 kg (40 lb). L'important, à long terme, est de savoir si l'individu s'est arrangé pour perdre du poids tout simplement. On entend presque toujours parler de cas d'échecs retentissants et de rares succès. Les cas d'échec sont tellement fréquents qu'une femme qui réussit réellement à perdre un seul demi-kilo (1 lb) de graisse l'an après son quarantième anniversaire est considérée comme un véritable cas médical, bien qu'il est peu probable qu'elle se considère elle-même comme tel.

Le plan directeur est destiné à compenser, de 3 manières, la tendance naturelle des individus les plus sérieux qui suivent un régime à rendre trop strict leur régime. D'abord, ce plan n'encourage nullement l'exercice excessif, un changement de comportement radical, une importante réduction de calories. Même s'il s'agit de moyens utilisables, ils se sont révélés de peu d'efficacité pour maigrir et tous mènent à l'échec les individus qui trouvent trop cher ce prix à payer pour la minceur. Le plan directeur, lui, offre des douzaines de propositions spécifiques pour maigrir; il ne fait pas de recommandations globales. Par là, il incite l'individu à mettre au point un programme d'amaigrissement personnel et efficace, à le modifier ou à l'intensifier à sa guise en adoptant une nouvelle proposition et en en écartant une autre moins efficace jusqu'à ce que les résultats désirés commencent à se faire sentir. Cette méthode confirme l'idée qu'un véritable programme d'amaigrissement est modeste dans sa conception, souple dans ses structures et réalisable.

Le plan directeur met également en évidence le fait que l'impatience — réaction bien humaine — devant la lenteur avec laquelle se manifestent les résultats constitue le plus important, mais aussi le seul obstacle à un résultat durable. C'est pourquoi la plupart des recommandations spécifiques d'un régime permettent à l'individu de se leurrer volontairement. Elles distraient l'individu du concept même de régime — des pesées quotidiennes, du décompte des calories, des aliments diététiques et des portions mesurées et de tout ce qui entoure habituellement la notion de régime. On encourage plutôt ici l'individu à penser à son régime au sens littéral du mot (à penser à ce qu'il mange, à chaque repas, chaque jour) plutôt qu'au sens populaire du terme: un jeûne de courte durée précédé et achevé par un repas monstre.

En fait, le plan directeur insiste sur l'aspect pratique, sur l'idée que la surveillance la plus facile à maintenir est celle qui se limite à des changements minimes des habitudes. C'est une chose, comme le fit récemment un auteur sur les régimes et les abus en matière nutritive, d'énumérer les dangers potentiels que présentent les additifs chimiques que l'on trouve dans presque tous les aliments industriels; c'est une tout autre chose que de suggérer avec insouciance que le seul moyen d'éviter ces prétendues toxines est de "repousser les produits de fabrication industrielle". Même en tenant compte du fait qu'un produit cultivé sans engrais chimiques est réellement plus complet, il faut souligner que la "solution" de l'auteur n'en est absolument pas une pour les millions d'Occidentaux qui vivent loin de la ferme et de ses produits, — oeufs naturels et volailles sans injections d'hormones — et dont les budgets ne pourraient être suffisamment élastiques pour supporter les prix nettement plus élevés de ces aliments, s'ils réussissaient à s'en procurer.

Il n'est pas plus sensé, d'un point de vue pratique, d'inciter vivement les lecteurs trop gros à adopter un régime alimentaire constitué essentiellement de mets chinois ou japonais, par exemple — bien que ces cuisines soient des exemples presque parfaits de la "saine alimentation" recommandée par le Comité McGovern. Elles sont équilibrées nutritivement, riches en fibres, pauvres en graisses (en particulier en graisses animales saturées) et elles comprennent des fruits et des légumes frais. Et, fait significatif, elles ne sont pas très riches en sucre. Un banquet somptueux à Pékin ou à Tokyo peut aussi bien se terminer par une soupe que par un dessert "Western-Style".

Évidemment la cuisine orientale n'est pas à la portée de toutes les femmes occidentales, car elle exige en plus d'une batterie d'ustensiles spéciaux l'usage d'ingrédients exotiques et inhabituels, dont beaucoup sont introuvables ailleurs que dans les plus grandes villes. Si, par hasard, vous habitez New York ou San Francisco et que vous avez pris goût à la cuisine orientale, alors pour vous ce conseil a du bon. Mais si vous habitez une petite ville de province ou si votre mari préfère un bon dîner traditionnel et que vos enfants veulent des tartes, alors cette suggestion devient absurde et irréalisable.

Le plan directeur prend en considération toutes ces données, qu'elles soient géographiques, sociales, financières ou psychologiques. Et même s'il lui manque l'éclat superficiel des régimes draconiens, il compense largement toutes ces faiblesses apparentes par une véritable efficacité. Il est fait pour donner des résultats et il en donne. Chaque conseil du plan directeur a prouvé son efficacité à faire maigrir un individu: votre tâche est de découvrir quels seront les conseils qui vous seront bénéfiques. Lorsque vous y serez parvenu, vous aurez trouvé une solution — accordée à votre personnalité — au casse-tête de l'obésité.

Phase I: exercice physique

L'intérêt particulier de l'exercice est qu'il permet de maigrir sans altérer les habitudes alimentaires de base; pour l'individu souffrant de boulimie, cela peut être évidemment la seule solution efficace au casse-tête de l'obésité. En général, cependant, l'exercice est bon à titre de complément non d'élément essentiel d'un programme d'amaigrissement raisonnable. Idéalement, il fait partie intégrante de *tout* programme d'amaigrissement, tant pendant qu'après la période où l'on perd du poids.

Il faut se souvenir de 2 aspects importants de l'exercice physique. D'abord, plus vous faites d'exercice physique, plus vous pouvez en faire. C'est vrai non seulement pour des activités de détente reconnues comme le ski ou le tennis où l'acquisition progressive d'une adresse spécifique constitue évidemment un facteur encourageant, mais aussi pour des activités telles que la marche ou monter et descendre des escaliers. (Pour les personnes âgées, le fait de se tenir debout plutôt que de rester assis peut être considéré comme un exercice. De nombreux octogénaires trouvent difficile de quitter leurs fauteuils profonds; cela, en grande partie parce qu'ils passent presque toute la journée assis dans ces fauteuils sans pratiquement se lever.) Mais il est intéressant de noter que *ce n'est pas vrai* dans le cas du régime alimentaire qui devient de plus en plus difficile à chaque demi-kilo perdu. Plus un individu trop gros approche de son poids idéal, plus la graisse restante se fait récalcitrante, jusqu'à ce que finalement un régime alimentaire seul ne donne plus de résultats.

Un entraînement physique, au contraire, a un impact positif et uniforme sur le corps. Au bout de plusieurs semaines d'exercice régulier, même très simple, des changements physiologiques appréciables commencent à se manifester. Vous découvrez que vous vous fatiguez moins vite, tant durant vos exercices que durant la journée. La couleur de votre peau, la tonicité de vos muscles et la façon dont vous vous tenez le prouvent. Vous effectuez vos tâches quotidiennes avec plus de facilité et d'efficacité; vous dormez ensuite plus profondément. C'est en ce sens que l'exercice réussit là où un régime seul réussit rarement: une amélioration constante, facile et perceptible de l'état physique d'un individu. L'amaigrissement est trop souvent éphémère: le pèse-personne enregistre ce que les yeux ne voient pas. C'est tout spécialement vrai pour les régimes cétogènes, bien sûr, puisque même une perte d'eau considérable a peu de conséquences sur les masses de graisse bien en vue que nous portons aux hanches, aux cuisses, aux joues et aux bras. Alors qu'il n'y a rien d'illusoire dans une modification physiologique consécutive à l'exercice. Un estomac plat est indéniablement plat et des muscles tonifiés le sont sans l'ombre d'un doute.

Le deuxième point dont il faut se souvenir à propos de l'exercice est que, si l'on cherche à maigrir plutôt qu'à développer ses muscles, il faut savoir que l'exercice *soutenu* est plus bénéfique. Le nombre de calories brûlées par votre corps dépend de votre poids total que vous portez ou que vous déplacez durant la journée. La façon la plus facile et la plus efficace de brûler des calories, par conséquent, est de veiller à ce que le corps soit en mouvement pendant de longues périodes. La plupart des recommandations qui suivent ne comprennent même pas d'exercice physique au sens populaire du terme. Elles conseillent de maintenir le corps en activité pendant de longs moments. Pour les personnes qui font peu ou pas d'exercice — catégorie dans laquelle se retrouvent 50% des Américains adultes et un pourcentage encore plus élevé d'Américains adultes trop gros — la façon la plus facile pour eux de maintenir leur corps en mouvement est simplement de faire plus que ce qu'ils font déjà quotidiennement: se tenir debout, marcher, monter des escaliers.

La marche, comme le jogging et la course, ses cousins plus ambitieux, est une forme d'exercice particulièrement efficace pour maigrir, comme l'indique clairement le tableau suivant. Elle fait travailler les muscles du corps les plus gros et les plus forts, ce qui signifie qu'elle est moins fatigante que d'autres activités et que, par conséquent, il est possible de marcher pendant de longues périodes de temps. À la différence des autres formes d'exercice, la marche ne requiert pas d'équipement, de vêtements particuliers, de conditions spéciales ou d'entraînement préalable. Et, après 12 à 18 mois, l'effort n'est même plus conscient.

Comme nous l'avons déjà dit, les recommandations suivantes ne comportent pas d'exercice au sens populaire du terme. Il s'agit tout simplement d'exercices quotidiens si familiers que nous ne les considérons plus comme de l'exercice physique.

Évitez les mouvements de gymnastique

Tout programme d'exercice de ce type est non seulement ennuyeux, mais inefficace pour maigrir. Ils ne vous feront pas de mal, mais ils ne vous aideront pas particulièrement non plus. Une marche dynamique d'une demi-heure vous fera perdre plus de calories que 15 minutes d'exercices en salle de gymnastique qui ne font travailler généralement que certaines parties du corps. Si la marche parvient à raffermir les muscles, cet effet provient du déficit calorique plus important provoqué par l'exercice. Mais un tel résultat ne s'obtient pas en pratiquant en salle des mouvements de gymnastique.

Achetez un pédomètre

Portez-le du lever au coucher et notez vos progrès chaque jour. (Si vous y arrivez, calculez vos sous-totaux chaque jour avant de manger quoi que ce soit, vrai repas ou sandwiches. Plus vous aurez d'information, mieux vous réussirez facilement à mettre au point votre profil personnel d'activités. Étudiez le tableau que vous établissez chaque semaine. Que vous dit-il? Que vous ne réussissez pas à vous réveiller le matin? Que vous avez un coup de fatigue terrible vers 4 heures de l'après-midi? Que vous ne bougez pratiquement pas le dimanche? Lorsque vous pouvez répondre à ces questions, vous devenez capable de répondre à 2 questions beaucoup plus difficiles: De quelle façon mon activité journalière influence-t-elle ce que je mange? Comment puis-je faire pour que mon activité journalière ait quelque influence sur ce que je mange? Si vous découvrez, par exemple, que votre activité est à son point culminant en fin de matinée et que cela vous rend affamé quand vient le repas de midi, vous jugerez peut-être utile de vaquer à certaines de vos occupations juste après l'heure du déjeuner. Ou vous pouvez découvrir qu'il est possible d'éviter les crampes de faim en fin d'après-midi, en faisant une petite promenade vers 4 heures, heure à laquelle vous êtes souvent inoccupé.

Faites toujours un pas de plus

Vers le poste de téléphone le plus éloigné, alors que le plus proche aurait fait l'affaire. Vers la fontaine d'eau glacée du fond du couloir plutôt que celle qui se trouve à 3 pas de votre bureau. Vers la boîte aux lettres située 3 rues plus loin et non celle qui se trouve tout près. Vers les toilettes de l'étage supérieur; vers les ascenseurs les plus éloignés; vers la corbeille à papier du bureau voisin. Garez votre automobile le plus loin possible. Faites à pied toutes vos courses au centre-ville. Allez en automobile chez un ami qui habite à 5 minutes de chez vous, mais allez à pied chez celui qui habite à 20 minutes. Peu importe ce que vous choisissez ou de quelle façon vous vous y prenez. Ce qui compte, c'est d'aller un peu plus loin chaque jour, de marcher suffisamment pour que le chiffre inscrit au pédomètre soit supérieur à celui enregistré la veille.

Marchez lorsque vous vous sentez somnolent

L'antidote idéal à la fatigue du soir est une marche dynamique et non un petit somme. Les faits le prouvent et ce n'est pas difficile. Lorsque vous vous sentez abattu vers la fin de la journée, ce peut être pour une raison plus psychologique que physiologique. Vous avez travaillé vite et sous tension pendant des heures pour accomplir votre travail et lorsque vous vous arrêtez, il est normal que vous vous relâchiez, que vous vous détendiez. Ce relâchement émotionnel se traduit en général par une inertie physique. Mais ce n'est qu'une habitude: le véritable besoin du corps à ce moment-là en est un d'activité physique qui revivifiera l'esprit et retonifiera les muscles.

Faites chaque jour à pied une course de plus

Promenez le chien une fois de plus. Ou allez acheter votre journal au lieu de vous le faire livrer. Sortez dîner chaque jour plutôt que de commander votre repas par téléphone. La clé de la réussite est d'intégrer chaque nouvel exercice de telle façon qu'il perde son sens spécifique. Dévier de son chemin habituel en allant à pied 6 rues plus loin, 2 matins chaque semaine, pour faire cirer ses chaussures représente un exercice insolite les 20 premières fois; ensuite l'habitude est créée.

Utilisez les escaliers

Un médecin de la Clinique Mayo, âgé d'environ 60 ans, fait ses visites tous les matins dans l'un des plus grands hôpitaux du monde. Il est réputé pour sa gentillesse au chevet des patients, pour l'attention qu'il porte à chacun d'eux et pour le temps qu'il leur consacre. Il est également reconnu pour l'efficacité de ses soins. L'explication de cette apparente contradiction tient à ce qu'il n'utilise jamais les nombreux ascenseurs de l'hôpital; il emprunte plutôt les escaliers et il monte les escaliers quatre à quatre. De nombreux jeunes internes de son service sont trop gros, pas lui; il pèse 2 kg (4 lb) de moins qu'il y a 36 ans, lorsqu'il quitta l'université. S'il y a des ascenceurs, il y a nécessairement des escaliers. Cherchez-les et utilisez-les. Monter un escalier brûle 2 fois plus de calories que de marcher et monter un escalier en sautant une marche entre chaque pas en consomme encore plus. Vous améliorez ainsi votre rythme cardiaque et votre capacité pulmonaire à un point que ne peut le faire la marche.

Ne restez pas assis lorsque vous pouvez vous tenir debout

Rappelez-vous que le nombre de calories brûlées par votre corps dépend du poids total que vous portez ou que vous déplacez: ce qui veut dire que vous brûlez plus de graisse lorsque vous êtes debout, même si vous êtes immobile, qu'en restant assis. On a calculé que si chaque jour vous restez debout une heure de plus — même si vous n'avez pas d'activité fatigante pendant cette période — vous perdrez 225 g (½ lb) chaque mois, 3 kg (6 lb) l'an. Uniquement en restant *debout*. Si cela vous ennuie de rester immobile, marchez lentement. Chez le médecin, en attendant votre tour à la banque, pendant que l'on emballe vos achats au supermarché, pendant que l'on décharge vos bagages à l'aéroport. Vous serez certainement moins nerveux et vous perdrez simultanément 3 kg (6 lb) ou plus l'an.

Choisissez un lieu de vacances propice à la marche

Vous rentrez de 2 semaines de vacances — durant lesquelles vous avez abandonné votre régime et flatté votre palais — et vos péchés caloriques pèsent lourdement sur votre conscience. Vous montez sur le pèse-personne... et à votre grand étonnement vous découvrez que vous avez perdu inexplicablement 2 kg (4 lb). Le scénario est coutumier et l'explication est réellement simple. Vous mangez souvent davantage lorsque vous êtes en vacances, mais vous avez tendance à faire beaucoup plus d'exercice — et c'est cela qui fait la différence. Veillez à prendre des vacances dans un lieu propice à la marche ou promenez-vous dans les lieux de villégiature que vous fréquentez habituellement.

Remplacez un trajet en voiture ou en autobus par une marche

De votre travail à la maison, de la station d'autobus à votre appartement. En revenant de chez votre coiffeur, d'une réunion, ou d'une partie de bridge. N'importe quel petit trajet effectué régulièrement, de préférence le même jour de la semaine, chaque semaine, fera l'affaire. Plus l'activité est habituelle — une réunion à la bibliothèque, un cours du soir, une rencontre de scouts — plus il vous sera facile d'intégrer la marche à cette habitude spécifique. Vous adapterez vite votre emploi du temps à votre nouvelle activité physique, puis votre entourage ajustera bientôt son propre emploi du temps pour vous aider. Votre femme apprendra à vous attendre 25 minutes de plus pour le souper, les mardis et jeudis, parce que vous avez choisi de rentrer à pied ces jours-là. Mais votre mari se fera un devoir de rentrer rapidement à la maison les mercredis et les vendredis pour que vous puissiez rentrer à pied, plutôt qu'en voiture, de votre réunion de mères de famille du quartier.

Accélérez le pas

Votre corps brûle un tiers de calories de plus lorsque vous marchez d'un pas alerte plutôt que lentement, c'est-à-dire quand vous passez de 4,5 à 6 km/h (3 à 4 mi/h). Cette légère différence de vitesse peut se compter en centaines de calories supplémentaires brûlées chaque semaine, en milliers de calories chaque mois, et en kilos (livres) perdus chaque année. Après avoir allongé vos promenades quotidiennes dans des limites raisonnables, vous passerez à l'étape suivante qui consiste à les rendre plus efficaces, à couvrir la même distance plus rapidement et à consommer ainsi plus de calories. Pour ce faire, vous devez adopter une allure plus astreignante qu'à l'ordinaire, que ce soit en descendant dans le hall pour faire des photocopies, en traversant la pelouse jusqu'au tas de feuilles à brûler, en faisant le tour de la maison ou de l'immeuble avec votre chien ou en gravissant la colline pour aller chez votre ami. Augmentez consciencieusement le rythme de vos pas chaque fois que vous faites plus de 30 m (100 pi) dans une direction. Il en résultera une accélération de votre allure, ce qui augmentera automatiquement votre dépense d'énergie et la quantité de calories brûlées. Et lorsque vos pieds commencent à vous faire souffrir et que vous vous essoufflez, ralentissez; alors, une simple marche lente vous permettra de consommer encore un nombre considérable de calories.

Phase II : nutrition

Il était beaucoup plus simple de savoir quoi manger il y a 10 000 ans. Le choix était nettement plus limité, évidemment, et la nature imposait souvent des restrictions supplémentaires: le poisson ne mordait pas, les baies ne mûrissaient pas avant les premiers gels, les pluies torrentielles détruisaient les céréales, la sécheresse dispersait les grands troupeaux. Mais lorsque la nourriture était abondante, on choisissait facilement. Le bon goût et la valeur nutritive allaient plus ou moins de pair, de telle sorte que les hommes mangeaient les fruits mûrs avant les fruits verts et les grains avant l'épi desséché. Tous les changements survenus dans l'alimentation depuis 50 ans proviennent des additifs chimiques qui donnent une bonne saveur à des aliments sans valeur nutritive; de l'emballage et de la promotion de ces mêmes produits qui les rendent plus attirants. Le choix est plus vaste aujourd'hui, mais il n'est plus aussi facile de se décider. Il vous est très important d'apprendre à bien choisir, surtout si vous êtes trop gros. En choisissant bien, vous choisirez automatiquement les aliments les moins riches en calories. En agissant ainsi, vous perdrez forcément du poids.

À l'aide de son matériel audio-visuel utilisé pour les obèses, la Clinique Mayo insiste sur le fait que "un régime commence au supermarché"; autrement dit, si vous déposez les bons aliments dans votre chariot, vous les utiliserez certainement. Évitez d'acheter n'importe quoi; le meilleur moyen de ne plus grignoter est de ne plus acheter de quoi grignoter. Si vous n'achetez pas de biscuits au chocolat en passant devant l'étalage des pâtisseries, vous ne vous retrouverez pas en train d'en avaler 3 en allant de la cuisine à votre lit. Et vous ne consommerez pas l'équivalent calorique d'un autre repas en grignotant au lit.

Nous avons analysé au chapitre VII les aspects négatifs des habitudes alimentaires américaines, soulignant les risques que nous fait courir une mauvaise alimentation et considérant les factures pour soins dentaires et médicaux de plus en plus élevées, l'accoutumance aux ersatz diététiques et aux remèdes amaigrissants, les dents perdues, la vitalité diminuée et l'obésité croissante. Il faut voir dans l'alimentation un reflet de la façon dont nous mangeons réellement et un tel pessimisme est amplement justifié. Des statistiques faibles indiquent que nous mangeons moins bien aujourd'hui qu'il y a 10 ans et que nous mangerons certainement encore plus mal dans 10 ans. Mais si nous considérons la façon dont nous *pourrions* manger, l'aspect du problème se modifie totalement. Un supermarché américain est le bazar le plus étonnant que le monde ait jamais connu et il offre tous les éléments d'un régime alimentaire équilibré, tout prêts, à des prix raisonnables. Pour manger bien, il suffit de bien choisir, de savoir quel produit déposer dans son chariot.

En choisssant sainement, de façon logique, chaque semaine, chaque fois que vous entrerez dans un supermarché, vous découvrirez que vous êtes en train de maigrir *sans* suivre de régime de façon consciente. Remplacez par exemple, ce que vous grignotez habituellement en fin d'après-midi par un demi-melon. Une tasse pleine de fraises mûres représente moins de calories que *8* croustilles et les fraises contiennent plus de fibres, ce qui accélère la digestion tout en diminuant les crampes d'estomac qui précèdent un repas. Pour bien comprendre la sagacité d'un tel choix, il faut avoir quelque connaissance de la composition des aliments et de la complexité du métabolisme humain. Procéder à ce genre de sélection au supermarché ne demande rien de plus que de connaître ce qui suit:

La graisse vous fait grossir plus vite

Tout quantité de graisse contient *2 fois* plus de calories que la quantité équivalente d'hydrates de carbone ou de protéines. De telle sorte que le principe fondamental de nutrition — réponse claire à la question "que faut-il manger?" — est de consommer beaucoup moins de graisses. Le Comité McGovern a conseillé aux Américains adultes de diminuer de plus de 25% leur consommation de graisses: les graisses animales saturées représentant la plus grande partie de notre consommation; les graisses poly-insaturées, le reste. N'importe quel tableau de calories vous indiquera quels aliments sont riches en graisses naturelles et en huiles (porc et agneau, avocats et noix de coco, sardines et dorade, noix d'acajou et de pacane) et quels aliments sont pauvres en graisses (boeuf maigre et poulet dégraissé, salades vertes et jus de légumes ou de fruits, crevettes et sole, fruits). Il est tout à fait possible de réussir à diminuer considérablement votre consommation de graisses naturelles et d'huile en consultant ce genre de tableau pour vous informer; mais cette manière de procéder est terriblement compliquée et fait perdre du temps. Vous pouvez beaucoup plus facilement réduire votre consommation de graisses en vous attardant aux graisses *ajoutées* aux aliments pendant leur préparation, plutôt qu'aux graisses contenues dans les aliments eux-mêmes. Le chou, par exemple, ne contient que des traces d'huile, mais la salade de chou contient presque 10% de lipides. Trois règles très simples devraient faciliter le contrôle de votre consommation de graisses:

1. NE COMMANDEZ JAMAIS UN ALIMENT FRIT QUAND VOUS MANGEZ À L'EXTÉRIEUR

Rien n'augmente autant le contenu calorique d'un repas que la friture qui transforme des légumes pratiquement sans calories, comme les zuchettes et les oignons, en un cauchemar pour celui qui suit un régime.

2. FAITES DE LA FRITURE CHEZ VOUS SI VOUS Y TENEZ, MAIS CHOISISSEZ VOS HUILES

Souvenez-vous que le lard, les morceaux de bacon et le porc salé sont très riches en calories et qu'ils sont souvent accompagnés de beurre. Tandis que l'huile de carthame ne contient qu'un cinquième des graisses saturées du beurre et un tiers des graisses saturées de la margarine, bien que toutes ces graisses soient riches en calories. Les ustensiles de cuisine qui ne collent pas permettent de ne pas utiliser de graisses saturées et la viande grillée sans graisse ni huile dans un poêlon recouvert de teflon a tout aussi bon goût qu'une viande préparée dans des conditions plus traditionnelles.

3. POCHEZ LES ALIMENTS QUE VOUS AVEZ L'HABITUDE DE FAIRE FRIRE ET CUISEZ À LA VAPEUR CE QUE VOUS FAITES HABITUELLEMENT SAUTER

Le poisson, par exemple, et tous les légumes. Vous découvrirez que les aliments préparés de cette façon sont moins gras au palais et conservent davantage leur saveur propre; ils perdent moins leur couleur naturelle, leur valeur nutritive et leur parfum.

Oubliez le sel de table

Le sel est à la fois le plus ancien et le plus populaire de tous les condiments; il est utilisé dans presque toutes les préparations, de la mise en conserve au dessèchement, de la conservation au vinaigre à la fabrication des glaces. Il en résulte qu'il se trouve déjà en abondance dans nos aliments. Nous n'avons pas besoin de tant de sel, bien que nous allions droit sur le sel posé devant nous, par habitude et par réflexe. Nous salons les viandes salées et les légumes saturés de sel — nous salons même la bière — ce qui fait que la plupart d'entre nous consommons 5 ou 6 fois trop de sel par rapport à nos besoins réels. En telles quantités, le sel masque réellement, au lieu de le relever, le goût de ce que nous mangeons. Le sel était utile il y a quelques siècles, quand la viande sentait généralement fort et que la plupart des graisses étaient rances, mais même alors il empêchait de vraiment goûter les aliments et de profiter de leur saveur naturelle.

Il vaut la peine de noter ici que le goût des aliments frits est particulièrement relevé par le sel. Si vous pouviez leur ôter de leur attrait en évitant de les saler et si, par conséquent, vous mangiez moins de frites, moins de croquettes de poissons ou de poulet frit, cela vous serait doublement bénéfique. De plus, la suppression du sel, à table, provoquera une augmentation de la diurèse. Bien que cette perte de poids ne soit constituée que d'eau et non de tissu adipeux, elle se produit pendant les cruciales premières semaines de votre nouveau régime, ce qui peut vous encourager au cours de ces débuts pénibles. Si vous ne pouvez absolument pas vivre sans sel, essayez de le remplacer par de la sauce soja sur toutes les viandes, les légumes et les soupes. Cette sauce donne un goût salé aux aliments, mais ne contient que le cinquième de sodium qu'on retrouve dans une pincée de sel.

Lorsque vous pensez à manger, pensez légumes

On a dit que le vrai mérite d'un régime végétarien ne réside pas dans l'absence totale ou partielle de viande, mais dans la présence de quantités importantes de légumes. Ils apportent des vitamines naturelles en quantité abondante, des fibres si souvent absentes du régime des Occidentaux — en particulier pour ceux qui suivent un régime — et peu de calories. L'image caricaturale et trop familière d'un individu qui suit sérieusement un régime — rêvant d'une entrecôte persillée accompagnée d'une montagne de frites alors qu'il mordille une seule branche de céleri — a donné mauvaise réputation à tous les légumes.

Traités par le docteur Atkins et de nombreux autres médecins de nourriture de lapin, les légumes sont devenus les aliments les moins appréciés par les Occidentaux. On les apprête sans imagination, on les sert sans perspicacité et on les consomme sans enthousiasme. Dans les restaurants, on dirait qu'ils sont servis à regret, dans de petites assiettes qui accentuent cette perception et on les consomme toujours en dernier, sans doute contraints par l'ombre d'une mère, d'une tante ou d'une grand-mère qui nous les avaient servis la première fois en insistant sur leur valeur. Elle n'avait pas dit que les légumes étaient bons, mais qu'ils étaient bons *pour* vous, et c'est cette notion — ce préjugé — que la plupart d'entre nous traînons notre vie durant. Crus ou cuits, les légumes n'ont pas nécessairement un goût de foin. La personne qui suit un régime sérieux peut préparer autant de bouillons et de sauces qu'elle le désire, pour les légumes, à partir de produits à faible teneur en calories — de la crème sure relevée au raifort, par exemple, ou une mayonnaise pauvre en calories mélangée à une sauce chili et une goutte de Worcestershire, ou du yoghourt, du jus de citron et de l'aneth. Bien que ces préparations ajoutent quelques calories à chaque repas ou à chaque "en-cas", elles en rehaussent la saveur. Cinq morceaux de carottes, non apprêtés et mal présentés ressemblent évidemment à de la nourriture pour lapins; mais une généreuse salade composée de laitue, de concombre, de champignons, d'oignons, de pointes d'asperges, de carottes râpées, de radis roses, de tranches de poivron vert, de tomates en morceaux, de brocoli — le tout recouvert de fromage, d'oeufs durs et arrosé de 3 cuillères à soupe d'assaisonnement: voilà un repas! Et ce repas contient moins de calories qu'une seule portion de tarte aux pacanes: preuve qu'il est presque impossible d'inventer un repas à la fois riche en légumes crus et riche en calories.

Redécouvrez les pommes de terre

La pomme de terre est indiscutablement le produit le plus calomnié de tout régime alimentaire occidental, rejeté par les Weight Watchers, consommé d'abord par les gourmands. En réalité, une pomme de terre de taille moyenne cuite contient seulement 90 calories et, assaisonnée d'un peu de sel et de poivre noir, c'est l'un des "en-cas" les plus délicieux, les plus nourrissants et les moins riches en calories. Mais le destin a voulu que la pomme de terre soit malheureusement associée, dans la cuisine traditionnelle, à des condiments riches en calories, comme le beurre, la crème fraîche, la crème sure et le fromage râpé. On peut obtenir le même résultat en y substituant du yoghourt ou du fromage blanc écrémé et l'on peut consommer encore moins de calories en mangeant les pommes de terre bouillies — chaudes, avec du beurre au citron ou froides, en salade.

Soyez conscient du prix
élevé des aliments industriels

Des calories — sous forme de sucre — sont fréquemment ajoutées à chaque nouvelle étape de la fabrication, ce qui explique pourquoi il peut y avoir seulement 25 calories dans 25 cL (une tasse) de petits pois frais, alors qu'on en compte 45 dans la même quantité de petits pois en conserve et 60 dans les petits pois surgelés. Les proportions sont encore plus impressionnantes dans le cas des fruits traités qui contiennent souvent 3 fois plus de calories s'ils sont en conserve ou surgelés que s'ils sont frais.

Ce que vous pensez savoir...

Plus vous faites d'exercice, plus vous avez besoin de protéines. Les protéines entretiennent un rapport avec le poids total du corps, non avec la dépense d'énergie. Si vous consommez trop de protéines, vous produisez du tissu adipeux en plus, non de la force supplémentaire, ni de l'endurance, ni de l'énergie ou de la vitalité.

Plus vous vieillissez, plus vous avez besoin de vitamines de remplacement. En réalité, il semble que les personnes plus âgées aient moins besoin de certaines vitamines; en consommer trop par le biais des vitamines de remplacement peut s'avérer réellement dangereux pour la santé, surtout chez les femmes. (La croyance qui veut que les personnes âgées aient besoin de moins de protéines est également fausse.)

Le cholestérol provoque des crises cardiaques. Il semble qu'il y ait un rapport entre le taux élevé de cholestérol dans le sang et les maladies cardio-vasculaires, mais un régime alimentaire n'a aucune influence sur le taux de cholestérol dans le sang. Que vous mangiez une douzaine d'oeufs chaque semaine ou moins d'une douzaine l'an ne modifiera en rien votre taux de cholestérol. L'intérêt véritable d'un régime alimentaire sans cholestérol est qu'il réduit la consommation de graisses, ce qui bénéficierait à la plupart des Occidentaux.

Le yoghourt est uniquement un aliment entier naturel. Bien qu'il soit à la mode actuellement, le yoghourt n'est pas plus nourrissant que le lait entier. Et il n'aide pas davantage à digérer, grâce à ses bactéries, lorsqu'il est consommé dans des conditions normales.

Une viande bien cuite est moins nourrissante qu'une viande à peine cuite. Il n'y a pas, en fait, de différence. Il en va autrement pour les légumes, car plus il y a d'eau de cuisson, plus on trouve de vitamines solubles dans l'eau, et donc moins dans les légumes.

On ne doit jamais boire une boisson glacée quand on a trop chaud et inversement. En fait, des études effectuées par l'Armée des États-Unis montrent qu'il y a très peu de différence de température entre toutes les boissons ingérées, une fois qu'elles se retrouvent dans l'estomac. Une boisson qui ne brûle pas la langue ne "troublera" pas les intestins.

Les légumes crus sont préférables aux légumes cuits. Les légumes contiennent des grains d'amidon qu'une chaleur humide fait fondre et rend plus digeste. La cuisson à la vapeur est le moyen idéal de ramollir ces grains tout en conservant aux légumes le maximum de vitamines.

Des vitamines de remplacement sont nécessaires si vous ne mangez pas toujours des repas équilibrés. Ce mythe ignore la résistance du corps et ses ressources d'adaptation. Le foie, par exemple, peut stocker une quantité de vitamine A suffisante pour 1 an et le corps peut fonctionner sans vitamines C pendant 5 mois avant que ne se manifeste une carence. Le besoin réel et quotidien en vitamines de remplacement est d'ordre purement psychologique.

L'heure à laquelle vous mangez est importante. Pas autant que vous le pensez. Les fonctions métaboliques sont assez stables, que vous soyez sédentaire ou actif, réveillé ou non. Il y a de nombreuses et bonnes raisons d'éviter de grignoter au lit, mais la crainte de conserver les calories ainsi ingérées plus longtemps que les autres absorbées à un autre moment de la journée est sans fondement.

Le corps a besoin de sucre comme "source immédiate d'énergie". Le corps fabrique tout le sucre dont il a besoin, à partir d'amidons, de protéines et de graisses. Dans tout régime alimentaire équilibré, le sucre n'est absolument pas nécessaire.

La même conclusion s'applique au poisson pané, aux légumes apprêtés à la crème, aux viandes traitées en industrie, comme les saucisses et la mortadelle, et aux punches présucrés aux fruits. En gardant ces faits présents à l'esprit, l'acheteur qui veille sur son poids ferait bien d'acheter plutôt les produits frais vendus au supermarché. Il est important de se rappeler que ce qui peut remplacer correctement un fruit ou un légume précis, quand on ne le trouve pas frais, est un autre aliment riche en fibres et pauvre en calories, *mais non* le même fruit ou le même légume en conserve ou surgelé.

Sachez apprécier la valeur de l'air

Il y a plus de fibres et moins de calories dans tout aliment soufflé. Le riz soufflé, par exemple, peut être mangé comme céréale ou éclaté et 25 cL (une tasse) ne contiennent que 55 calories. Ceci vaut aussi pour le maïs sans beurre qui ne contient en même quantité, pas plus de calories que 4 craquelins. Le riz, les flocons d'avoine et la farine font tous partie de cette catégorie et l'un des arguments les plus sérieux pour manger des céréales au petit déjeuner — ce que 4 Américains adultes sur 5 ne font pas — c'est qu'il s'agit d'une source particulièrement riche en fibres et très pauvre en calories.

...et ce que vous devriez savoir

Vous avez besoin de protéines à chaque repas, y compris au petit déjeuner. Le corps n'emmagasine pas efficacement les protéines et la seule façon de lui assurer un apport constant en protéines est d'en inclure sous une forme quelconque, animale ou végétale, à chaque repas. C'est parce que 4 Américains adultes sur 5 prennent un petit déjeuner déséquilibré — quand ils se donnent la peine de déjeuner — qu'ils privent leur corps pendant 12 heures ou plus de protéines qui lui sont nécessaires.

Il existe de grandes différences dans la composition des aliments riches en hydrates de carbone. Les légumes frais à feuilles, par exemple, contiennent 2 à 5% de sucre et d'amidon, alors que le pain en contient 50% et les céréales, 80%. Les hydrates de carbone sont en général écartés par les personnes qui suivent un régime, mais pourtant des aliments assez riches en calories, comme le pain

---

entier, font moins grossir que des protéines saturées en graisses.

La vitamine C n'en est quelquefois pas une. Hormis l'homme, le singe et le cochon d'Inde, tous les animaux fabriquent leur propre vitamine C et certains experts pensent que ce que nous identifions comme de la vitamine C est en fait une substance que le corps humain a autrefois fabriquée; il aurait perdu au cours de son évolution la capacité de la métaboliser.

Vous manquez certainement de fer. En particulier si vous êtes une femme et si vous avez de 9 à 55 ans, car les femmes à cet âge manquent en général *d'au moins* un tiers du fer qui leur est nécessaire. Il est heureusement facile de combler ce déficit par un régime alimentaire, parce que vous pouvez "voir" ce fer. Le fer colore les aliments; on le trouve dans les viandes rouges (surtout les abats), les grains entiers noirs, les prunes, les raisins, les mélasses et tous les légumes à feuilles.

Les calories comptent, mais les compter est une perte de temps. Les besoins individuels en calories et les dépenses caloriques quotidiennes varient largement — quelquefois de 1 500 calories par jour — de telle sorte qu'il n'existe pas de méthode précise pour estimer quelle quantité de calories est nécessaire pour éviter un déficit précis à un moment donné. De plus, tout tableau d'équivalence calorique s'appuie sur des approximations; il vous indique le nombre de calories que l'on trouve dans une pomme de terre moyenne — mais non dans celle que vous mangez effectivement.

Sauter des repas est le pire moyen de maigrir. Le corps qui meurt d'inanition brûle du tissu musculaire, pas de tissu adipeux; la meilleure façon de perdre du tissu adipeux est de faire de très petits repas et de grignoter, jusqu'à 6 fois par jour.

L'amaigrissement ne se voit pas toujours sur le pèse-personne. En particulier pendant la deuxième et la troisième semaine de tout régime pauvre en calories, la quantité d'eau que le corps retient dépasse généralement la quantité de tissu adipeux brûlé, ce qui fait que le poids ne diminue pas avant que l'eau ait été expulsée. Il est important de se rappeler ce fait pendant la première phase d'un régime, de peur d'être tenté de mesurer son succès ou son échec en se fiant uniquement au pèse-personne.

Malgré ce que vous avez pu lire, le mercure que l'on trouve dans le poisson ne vous fera pas de mal. Selon Fredrick Stare, de Harvard, il n'est absolument pas prouvé que quelqu'un soit jamais tombé malade après avoir consommé du poisson contaminé au mercure.

Bien que les légumes frais soient assurément nourrissants, ils ont une valeur nutritive très variable. Cela dépend du temps qui s'écoule entre la récolte et l'achat. Ce qui signifie que les légumes frais peuvent s'abîmer plus rapidement que ceux qui sont mis en conserve ou surgelés, car le traitement dans ces derniers cas est fait 3 ou 4 heures au maximum après la cueillette.

Attention aux économies caloriques stupides

Beaucoup de ce que vous pensez savoir en matière de valeur nutritive et de contenu calorique de certains aliments est probablement faux, car vos connaissances sont faussées par des mythes et des inexactitudes. Vous auriez intérêt à relire les pages précédentes. Il y a certes des raisons qui nous contraignent à remplacer la volaille et le poisson par de la viande rouge, par exemple, mais il ne s'agit pas par là de diminuer le nombre de calories: une boîte de thon à l'huile contient autant de calories qu'un hamburger et 225 g (½ lb) de poulet rôti contiennent plus de calories encore. Cela vaut aussi pour de nombreux aliments prétendûment diététiques. En effet, le lait écrémé à 98% contient moins de calories que le lait entier, mais la différence n'est que de 17 calories par verre. Les noix sont riches en huiles naturelles, mais le produit diététique à tartiner les sandwiches n'est rien d'autre que du beurre d'arachides beaucoup moins riche en calories que n'importe quel sandwich à la viande ou à la salade de viande.

Il est utile de se rappeler que le terme "diététique" a été utilisé pour la première fois pour décrire les produits sans sucre destinés aux diabétiques et pour lesquels un régime pauvre en sucre est une nécessité absolue. Ces aliments diététiques, quant à leur valeur calorique, sont assez souvent identiques à leurs équivalents standardisés. Ceci s'applique aux glaces, par exemple: la légère différence en calories ne vaut pas la dépense. Si vous devez perdre du poids, vous devez manger moins de biscuits qui contiennent 128 calories chacun plutôt que de les remplacer par des biscuits diététiques contenant environ 30 calories de moins.

Appliquez à votre consommation de sucre toutes les recommandations précédentes

Car elles sont tout à fait valables pour le sucre. Premièrement, le sucre raffiné vous fait grossir plus vite que beaucoup d'autres aliments — même ceux qui sont riches en sucres naturels, en huiles et en graisses — parce que le sucre raffiné est le seul élément nutritivement "pur" de votre régime alimentaire et qu'il ne contient *que* des calories, sous forme de simples hydrates de carbone, alors que les autres aliments — y compris les hydrates de carbone complexes — renferment d'autres éléments nutritifs.

Deuxièmement, le sucre comme le sel, est un fait de culture. Nous en consommons plus que nécessaire, parce que nous avons acquis très jeunes ce goût pour le sucré et que nous l'avons entretenu par la suite. Cette habitude est créée par les premiers aliments solides que nous absorbons, dont la plupart sont sucrés par le fabricant à la demande des adultes plutôt que des enfants; elle est aussi la conséquence de notre goût pour les boissons très sucrées, en particulier le cola, que les enfants des Appalaches, entre autres, boivent quelquefois depuis qu'ils sont sevrés, en partie du moins parce que l'eau est en général non-potable. Des habitudes aussi profondément ancrées, des goûts aussi profondément enracinés sont pratiquement impossibles à modifier à l'âge adulte, mais un adulte *peut* se défaire d'une trop forte dépendance au sucre en supprimant la valeur d'une cuillerée à thé à la fois.

Troisièmement, tout régime riche en légumes et en fruits n'est pas seulement pauvre en calories, il est aussi pauvre en sucres raffinés. La mère, la tante ou la grand-mère qui vous disait, il y a quelques années, que les légumes étaient bons pour vous, mais qui négligeait de vous dire qu'ils étaient bons au goût, ne ressentait pas la nécessité de vous faire comprendre que l'opposé s'appliquait au sucre. On préfère par goût les préparations et les aliments cuisinés et vous avez dû surtout entendre dire, si vous l'avez jamais entendu dire, que trop de bonnes choses pouvaient être nuisibles. L'intérêt des légumes — y compris les pommes de terre — est qu'ils contiennent des sucres naturels. Si vous suivez un régime alimentaire contenant suffisamment d'hydrates de carbone complexes, vous absorbez ainsi tout le sucre nécessaire aux besoins de votre corps sans qu'il soit nécessaire de rajouter du sucre de table.

Le sucre est le principal ingrédient dans de nombreuses étapes de la fabrication des aliments. On l'ajoute non seulement aux fruits, mais aux légumes, aux pains, aux sauces et aux soupes. Cela explique notre goût prononcé pour les aliments industriels: la graisse et le sucre y sont les principaux éléments utilisés pour assurer la saveur. Cela explique aussi pourquoi ces aliments réussissent à tromper le consommateur qui ne se méfie pas. Les céréales préparées, en revanche, sont excellentes pour l'individu qui suit un régime, justement parce qu'elles sont fabriquées et préparées, en général, sans addition de sucre raffiné, et qu'on peut les servir et les consommer en ne rajoutant qu'un minimum de sucre.

En conclusion, le charlatanisme et les aberrations alimentaires tournent essentiellement autour de la teneur en sucre des gâteaux et des biscuits, des bonbons et des colas, des desserts et des douceurs — en résumé, de tout ce qui ne fait pas vraiment partie d'un repas équilibré et qui a peu à peu remplacé les fruits et les légumes, les céréales entières et les fibres naturelles dans notre alimentation. Ici comme ailleurs, nos connaissances concernant les mérites relatifs de ce genre d'aliments sont fortement influencées par ce que nous avons vu et lu. Notons enfin que la plupart de ces renseignements émanent des fabricants eux-mêmes, sous forme de publicité écrite ou télévisée.

Il en résulte que nous nous mettons à vanter les qualités "naturelles" du sucre brun, en oubliant qu'il est raffiné à 99%, nous écartant du sucre de table blanc que nous avons appris à mépriser. Et nous nous mettons à vanter les vertus du miel, édulcorant "organique" que le corps ne distingue pas du sucre raffiné, mais qui abîme davantage les dents. Nous nous mettons également à écouter les promesses des fabricants qui nous assurent une réduction notable de calories dans nos aliments préférés, riches en calories! Ces diminutions sont en général modestes: quelques calories, quelques douzaines de calories, par rapport aux milliers que nous consommons quotidiennement. En fait, il ne s'agit pas du tout de diminution dans la mesure où nous sommes encouragés à continuer à consommer des aliments riches en calories et donc invités à ne pas modifier nos habitudes alimentaires. Lorsque vous êtes trop gros, ce n'est pas en mangenant des biscuits diététiques que vous résoudrez votre problème, car chacun de ces biscuits contient 100 calories. Vous le résoudrez en mangeant une pomme qui n'en contient que 70.

Phase III: modification du comportement

Le docteur Linn dit, à propos du régime aux protéines liquides, qu'il s'agit "du progrès le plus important de ces 50 dernières années en matière de diététique". Mais s'il existe un seul progrès dans le domaine de l'amaigrissement que l'on puisse qualifier, sans mentir ni exagérer, de très important, il s'agit probablement de la modification du comportement. Comme nous l'avons noté au chapitre précédent, la modification du comportement n'est pas efficace dans tous les cas d'obésité, mais lorsqu'elle l'est — chez des femmes et des hommes motivés, modérément gros et d'un certain âge — elle l'est tout à fait et donne dans de nombreux cas, des résultats 2 fois supérieurs à ceux obtenus par des méthodes plus conventionnelles d'amaigrissement.

Il y a fort à parier, même si votre poids est de 15% trop élevé, que vos habitudes alimentaires sont presque toutes dépendantes de stimuli externes plutôt qu'internes. Vous réagissez à la vue, à l'odeur, à l'idée de nourriture plutôt qu'à une sensation physiologique de faim et vous avez de plus en plus faim à l'approche de l'heure des repas, sans considération de l'heure et de la quantité de nourriture de votre dernier repas. Pour vous, la solution au casse-tête de l'obésité dépend d'une modification *de la façon* dont vous mangez plutôt que de *ce que* vous mangez. Mais vous ne pouvez effectuer des changements que si vous apprenez à reconnaître et à contrôler les stimuli externes qui vous donnent faim alors que vous n'avez pas réellement besoin de manger. Il vous faut donc vous munir d'un autre carnet de notes.

Cette fois, au lieu d'y noter le nombre de kilomètres (milles) que vous effectuez chaque jour, vous noterez tout ce qui concerne vos habitudes alimentaires. La Clinique Mayo suggère que vous rédigiez un compte-rendu aussi détaillé que possible, en notant non seulement ce que vous mangez, l'heure et la durée de votre repas, mais aussi votre humeur à ce moment-là, qui a mangé avec vous, etc. Plus vous notez de détails, plus cette méthode est efficace. Si vous notez scrupuleusement et honnêtement tout ce que vous mangez, aliment après aliment, calorie par calorie, vous vous rendrez compte que le simple fait de noter tous ces détails vous aide vraiment à prendre conscience de ce que vous mangez et de la quantité réelle de nourriture que vous ingérez.

Vous pouvez découvrir que, tout en restant fidèle à un régime équilibré pauvre en calories, vous annulez son efficacité en grignotant 1 100 calories juste avant de vous coucher. Ou vous pouvez vous apercevoir que vous faites 2 petits repas de plus les jours où votre mari est en voyage d'affaires. Ou encore que les périodes où vous mangez trop correspondent à des moments d'inquiétude financière ou d'insécurité professionnelle. Dans certains cas, il suffit de noter tous ces éléments — enregistrement précis de vos défaillances alimentaires et de vos progrès. Mais pour la plupart d'entre nous, la modification du comportement implique des changements simples mais importants de nos habitudes alimentaires antérieures. Selon les stimuli externes auxquels vous réagissez personnellement, il vous faudra effectuer tous ou en partie les changements suivants:

Allez au supermarché avec une liste d'achats

Un régime commence au supermarché. Il est plus facile de résister à des pâtisseries lorsqu'elles sont à l'étalage que si elles se trouvent dans votre cuisine. Vous devez vous exercer à réagir ainsi. Reportez-vous à la phase II: *nutrition* et au paragraphe "Succomber à la tentation" avant d'aller au supermarché. Suivez les conseils et recommandations en rédigeant votre liste d'achats et respectez scrupuleusement cette liste en effectuant vos achats.

N'achetez des provisions qu'après avoir mangé

Il est plus facile de résister à des pâtisseries — tout comme aux dégustations publicitaires de morceaux de porc et de saucisses viennoises — si on a l'estomac plein.

Achetez l'indispensable en premier

Un chariot rempli, comme un estomac plein, n'encourage pas à l'achat. Au fur et à mesure que le chariot se remplit et que la facture augmente, l'envie de faire des achats de dernière minute diminue. Et surtout, il est plus difficile de vous dissimuler à vous-même les pâtisseries, lorsqu'elles sont en équilibre sur tous les achats qui remplissent le chariot!

Rendez votre réfrigérateur ennuyeux

Rien n'encourage plus à manger raisonnablement — et décourage de grignoter la nuit — qu'un alignement parfait de fruits et de légumes, de fromage blanc et de yoghourts, de boissons sans sucre et de thé glacé sans sucre. Évitez-vous la vue tentante d'une friandise, d'un reste savoureux, en rangeant tous les aliments, en particulier les plus riches en calories, dans des contenants opaques. Si cela se révèle insuffisant, supprimez l'éclairage du réfrigérateur.

Dissimulez les en-cas

Si vous êtes obligé d'acheter des en-cas — et vous devez vous demander si vous le faites seulement réellement pour les enfants ou les invités inattendus — transférez-les immédiatement dans d'anciennes boîtes à café ou à biscuits. Rangez-les sur l'étagère la plus haute, afin d'être obligé de faire un effort pour les atteindre. Cet effort nécessaire vous culpabilisera et, lorsque vous vous sentirez suffisamment coupable, vous cesserez de succomber à la tentation.

Ne sautez jamais de repas, en particulier le petit déjeuner

L'un des plus forts stimuli externes est l'heure du repas. Il vous sera plus facile de résister à l'envie de grignoter que de sauter un repas. La plupart des individus qui jeûnent à l'heure du déjeuner et qui s'en vantent pendant leurs heures de bureau, rattrapent leurs calories perdues un peu plus tard dans la journée.

Mangez toujours au même endroit

Ce que vous grignotez ressemblera plus à un repas et vous noterez le contenu calorique plus clairement en mangeant assis à une table plutôt que debout, dans la cuisine ou assis, dans la voiture. En faisant de l'alimentation une activité complètement séparée et distincte, vous en tirez davantage satisfaction — et d'un point de vue psychologique, une plus grande satiété. Cela vous permet également de mieux tenir à jour vos notes concernant ce que vous consommez.

Ne faites rien d'autre que manger à l'heure des repas

Si vous lisez ou regardez la télévision ou triez le linge ou préparez un repas en mangeant, vous aurez moins conscience de ce que vous mangez — et vous ne serez plus capable de noter quelle quantité vous avez absorbée. Une grande part du plaisir que l'on prend à manger est une question de circonstances; des amis, une conversation intéressante, une bouteille de bon vin peuvent rendre un repas très agréable alors qu'il aurait pu être très ennuyeux dans un autre contexte. Lorsqu'un repas se réduit à la stricte notion d'alimentation, il incite à manger trop par inattention et ennui.

Succomber à la tentation

Le fait de grignoter, souvent considéré comme un fléau par l'individu trop gros, devrait réellement être considéré comme un bienfait par l'individu qui suit un régime sérieux. Il n'existe pas de meilleure façon de réduire les crampes de faim et de modérer l'appétit. Mais tout régime alimentaire, qui ne reconnaît pas les bénéfices potentiels du fait de manger *moins* en mangeant *plus souvent,* prive l'individu d'une arme efficace dans son combat contre l'obésité. Il est naturel de manger entre les repas. Ces petits en-cas vous feront grossir ou vous aideront à maigrir suivant la façon dont vous les mangerez et le moment où vous vous y adonnerez. Par exemple, un en-cas composé de 2 beignets au chocolat contient plus de calories qu'un petit déjeuner comprenant un jus d'orange, 2 oeufs, une tranche de bacon, une tartine grillée avec de la confiture et 2 tasses de café noir — de plus, il est beaucoup moins nourrissant. Pour cette raison, la liste qui suit ne comprend pas de beignets au chocolat, mais des aliments qui apportent suffisamment de calories.

Grignoter est un élément essentiel du plan directeur de contrôle du poids, à la fois comme moyen de récompense d'une modification de comportement et comme moyen de modérer l'appétit et donc de réduire la quantité totale de calories absorbées. La plupart des suggestions contenues dans la phase III du plan directeur s'appliquent également aux en-cas et aux repas; c'est pourquoi plusieurs d'entre elles sont répétées dans les pages qui suivent.

Mangez dans une petite assiette, buvez dans un petit verre

Des portions trop petites semblent insuffisantes quand elles se trouvent perdues au milieu d'une grande assiette; elles paraissent beaucoup plus importantes dans une petite assiette. Des crudités en plus: 2 brins de persil, 1 feuille de laitue, 1 cuillerée supplémentaire de légumes aident à remplir une assiette tout aussi bien qu'un morceau de citron ou de tomate.

Succomber à la tentation

Quelque soit la taille de votre en-cas, déposez-le dans une assiette. Faites comme s'il s'agissait d'un repas et mangez-le à l'endroit habituel où vous prenez vos repas.

Notez tous les détails concernant ces en-cas, exactement comme s'il s'agissait d'un repas complet. Cela vous permettra de découvrir, après un certain temps, quel est votre "profil" en matière d'en-cas. Vous découvrirez par exemple que vous avez plutôt tendance à grignoter le dimanche après-midi, pendant la saison du football ou le matin en faisant votre repassage. Il vous viendra peut-être à l'idée de faire coïncider l'heure de votre marche quotidienne avec ces moments-là, afin de réduire la tentation.

Grignotez avant les repas, jamais après. Grignoter un aliment pauvre en calories, une demi-heure ou plus *avant* un repas, incite à déclencher le "glucostat" du cerveau et à diminuer la faim. Alors que si vous grignotez *après* un repas, vous ne faites qu'augmenter votre consommation calorique quotidienne.

La solution idéale — pour que le grignotage entre les repas soit bénéfique à un régime — est de choisir des aliments riches en eau et en fibres. Ces aliments appartiennent à 4 grandes catégories:

Les liquides. Évidemment, rien n'est plus riche en eau que l'eau elle-même et l'individu qui suit un régime ne doit pas négliger le fait qu'un verre d'eau calme la faim. Mais il peut également boire du jus de tomate, du jus de pamplemousse, tous les deux très peu sucrés; des jus de fruit naturels: jus de pomme, jus d'airelle et jus de prune (mais pas de jus de fruit trop riche en sucre); du café ou du thé non sucré. Les boissons sucrées artificiellement, dont les boissons diététiques, constituent un autre choix, conseillé avec une certaine réserve. En effet, ces boissons ne contribuent pas à combattre l'habitude du sucre raffiné. Pour vous habituer aux boissons non-sucrées, ajoutez-y deux gouttes d'extrait de menthe poivrée, un zeste d'orange, de la cannelle ou des clous de girofle.

Les amidons. La valeur calorique des aliments contenant de l'amidon varie considérablement et ceux qui comptent un pourcentage élevé d'eau devraient faire partie de tout régime raisonnable. Les pommes de terre, cuisinées ou bouillies, doivent faire partie de tout régime; même si elles sont assaisonnées d'une noix de beurre, elles contiennent moins de calories que les protéines qu'on leur substitue souvent. La même chose s'applique aux pâtes alimentaires qui sont riches en calories lorsqu'elles sont additionnées de crème, de fromage et de jus de viande mais qui contiennent très peu de calories lorsqu'on les recouvre de sauce tomate. Les céréales de blé ou de riz soufflé contiennent également peu de calories et l'on peut en manger à tous les repas. Assaisonnées d'ail ou de sel d'ail et d'un peu de beurre — légèrement réchauffées au four — elles constituent un excellent encas pauvre en calories. Le pain contient peu d'eau, mais est riche en fibres: il constitue donc un en-cas efficace. Essayez d'étendre sur votre pain du fromage blanc ou du yoghourt plutôt que du beurre et de la confiture.

Les fruits. Le vieil adage "Une pomme chaque jour..." n'est pas sans valeur, car les pommes sont riches en eau et en fibres. Manger une pomme chaque jour permet de manger moins d'aliments riches en calories et donc de maigrir. Mais rien ne contient plus de calories que les fruits préparés en industrie. C'est pour cette raison que l'on ne conseille que les fruits frais ou secs, encore qu'il soit recommandé de consommer des fruits secs en buvant une boisson non-sucrée pour compenser le manque d'eau de ces fruits. L'un des intérêts des fruits frais est qu'ils demandent en général une préparation quelconque — les peler, les éplucher, les dénoyauter... petites opérations qui retardent l'heure du repas ou de l'en-cas et diminuent par conséquent la consommation de calories.

Les légumes. Les légumes sont les aliments les plus riches en eau et les plus pauvres en calories par rapport à leur poids. Ils constituent l'en-cas idéal. Tous les nutritionnistes les conseillent — aux minces comme aux gros — mais ils sont méprisés par tout le monde. Nous avons un penchant naturel pour les aliments riches en graisses ou en sucres. Les légumes ne contiennent pas de graisses et peu de sucres: aussi ne nous plaisent-ils pas beaucoup. Afin de donner plus de goût aux légumes crus, mélangez-les à du yoghourt naturel assaisonné d'aneth, de menthe, de vinaigre de vin ou de jus de citron; d'une mayonnaise pauvre en calories relevée avec une cuillèrée à café de sauce Worcestershire ou une cuillerée à soupe de sauce Chili; ou de la crème sure faite de fromage blanc et de lait écrémé. Pour relever le goût des légumes cuits, faites-les sauter dans du vin et de l'eau; ou arrosez-les de sauce soja et faites-les griller; ou faites-les revenir avec des blancs d'oeufs, source de protéines mais à faible teneur en calories.

Mastiquez très lentement; n'avalez pas sans mastiquer

Le but ici n'est pas de mastiquer mieux, encore que cela ne soit pas mauvais en soi, mais de mieux apprécier ce que vous mangez. Le centre de satiété du cerveau ne réagit pas immédiatement après la consommation des aliments, de telle sorte qu'il peut s'écouler une heure complète avant que le "glucostat" enregistre l'effet d'un repas et transmette l'information au centre de la faim de l'hypothalamus. Peu d'entre nous mettent une heure à faire un repas, ce qui fait que bien souvent nous mangeons plus qu'à notre faim. Lorsque le "glucostat" agit, nous nous sentons déjà alourdis. Le truc est donc de faire durer le plus longtemps possible chaque repas, en mangeant le moins possible.

Reposez volontairement votre fourchette entre chaque bouchée

C'est une autre façon de prolonger chaque repas, toujours pour la même raison. Une femme raconte qu'une variante de cette technique lui a bien réussi: pour manger moins vite, elle utilisa des baguettes, méthode efficace jusqu'à ce qu'elle sache suffisamment s'en servir pour manger aussi vite qu'avec une fourchette.

Arrivez à table en retard, quittez-la après tous les autres

À défaut d'autre moyen, vous pouvez juger efficace de laisser votre famille commencer avant vous. Les individus qui mangent trop, mangent souvent trop vite: ils ont englouti leur première assiettée et se sont resservis avant que les autres aient terminé leur première assiettée. En arrivant en retard à table, vous terminerez à temps et, en mangeant moins vite, vous vous sentirez plus vite rassasié.

Ne terminez jamais ce que l'on vous a servi et ne vous resservez absolument jamais de quoi que ce soit

La mère, la tante ou la grand-mère qui insistait pour vous faire terminer vos légumes, parce que c'était bon pour vous, vous obligeait également à vider vos assiettes. Si vous ne le faisiez pas, c'était du gaspillage et une preuve de mauvaise éducation. Les Arméniens, eux, mouraient de faim... Ou les Chinois... Ou les enfants de tel quartier de la ville... Si bien que nous mangions par politesse, nous mangions parce que nous avions la chance d'avoir assez d'argent pour le faire, nous mangions pour devenir grands... nous mangeons tout ce qui se trouve dans nos assiettes simplement parce que nous le faisons depuis 20 ou 30 ans! — Cette suggestion de toujours laisser un morceau dans son assiette est très importante. Non pas à cause des calories que nous laissons, mais parce qu'une portion abandonnée est un signe tangible de notre volonté de maigrir. Elle nous rappelle, à la fin de chaque repas, les conséquences d'une suralimentation et les bénéfices que l'on retire de la modération.

Mangez toujours dans une assiette

Les calories comptent et celles que l'on ne compte pas sont souvent celles des petites choses avalées à la va-vite. La façon la plus traître de grignoter est celle qui consiste à prendre un à un, dans leur boîte, les croustilles, les biscuits, les bonbons ou les noix. C'est de cette façon que des boîtes entières de biscuits et des boîtes entières de bonbons sont consommées en une soirée, en quantité qui effrayerait tout individu censé suivre un régime s'ils se trouvaient empilés dans une seule petite assiette!

Servez-vous dans des assiettes, prenez des portions, ne laissez pas le plat sur la table

Autrement dit ne prenez que ce que vous désirez et ne consommez que ce que vous prenez. Il est plus facile de ne pas se resservir si le plat n'est pas devant soi. Et il est plus facile de surveiller votre assaisonnement si vous préparez tout vous-même.

Changez lentement d'habitude

Si vous avez l'habitude de manger à midi un sandwich à la mortadelle et au pain blanc avec de la mayonnaise, vous trouverez difficile d'y renoncer brutalement. Il vous sera plus facile de modifier la composition du sandwich pendant quelque temps: d'abord, en supprimant la moitié de la quantité de mayonnaise, puis en supprimant l'une des tranches de pain, puis en remplaçant la mortadelle par quelque chose de moins riche en calories pour finalement remplacer le pain blanc par du pain de son. L'important, dans ce cas, est que le changement soit progressif afin d'être efficace. Comme pour l'exercice physique, le programme qui réussit est celui qui pertube le moins vos habitudes.

Dénaturez tous les aliments
qui vous tentent le plus

Salez vos desserts et sucrez vos pommes de terre. Quand ces aliments n'ont plus aussi bon goût, ils cessent de constituer un danger pour votre régime. C'est particulièrement vrai pour vos aliments préférés qui vous font toujours très envie. Un jeune homme qui aimait tout particulièrement la purée de pommes de terre s'est guéri de cette passion en colorant chaque assiettée en bleu ou en vert.

Buvez de l'eau lorsque vous êtes en colère

Il n'existe pas de stimulus plus fort ni plus universellement menaçant que la colère pour un individu qui suit sérieusement un régime. Les gens ont des réactions très différentes à la tristesse ou à la joie, réactions qui vont de la boulimie incontrôlée à l'anorexie pathologique, mais la plupart d'entre nous réagissons à l'irritation et à la colère en mangeant trop. Si vous notez régulièrement vos habitudes alimentaires pendant seulement 3 semaines, vous découvrirez que ce fait est exact. Il y a peu de choses à faire pour prévenir les événements irritants de la vie, mais vous pouvez faire quelque chose pour modifier votre réaction. La seule bonne solution sans calorie est l'eau.

Prévoyez l'échec

Pour des raisons qu'aucun psychologue ne peut totalement expliquer, des écarts occasionnels servent plus à renforcer des habitudes acquises qu'à les faire disparaître. L'important est d'avoir appris à tricher entre ce que vous savez maintenant être bon ou mauvais. Vous savez ce qu'il faut manger, même si vous choisissez de l'ignorer de temps en temps. Vous savez choisir quelle que soit votre décision du moment.

Sachez vous faire peur

On sait depuis longtemps que les victimes d'une crise cardiaque éprouvent peu de difficultés à perdre du poids après avoir quitté l'hôpital. Tant que le danger mortel auquel elles ont échappé reste vivace dans leur mémoire, elles sont très consciencieuses et ne se plaignent pas, même si elles sont soumises au régime le plus draconien pauvre en calories, sans sel et sans graisses. Pensez-y et cela vous aidera à vous souvenir des conséquences du laisser-aller. Accrochez vos vieilles photographies autour de votre miroir. Collez sur la porte de votre réfrigérateur les photographies de la série "avant" des femmes qui ont suivi le régime de bonbons Ayds. Lisez avec une attention toute particulière tous les articles de journaux et de revues sur l'obésité, puis lisez à votre famille les paragraphes les plus importants.

Lorsque le chariot à café et à sandwiches arrive dans votre bureau, allez à la toilette

Refaites votre noeud de cravate et recoiffez-vous ou remaquillez-vous et remettez du rouge à lèvres. Au bout d'un certain temps, cette tactique de diversion deviendra une habitude et lorsque vous entendrez sonner la clochette du chariot, vous penserez automatiquement à vous recoiffer ou à vous maquiller.

Lorsqu'il y a une séquence de publicité alimentaire à la télévision: levez-vous et marchez

Marchez n'importe où *sauf* en direction de la cuisine. Le fait de regarder la télévision rend beaucoup de personnes nerveuses et beaucoup trop d'entre elles pensent que cette nervosité est signe de faim. Il faut qu'elles s'étirent, bougent un peu, stimulent leur circulation, mais elles ne doivent pas grignoter sous prétexte qu'elles se sont conditionnées à grignoter en regardant la télévision.

Demandez de l'aide

Les programmes d'amaigrissement des Weight Watchers et d'autres groupes similaires s'appuient sur le principe que la souffrance de l'individu trop gros est plus facile à supporter — et les kilos (livres) plus faciles à perdre — quand il agit de concert avec des amis et des membres compréhensifs de sa famille. Qu'ils le sachent ou non, les membres de votre proche famille ont intérêt à ce que vous vous sentiez bien. On promet tant la santé grâce à de bonnes habitudes alimentaires qu'ils doivent vous aider et vous encourager à réussir à perdre du poids.

Mettez au point votre propre système de punitions et de récompenses

L'amaigrissement est en soi une récompense, bien sûr, mais le succès de tout programme de modification du comportement dépend de la façon dont les habitudes alimentaires très pernicieuses, établies depuis longtemps, peuvent être modifiées et à ce niveau le succès ne se compte pas toujours en kilos (livres) perdus, surtout au début. La modification du comportement met l'accent sur les habitudes, non sur l'alimentation elle-même; c'est d'ailleurs pour cela que cette méthode s'est révélée également efficace dans le traitement de l'alcoolisme ou de l'accoutumance à la drogue. Elle permet également aux gros fumeurs de cesser de fumer.

L'argumentation théorique de cette méthode affirme que vous pouvez diminuer l'impact des stimuli externes sur le centre de la faim du cerveau. Et si vous réussissez à dominer vos réponses conditionnées aux aliments, en particulier aux aliments saturés en sucre, riches en calories, vous maigrirez automatiquement. Le but, par conséquent, est de vous protéger des tentations plutôt que de protéger votre silhouette du tissu adipeux non désiré. Beaucoup de personnes croient que la modification du comportement réussit justement parce qu'elle dédramatise la question de la quantité d'aliments absorbés et insiste plutôt sur la façon dont vous mangez.

Il est donc extrêmement important que vous renforciez votre programme par un système de punitions et de récompenses qui ne soit *d'aucune façon* lié à votre perte réelle de poids. Vous devez utiliser punitions et récompenses en rapport avec votre capacité à modifier une ancienne habitude, à la remplacer par une nouvelle, mais *non* en rapport avec votre capacité à maigrir. Il est tout à fait possible, en particulier durant les premières semaines où vous tentez de changer votre façon de manger, que vous ne perdiez pas plus d'un kilo ou d'un demi-kilo; il se peut également que vous perdiez 2 ou 3 fois plus de poids au même moment, sans adhérer strictement à votre nouveau programme de modification du comportement, car de nombreux autres facteurs peuvent provoquer un amaigrissement. La tentation naturelle consiste à penser que maigrir constitue un succès, alors que le contraire souligne un échec. Pourtant, à long terme, le contraire peut se révéler finalement comme un véritable succès. Des habitudes modifiées pour toujours provoqueront un amaigrissement durable, alors que de nouvelles habitudes temporaires ne feront que provoquer un nouveau cycle de perte et de reprise de poids.

Il importe également que punitions et récompenses vous troublent et vous touchent. Privez-vous d'une de vos émissions télévisées favorites, la semaine où vous avez trop souvent laissé tomber votre résolution de ne pas grignoter entre le repas de midi et celui du soir — mais uniquement si cette punition vous est réellement pénible. Une femme d'un certain âge s'est inventée à ce sujet un système intéressant: elle garde en permanence 2 livres sur sa table de chevet — l'un ennuyeux, l'autre passionnant. Elle "se récompense" en lisant un chapitre du second lorsqu'elle a bien suivi son programme, mais elle "se punit" en lisant un chapitre entier du premier dans le cas contraire. C'est un bon système pour elle parce qu'elle est aussi passionnée de lecture que de nourriture. Ce sera un bon système pour vous si vous lui ressemblez.

Les possibilités sont infinies, uniquement limitées par la restriction déjà citée — les punitions et les récompenses ne doivent d'aucune façon être associées à la perte de poids — et par votre imagination. Vous pouvez, par exemple, vous punir en vous privant d'une heure de sommeil, ou du bain moussant que vous aimez tant avant d'aller au lit. Une femme de 46 ans légèrement trop grosse, associant 2 des conseils ci-dessus, demanda l'aide de son mari. Elle ne voulut pas révéler les détails de leurs arrangements conjugaux de punitions et de récompenses, mais elle affirmait qu'ils donnaient de bons résultats.

Pouvoir apprécier directement les résultats, voilà le seul véritable test d'efficacité. Il vous faudra un certain temps pour mettre au point ce système. Même pour ce qui est du plan directeur, il vous appartient de faire un choix à partir des listes de conseils et de recommandations. Il n'existe pas de règles pré-établies.

Phase IV : régime

"Pour rallonger ta vie, écourte tes repas". C'est en ces mots que le corpulent Benjamin Franklin exhortait ses lecteurs du *Poor Richard's Almanac* et, depuis 2 siècles, le corps médical n'a pas réussi à donner de meilleur conseil que celui du docteur Franklin. En insistant sur l'importance d'un régime dans tout programme amaigrissant, la plupart des médecins oublient de souligner combien il faut *peu* enlever à un régime alimentaire pour provoquer un amaigrissement tangible sur une longue période. C'est le problème du morceau de gâteau au chocolat, cité au chapitre I, mais à l'envers. Si vous pouvez gagner 18 kg (40 lb) l'an en mangeant un dessert de plus chaque nuit, vous devriez pouvoir en perdre autant en supprimant un dessert. Malheureusement cela n'est pas entièrement vrai, car la plupart d'entre nous avons déjà abandonné les desserts dans un vain effort pour maigrir et risquons de ne plus vouloir abandonner les quelques desserts que nous nous permettons. Nous jugeons que nous payons déjà un prix trop élevé pour être minces, obtenant d'ailleurs rarement la minceur attendue comme récompense d'une vigilance permanente. Nous demander de renoncer aux quelques plaisirs de la table qui nous restent, c'est trop demander à notre volonté ou même à nos capacités.

La modération, clé des 3 premières phases du plan directeur, demeure la clé de cette dernière section — la plus décisive. Toute modification des habitudes alimentaires existantes apparaissant comme un sacrifice est condamnée à l'échec. Seul un changement si bénin qu'il en est imperceptible, à la fois pour soi-même et pour les autres, subsistera — et seule une transformation durable provoquera un amaigrissement durable. La façon la plus rapide et la plus efficace de prolonger votre vie et de diminuer votre tour de taille est de faire des repas plus légers. La quantité minime que vous devez réellement sacrifier chaque jour ou chaque semaine est indiquée au tableau suivant; choisissez n'importe quel repas, supprimez n'importe quelle partie du repas. Ici, comme toujours, il vous revient de choisir. Il n'y a que vous qui connaissiez vos propres habitudes et vos goûts suffisamment bien pour savoir de quel(s) aliment(s) vous pouvez le plus facilement vous passer. La première étape d'un régime efficace se limite à éliminer ce qui vous manquera le moins.

À sacrifices modestes,
pertes de poids appréciables

De fausses promesses sont le propre des régimes draconiens qui offrent à l'individu un mélange impressionnant d'exagération et d'espoir plutôt qu'un régime raisonnable et des objectifs sensés. Des programmes diététiques sensés, c'est-à-dire à la fois sérieux d'un point de vue médical et nutritivement équilibrés, tiennent forcément en échec des prétentions aussi exagérées et compensent par leur efficacité leur manque d'attrait. Ce genre de régime reconnaît que la graisse ne vient que des aliments et que l'obésité ne provient que d'une suralimentation par rapport aux besoins énergétiques du corps. Reconnaissant ces faits, ils ne peuvent ensuite attribuer l'obésité à des problèmes de glandes, d'hypoglycémie ou à une paresse du métabolisme. Mais ils ne peuvent pas non plus promettre un amaigrissement sans effort, un amincissement sans sacrifice, une réduction ponctuelle ou un rajeunissement rapide de la peau fatiguée et du "sang appauvri".

Ce que ce genre de régime *peut* promettre, c'est une perte de poids appréciable en échange de petits sacrifices caloriques. Malheureusement, la promesse d'une perte de poids lente mais régulière a perdu beaucoup de son attrait depuis l'apparition du régime-express riche en protéines et pauvre en hydrates de carbone, il y a 20 ans. Depuis ces 20 dernières années, nous assimilons régime à amaigrissement prononcé et rapide, atteignant jusqu'à 7 à 8 kg (15 à 18 lb) en un seul mois.

En d'autres termes, ce genre d'amaigrissement est souvent obtenu — quoique rarement maintenu — à partir d'un régime cétogène non-équilibré. Ce qui a été également oublié dans la confusion générale, c'est le principe diététique suivant qui devrait réconforter tous les adultes trop gros: vous pouvez perdre du poids progressivement et *de façon durable* en n'apportant que de légères modifications à vos habitudes alimentaires actuelles. Supprimez une seule noix de beurre chaque jour, par exemple, et vous perdrez 2,25 kg (5 lb) l'an, sans modifier autrement votre régime quotidien. Pas d'exercice en particulier ni d'aliments spéciaux, ni de pilules ou de potions pour une perte de poids pourtant constante.

Le tableau des pages suivantes ne se veut pas un guide pratique, car un guide de ce genre n'est pas réellement nécessaire. Personne ne vous suggère d'abandonner pour toujours vos tartines du petit déjeuner ou la crème fouettée. Vous pouvez préférer vous passer d'un aliment au cours d'une semaine, d'un autre la semaine suivante ou varier votre choix d'une semaine à l'autre, pendant toute l'année. En procédant ainsi, vous supprimerez plus facilement un aliment riche en calories; vous perdrez du poids plus vite si vous vivez sans frites que si vous oubliez le fromage. Mais l'unique bon conseil se résume à retirer de votre régime quotidien un aliment que vous puissiez facilement fractionner ou supprimer. Vous vous sentirez moins frustré, vous aurez moins conscience de suivre un régime et — qui sait? — vous découvrirez peut-être, au bout de 6 mois à 1 an, que cet aliment ne vous manque pas réellement.

Avant de consulter le tableau suivant, vous devriez revoir les conseils qui concernent un amaigrissement efficace à long terme. Ils vous seront utiles, quelle que soit la façon dont vous vous servirez du tableau.

Ne comptez jamais les calories

Certaines personnes qui suivent un régime considèrent que compter les calories renforce leur volonté de maigrir; c'est évidemment amusant, au début, en particulier pour une personne ignorante en matière de nutrition. Mais le fait de compter les calories met également l'accent sur le régime que vous suivez et plus vous avez présent à l'esprit le fait que vous essayez de maigrir, moins vous avez apparemment de chances d'y parvenir. Suivre un régime amaigrissant n'est pas naturel pour la plupart d'entre nous: il s'agit d'une situation temporaire de privation désagréable. Un programme efficace de contrôle du poids est précisément l'opposé: permanent, naturel et si peu contraignant qu'il en semble agréable. Consultez le tableau suivant et les conseils de la phase II: *nutrition,* en ce qui concerne ce qu'il faut acheter et ce qu'il faut manger, mais n'essayez pas de tenir un compte quotidien des calories consommées.

À sacrifices modestes, pertes de poids appréciables

Aliment	Diminution de quantité	Fréquence de diminution	Perte de poids annuelle correspondante*	
Divers				
Beurre	1 noix	chaque jour	2,25 kg	5 livres
Sucre	2 c. à thé	chaque jour	1,80 kg	4 livres
Crème	1 c. à thé	chaque jour	0,90 kg	2 livres
Fromage	60 g (2 oz)	1 fois la semaine	1,35 kg	3 livres
Graisse végétale	2 c. à soupe	chaque semaine	1,35 kg	3 livres
Arachides	125 mL (½ t.)	chaque semaine	2,25 kg	5 livres
Bretzels	25	chaque semaine	0,68 kg	1½ livre
Bonbon	1	2 fois la semaine	1,35 kg	3 livres
Boissons				
Bière	verre de 360 mL (12 oz)	4 fois la semaine	4,50 kg	10 livres
Whisky	45 mL (1½ oz)	3 fois la semaine	2,70 kg	6 livres
Vin	verre de 90 mL (3 oz)	4 fois la semaine	1,80 kg	4 livres
Citronnade	verre de 240 mL (8 oz)	3 fois la semaine	1,35 kg	3 livres
Eaux gazeuses	verre de 240 mL (8 oz)	4 fois la semaine	1,80 kg	4 livres

* Approximativement. Les pertes réelles de poids dépendent du poids initial du sujet, du rythme auquel se produit la perte de poids, de la quantité de calories supprimées et de la décision du sujet d'abandonner définitivement un aliment ou de le remplacer par un autre.

Petit-déjeuner

Bacon	2 tranches	3 fois la semaine	2,25 kg	5 livres
Gâteau roulé	1	1 fois la semaine	0,90 kg	2 livres
Tartine grillée	1	chaque jour	2,70 kg	6 livres
Beignets au chocolat	2	1 fois la semaine	1,80 kg	4 livres
Miel	1 c. à soupe	2 fois la semaine	0,68 kg	1 ½ livre
Confiture	1 c. à soupe	4 fois la semaine	1,35 kg	3 livres
Sirop	1 c. à soupe	2 fois la semaine	0,68 kg	1 ½ livre
Oeufs (bouillis)	4	chaque semaine	1,80 kg	4 livres
Oeufs (brouillés)	4	chaque semaine	2,70 kg	6 livres
Biscuits	2	chaque semaine	2,25 kg	5 livres
Gaufres	2	chaque semaine	2,70 kg	6 livres
Jambon	1 tranche	1 fois la semaine	2,25 kg	5 livres
Crêpes	4	1 fois la semaine	1,13 kg	2 ½ livres

Repas de midi

Pain	1 tranche	chaque jour	2,70 kg	6 livres
Soupe (crème)	1 bol	1 fois la semaine	1,35 kg	3 livres
Croustilles	10	4 fois la semaine	2,70 kg	6 livres
Lait battu glacé	1	1 fois la semaine	2,25 kg	5 livres
Pizza	2 portions	chaque semaine	1,35 kg	3 livres
Ketchup	6 c. à soupe	chaque semaine	0,45 kg	1 livre
Thon	90 g (3 oz)	1 fois la semaine	1,35 kg	3 livres

Mayonnaise	4 c. à soupe	chaque semaine	1,80 kg	4 livres
Viande pour sandwich	1 tranche	1 fois la semaine	2,25 kg	4½ livres
Saucisses de Francfort	2	chaque semaine	1,35 kg	3 livres
Hamburger	1	1 fois la semaine	1,35 kg	2½ livres
Gâteaux secs	6	chaque semaine	2,70 kg	6 livres

Repas du soir

Assaisonnement (huile et vinaigre)	la moitié de la quantité habituelle	chaque jour	2,25 kg	5 livres
Frites	1 portion	2 fois la semaine	2,70 kg	6 livres
Purée de pommes de terre	1 portion	1 fois la semaine	1,58 kg	3½ livres
Riz	250 mL (1 t.)	1 fois la semaine	0,90 kg	2 livres
Bâtonnets de poisson	1 portion	chaque semaine	2,25 kg	4½ livres
"Dinner Rolls"	3	chaque semaine	0.68 kg	1½ livre
Gâteau	1 tranche	1 fois la semaine	1,35 kg	3 livres
Tarte	1 portion	1 fois la semaine	1,58 kg	3½ livres
Fruits en conserve (au sirop)	1 portion	2 fois la semaine	1,35 kg	3 livres
Crème fouettée	2 c. à soupe	2 fois la semaine	0,90 kg	2 livres
Glaces	1 portion	2 fois la semaine	1,80 kg	4 livres

Ne vous pesez pas plus d'une fois la semaine

En matière d'amaigrissement, un succès apparaît nettement comme un succès; on peut encore moins se cacher un échec. La principale cause d'échec des régimes tient à ce que les gens les abandonnent avant qu'ils aient eu une chance de réussir et cela, parce que la plupart des régimes semblent en apparence échouer au cours des premières semaines. Étant donné que le corps humain s'adapte à tout nouveau régime — et plus particulièrement à tout régime équilibré pauvre en calories — il retient les liquides. Ce qui fait que, souvent, il n'y a pas de perte de poids quantifiable pendant la deuxième, la troisième et même la quatrième semaine d'un nouveau régime. Le tissu adipeux est consommé pendant cette période, mais l'effet de cet amaigrissement ne se lit pas sur le pèse-personne. Si vous ne vous pesez pas pendant cette période, vous ne serez pas découragé par votre pèse-personne. En fait, moins vous prêtez attention à votre pèse-personne, mieux vous suivez votre nouveau régime.

Grignotez

Cette suggestion peut sembler très paradoxale, mais elle est sans doute la plus efficace. Les médecins ne peuvent expliquer exactement pourquoi, mais il s'avère que grignoter 1 heure environ avant les repas réduit la faim durant les repas. Il semble que l'acte même de manger, associé à la plus modeste consommation calorique, contribue à ralentir l'activité du centre de la faim du cerveau. Ce qui fait que vous arrivez à table avec un "glucostat" artificiellement déclenché et que vous atteignez le même niveau de satiété en mangeant moins. Les tableaux intitulés "Succombez à la tentation" vous suggèrent le genre d'aliments que vous pouvez grignoter à titre d'en-cas. Si vous choisissez de grignoter avant l'heure des repas, faites de cet en-cas une habitude. Prenez-le à une heure précise, chaque jour par exemple, juste avant de sortir pour une promenade au cours de l'après-midi et utilisez-le comme une excuse pour vous servir moins copieusement durant le repas qui suit.

Ce que nous vous avons proposé jusque-là, sans l'identifier en tant que tel, c'est un exemple de la façon dont le plan directeur peut être appliqué à presque tous les problèmes de poids, dans n'importe quelle circonstance. En faisant de cet en-cas une habitude, en remplaçant un schéma ancien et nocif par une nouvelle habitude bénéfique, vous utilisez la modification du comportement pour corriger vos habitudes alimentaires. En choisissant un aliment à grignoter dans les tableaux sus-mentionnés, vous substituez un aliment nourrissant, pauvre en calories, à un aliment plus riche en calories et, ce faisant, vous prenez de meilleures habitudes alimentaires. En associant l'en-cas — récompense — à une promenade l'après-midi, vous faites de l'exercice un moment agréable de la journée, très attendu et gaiement supporté. En utilisant l'en-cas comme légère punition, vous supprimez des calories au repas du soir et vous écourtez vos repas.

Il ne s'agit que d'un exemple, tout théorique, de la façon dont les éléments du plan directeur peuvent être associés pour donner un programme efficace d'amaigrissement durable. Mais vous réussira sans doute mieux un programme que vous aurez fabriqué à votre mesure, selon vos habitudes alimentaires, selon vos réactions, selon vos fringales personnelles, selon vos schémas quotidiens et vos préférences en matière diététique. Les suggestions de ce dernier chapitre sont nombreuses, les associations possibles et prometteuses de succès sont presque illimitées. Le choix vous revient. Vous avez examiné "la table d'hôte"; retournez maintenant à la première phase du plan directeur et faites votre choix. Ne craignez pas d'essayer, ne craignez pas d'échouer. Il y a autant de réponses au casse-tête de l'obésité qu'il y a d'individus souffrant d'un problème de poids. Quelque part dans ce livre se trouve la solution à votre casse-tête personnel.

Table des matières

Achevé d'imprimer sur les presses de

L'IMPRIMERIE ELECTRA*
*Division de l'A.D.P. Inc.

pour

LES ÉDITIONS DE L'HOMME*
*Division de Sogides Ltée

Imprimé au Canada/Printed in Canada

ART CULINAIRE

101 omelettes, Marycette Claude
L'art d'apprêter les restes, Suzanne Lapointe
L'art de la cuisine chinoise, Stella Chan
La bonne table, Juliette Huot
La brasserie la mère Clavet vous présente ses recettes, Léo Godon
Canapés et amuse-gueule
Les cocktails de Jacques Normand, Jacques Normand
Les confitures, Misette Godard
Les conserves, Soeur Berthe
La cuisine aux herbes
La cusine chinoise, Lizette Gervais
La cuisine de maman Lapointe, Suzanne Lapointe
La cuisine de Pol Martin, Pol Martin
La cuisine des 4 saisons, Hélène Durand-LaRoche
La cuisine en plein air, Hélène Doucet Leduc
La cuisine micro-ondes, Jehane Benoit
Cuisiner avec le robot gourmand, Pol Martin
Du potager à la table, Paul Pouliot et Pol Martin
En cuisinant de 5 à 6, Juliette Huot
Fondue et barbecue
Fondues et flambées de maman Lapointe, S. et L. Lapointe
Les fruits, John Goode

La gastronomie au Québec, Abel Benquet
La grande cuisine au Pernod, Suzanne Lapointe
Les grillades
Hors-d'oeuvre, salades et buffets froids, Louis Dubois
Les légumes, John Goode
Liqueurs et philtres d'amour, Hélène Morasse
Ma cuisine maison, Jehane Benoit
Madame reçoit, Hélène Durand-LaRoche
La pâtisserie, Maurice-Marie Bellot
Poissons et crustacés
Poissons et fruits de mer, Soeur Berthe
Le poulet à toutes les sauces, Monique Thyraud de Vosjoli
Les recettes à la bière des grandes cuisines Molson, Marcel L. Beaulieu
Recettes au blender, Juliette Huot
Recettes de gibier, Suzanne Lapointe
Les recettes de Juliette, Juliette Huot
Les recettes de maman, Suzanne Lapointe
Les techniques culinaires, Soeur Berthe Sansregret
Vos vedettes et leurs recettes, Gisèle Dufour et Gérard Poirier
Y'a du soleil dans votre assiette, Francine Georget

DOCUMENTS — BIOGRAPHIES

Action Montréal, Serge Joyal
L'architecture traditionnelle au Québec, Yves Laframboise
L'art traditionnel au Québec, M. Lessard et H. Marquis
Artisanat québécois 1, Cyril Simard
Artisanat Québécois 2, Cyril Simard
Artisanat Québécois 3, Cyril Simard
Les bien-pensants, Pierre Berton
La chanson québécoise, Benoît L'Herbier
Charlebois, qui es-tu? Benoit L'Herbier
Le comité, M. et P. Thyraud de Vosjoli
Deux innocents en Chine rouge, Jacques Hébert et Pierre E. Trudeau
Duplessis, tome 1: L'ascension, Conrad Black

Les mammifères de mon pays, St-Denys, Duchesnay et Dumais
Margaret Trudeau, Felicity Cochrane
Masques et visages du spiritualisme contemporain, Julius Evola
Mon calvaire roumain, Michel Solomon
Les moulins à eau de la vallée du Saint-Laurent, F. Adam-Villeneuve et C. Felteau
Mozart raconté en 50 chefs-d'oeuvre, Paul Roussel
La musique au Québec, Willy Amtmann
Les objets familiers de nos ancêtres, Vermette, Genêt, Décarie-Audet
L'option, J.-P. Charbonneau et G. Paquette
Option Québec, René Lévesque

Duplessis, tome 2: Le pouvoir Conrad Black

La dynastie des Bronfman, Peter C. Newman

Les écoles de rasb au Québec, Jacques Dorion

Égalité ou indépendance, Daniel Johnson

Envol — Départ pour le début du monde, Daniel Kemp

Les épaves du Saint-Laurent, Jean Lafrance

L'ermite, T. Lobsang Rampa

Le fabuleux Onassis, Christian Cafarakis

La filière canadienne, Jean-Pierre Charbonneau

Le grand livre des antiquités, K. Bell et J. et E. Smith

Un homme et sa mission, Le Cardinal Léger en Afrique

Information voyage, Robert Viau et Jean Daunais

Les insolences du Frère Untel, Frère Untel

Lamia, P.L. Thyraud de Vosjoli

Magadan, Michel Solomon

La maison traditionnelle au Québec, Michel Lessard et Gilles Vilandré

La maîtresse, W. James, S. Jane Kedgley

Les papillons du Québec, B. Prévost et C. Veilleux

La petite barbe. J'ai vécu 40 ans dans le Grand Nord, André Steinmann

Pour entretenir la flamme, T. Lobsang Rampa

Prague l'été des tanks, Desgraupes, Dumayet, Stanké

Premiers sur la lune, Armstrong, Collins, Aldrin Jr

Provencher, le dernier des coureurs de bois, Paul Provencher

Le Québec des libertés, Parti Libéral du Québec

Révolte contre le monde moderne, Julius Evola

Le struma, Michel Solomon

Le temps des fêtes, Raymond Montpetit

Le terrorisme québécois, Dr Gustave Morf

La treizième chandelle, T. Lobsang Rampa

La troisième voie, Emile Colas

Les trois vies de Pearson, J.-M. Poliquin, J.R. Beal

Trudeau, le paradoxe, Anthony Westell

Vizzini, Sal Vizzini

Le vrai visage de Duplessis, Pierre Laporte

ENCYCLOPÉDIES

L'encyclopédie de la chasse, Bernard Leiffet

Encyclopédie de la maison québécoise, M. Lessard, H. Marquis

Encyclopédie des antiquités du Québec, M. Lessard, H. Marquis

Encyclopédie des oiseaux du Québec, W. Earl Godfrey

Encyclopédie du jardinier horticulteur, W.H. Perron

Encyclopédie du Québec, vol. I, Louis Landry

Encyclopédie du Québec, vol. II, Louis Landry

LANGUE

Améliorez votre français, Professeur Jacques Laurin

L'anglais par la méthode choc, Jean-Louis Morgan

Corrigeons nos anglicismes, Jacques Laurin

Notre français et ses pièges, Jacques Laurin

Petit dictionnaire du joual au français, Augustin Turenne

Les verbes, Jacques Laurin

LITTÉRATURE

LIVRES PRATIQUES — LOISIRS

Fins de partie aux dames, H. Tranquille, G. Lefebvre
Le fléché, F. Bourret, L. Lavigne
La fourrure, Caroline Labelle
Gagster, Claude Landré
Le guide complet de la couture, Lise Chartier
Guide du propriétaire et du locataire, M. Bolduc, M. Lavigne, J. Giroux
Guide du véhicule de loisir, Daniel Héraud
La guitare, Peter Collins
L'hypnotisme, Jean Manolesco

La taxidermie, Jean Labrie
Technique de la photo, Antoine Desilets
Tenir maison, Françoise Gaudet-Smet
Terre cuite, Robert Fortier
Tout sur le macramé, Virginia I. Harvey
Les trouvailles de Clémence, Clémence Desrochers
Vivre, c'est vendre, Jean-Marc Chaput
Voir clair aux dames, H. Tranquille, G. Lefebvre
Voir clair aux échecs, Henri Tranquille
Votre avenir par les cartes, Louis Stanké
Votre discothèque, Paul Roussel

PLANTES — JARDINAGE

Arbres, haies et arbustes, Paul Pouliot
La culture des fleurs, des fruits et des légumes
Dessiner et aménager son terrain
Le jardinage, Paul Pouliot
Je décore avec des fleurs, Mimi Bassili

Les plantes d'intérieur, Paul Pouliot
Les techniques du jardinage, Paul Pouliot
Les terrariums, Ken Kayatta et Steven Schmidt
Votre pelouse, Paul Pouliot

PSYCHOLOGIE — ÉDUCATION

Aidez votre enfant à lire et à écrire, Louise Doyon-Richard
L'amour de l'exigence à la préférence, Lucien Auger
Caractères et tempéraments, Claude-Gérard Sarrazin
Les caractères par l'interprétation des visages, Louis Stanké
Comment animer un groupe, Collaboration
Comment vaincre la gêne et la timidité, René-Salvator Catta
Communication et épanouissement personnel, Lucien Auger
Complexes et psychanalyse, Pierre Valinieff
Contact, Léonard et Nathalie Zunin
Cours de psychologie populaire, Fernand Cantin
Découvrez votre enfant par ses jeux, Didier Calvet
La dépression nerveuse, En collaboration

Futur père, Yvette Pratte-Marchessault
Hatha-yoga pour tous, Suzanne Piuze
Interprétez vos rêves, Louis Stanké
J'aime, Yves Saint-Arnaud
Le langage de votre enfant, Professeur Claude Langevin
Les maladies psychosomatiques, Dr Roger Foisy
La méditation transcendantale, Jack Forem
La personne humaine, Yves Saint-Arnaud
La première impression, Chris L. Kleinke
Préparez votre enfant à l'école, Louise Doyon-Richard
Relaxation sensorielle, Pierre Gravel
S'aider soi-même, Lucien Auger
Savoir organiser: savoir décider, Gérald Lefebvre
Se comprendre soi-même, Collaboration
Se connaître soi-même, Gérard Artaud
La séparation du couple, Dr Robert S. Weiss

Le développement psychomoteur du bébé, Didier Calvet
Développez votre personnalité, vous réussirez, Sylvain Brind'Amour
Les douze premiers mois de mon enfant, Frank Caplan
Dynamique des groupes, J.-M. Aubry, Y. Saint-Arnaud
Être soi-même, Dorothy Corkille Briggs
Le facteur chance, Max Gunther
La femme après 30 ans, Nicole Germain

Vaincre ses peurs, Lucien Auger
La volonté, l'attention, la mémoire, Robert Tocquet
Vos mains, miroir de la personnalité, Pascale Maby
Vouloir c'est pouvoir, Raymond Hull
Yoga, corps et pensée, Bruno Leclercq
Le yoga des sphères, Bruno Leclercq
Le yoga, santé totale, Guy Lescouflair

SEXOLOGIE

L'adolescent veut savoir, Dr Lionel Gendron
L'adolescente veut savoir, Dr Lionel Gendron
L'amour après 50 ans, Dr Lionel Gendron
La contraception, Dr Lionel Gendron
Les déviations sexuelles, Dr Yvan Léger
La femme enceinte et la sexualité, Elisabeth Bing, Libby Colman
La femme et le sexe, Dr Lionel Gendron
Helga, Eric F. Bender
L'homme et l'art érotique, Dr Lionel Gendron
Les maladies transmises par relations sexuelles, Dr Lionel Gendron

La mariée veut savoir, Dr Lionel Gendron
La ménopause, Dr Lionel Gendron
La merveilleuse histoire de la naissance, Dr Lionel Gendron
Qu'est-ce qu'un homme?, Dr Lionel Gendron
Qu'est-ce qu'une femme?, Dr Lionel Gendron
Quel est votre quotient psycho-sexuel?, Dr Lionel Gendron
La sexualité, Dr Lionel Gendron
La sexualité du jeune adolescent, Dr Lionel Gendron
Le sexe au féminin, Carmen Kerr
Yoga sexe, S. Piuze et Dr L. Gendron

SPORTS

L'ABC du hockey, Howie Meeker
Aïkido — au-delà de l'agressivité, M. N.D. Villadorata et P. Grisard
Les armes de chasse, Charles Petit-Martinon
La bicyclette, Jeffrey Blish
Les Canadiens, nos glorieux champions, D. Brodeur et Y. Pedneault
Canoé-kayak, Wolf Ruck
Carte et boussole, Bjorn Kjellstrom
Comment se sortir du trou au golf, L. Brien et J. Barrette
Le conditionnement physique, Chevalier, Laferrière et Bergeron
Devant le filet, Jacques Plante
En forme après 50 ans, Trude Sekely

Nadia, Denis Brodeur et Benoît Aubin
La natation de compétition, Régent LaCoursière
La navigation de plaisance au Québec, R. Desjardins et A. Ledoux
Mes observations sur les insectes, Paul Provencher
Mes observations sur les mammifères, Paul Provencher
Mes observations sur les oiseaux, Paul Provencher
Mes observations sur les poissons, Paul Provencher
La pêche à la mouche, Serge Marleau
La pêche au Québec, Michel Chamberland

Imprimé au Canada
Printed in Canada